天

Borderless

下

博稽古今 融汇天下

学术顾问

◆

江 平　吴敬琏

丛书主编

◆

季卫东

执行编辑

◆

程金华　李学尧　许多奇

司法改革的知与行

蒋惠岭——著

法律出版社

蒋惠岭　1963年10月生于山东省无棣县，现任最高人民法院高级法官、中国应用法学研究所所长、中国审判理论研究会秘书长、《中国应用法学》和《人民法院案例选》主编。

蒋惠岭于1980年至1987年在中国政法大学法律系学习，获法学学士学位、法学硕士学位。1996年以来，先后赴澳大利亚悉尼大学(1997)、澳大利亚国立大学、美国耶鲁大学(2003)、台湾“中央研究院”(2013)作访问学者，2000年获蒙特利尔大学公法硕士学位。

1987年进入最高人民法院工作以来，蒋惠岭先后在研究室、办公厅、中国应用法学研究所、司改办工作近20年，负责起草司法解释、研拟司法改革方案、参与中央立法、从事专题调研等工作，曾任最高人民法院司法改革领导小组办公室副主任，从事司法制度研究和改革方案起草。先后参与了四个《人民法院五年改革纲要》的起草，参与中央司法改革方案的起草，并承担ADR方案、司法公开制度、审判权力运行机制、法官职业保障、法官职业道德、法官制度等多个司法改革项目的起草论证、组织落实和协调工作。

从2015年，蒋惠岭开始担任中国应用法学研究所所长。主要从事司法制度、行政法、程序法、法理学研究，并作为《人民法院案例选》主编从事案例法研究。

法治兴，则中国兴

——“法治中国”丛书总序

江　平

从1978年改革开放到现在，中国的经济与社会建设取得了举世瞩目的成就。促成这些成就的原因是复杂的，既有执政者正确决策的个人因素，也有历史恩赐的机遇因素，也当然还有法律等方面变革的制度因素。短时期的建设成就及其原因的复杂性交织在一起，很容易让当代中国人——至少是部分当代中国人——自我感觉良好，并产生两种错误的认识。一种错误认识是把过去三十多年的发展路径作为历史性的发展模式固化下来，以便提炼一种可以值得自我骄傲和对外宣扬的价值观。另一种错误认识是很容易夸大政策和偶然性因素的功效，而忽略了制度因素的根本性。

放在人类历史的长河中，三十多年的繁荣与发展只不过是匆匆过客。对于一个国家的长久兴衰而言，政策性和偶然性的因素，更像是一个“药引子”。而真正能够让国家养成“健康体魄”的还是制度性的因素。其中，法治又是制度建设的核心，重中之重。法治的要义包括依宪治国、保障私权、程序正义、司法独立与社会正义。在当下的历史关口，中国领导人是否选择法治、建设法治、依赖法治，将最终决定中国过去三十多年的繁荣与发展是否只是历史上的昙花一现，还是中华民族实现伟大复兴的真正前奏曲。此时此刻，中国社会犹如一条大船正航行在“历史三峡”的最后险滩。唯有走向法治，中国才可能最后平稳地渡过历史三峡，完成现代国家建设，并开创新的太平盛世。

具体来说，法治至少可以发挥如下几个方面的历史性功效。

首先，在经济建设上，保护私有财产权和合同履行的法治将激发中国人新一轮的创业与投资热情，并通过释放制度红利来推动中国经济的转型与升级。反过来，如果政府对私权的保护不能加以改善，中国的精英阶层将继续采用“用脚投票”的方式，到其他国家去“做梦”。因此，如果不走向法治，中国经济之持续繁荣将不会有制度保障。

其次，在政治建设上，崇尚程序正义和司法公正的法治将为中国公民提供底线社会正义，为将来潜在的大规模政治冲突提前安装“社会减震阀”。进入新世纪以来，因为社会不公而引发的矛盾与冲突已经层出不穷。最近的一些个案也清楚地表明，社会不公所积累的公民怨愤，已经给中国社会累积了大量的负能量。法治，也只有法治，才能避免中国因社会不公而滑入革命化趋势，并避免由此导致的公民与执政者双输的局面。

最后，在社会建设上，只有保障价值多元和思想自由的法治才可能让中国社会出现“百花齐放、百家争鸣”的社会繁荣，并为多元价值观的求同存异、达成必要的社会共识提供制度保障。相反，因为没有法治保障，社会转型期所形成的形形色色的价值观都处于灰色地带，并非常敏感地对任何潜在的冒犯行为都进行激烈的防御攻击，并导致中国社会的诸多价值观都采取霍布斯意义上的“丛林规则”以求生存。法治是把中国社会的各种价值观带出“丛林”的唯一通道。

简言之，只有走向法治才能帮助建设一个让全体中国人可以对自己未来的生活作长期规划的社会，一个中国人可以信赖中国人的社会，一个中国人可以认同中国人的社会。归根到底，法治能否在中国得以全面实施，将决定中华民族能否得以复兴，中华文明能否得以体面地延续。回顾 1840 年以来的中国历史，当代中国人有着一个前辈从来有过的历史机遇：以走向法治这样一种和平建设的方式为未来富强、文明和民主之中国奠定历史性基业。

当然，走向法治，不能只求“毕一役之功”。在 1949 年建立人民共和国以后，中国的法治建设经历了如下四个阶段：共和国初期的法律实用主义、“文化大革命”时期的法律虚无主义、改革年代的法律经验主义，以及目前我们要奋斗的法律理念主义。所谓法律理念主义，就是把法律从工具、从制度变成治国的理念。

幸运的是，在过去三十多年，在“摸着石头过河”的经验主义思想的指导下，中国已经至少在立法层面完成了法律体系的建构。在实践中，政府和社会也都初步尝到了法治的甜头。尽管，法治建设在最近几年出现了严重的滑坡，执政党的“十八大报告”还是指出“法治是治国理政的基本方式”，并承诺“全面推进依法治国”。换句话说，至少在文字层面，中国领导人已经认可了从法律经验主义通往法律理念主义的路径。

然而，如何让中国——在改革的操作层面上——走向法治的诸多问题依然悬而未决。因此，出版这套“走向法治”丛书，正是适逢其时。该丛书立足于当代中国法治现实，以问题为导向，以学术为根基，通过实证分析和学理探讨为中国的核心价值重建以及制度改革出谋划策。丛书的选题覆盖所有同中国走向法治相关的重大命题，包括比如宪政、司法独立、选举制度、预算制度、财税制度、中央与地方关系、律师与民主政治等等。在论证风格上,作者无不强调理性建设。这套丛书的出版,将会对中国走向法治产生实质性的影响。

这些年,我本人也一直为中国的法治建设摇旗呐喊。之前,在给一本书写序时,我提过“律师兴则中国兴”。很显然,律师是法律体系的一部分,律师工作在很大程度上是服务于法治建设的。因此,今天,在为“法治中国”丛书写总序时,我想拔高一些:法治兴,则中国兴。是为序。

2013 年 5 月

序

如果给当代中国的司法改革划分阶段的话,2013年可以当作一个重要分界点。中国共产党十八大特别是十八届三中全会以来,中国的各项事业发生了历史性变革,取得了历史性进步,司法改革当之无愧地成为其中最值得称道的一个领域。中国司法终于“做成了想了很多年、讲了很多年没有做成的事”,而我们正是那些想了很多年、讲了很多年、也做了很多年的人。

早在二十世纪九十年代初,借《人民法院组织法》修改的契机,也凭借自己在最高司法机关工作的优势,我开始了对司法制度的研究,在最高人民法院机关刊《人民司法》上发表了十几篇关于司法改革的系列文章。当时还不懂那么多学术规范,文章一般只有三五千字,没有太多铺陈,也不带脚注尾注,通常是直奔主题,直抒胸臆。在那些文章中,我就司法改革目标、司法行政化、司法地方化、审判组织、职业化、司法人事制度、司法行政管理等问题提出了自己的观点。令人欣慰的是，这些观点在当时一大批思想解放、思路开阔、充满使命感的法律人中引起了强烈共鸣。也大概是从那时起，中国掀起了司法改革理论研究的热潮。

1999 年，最高人民法院制定了第一个五年改革纲要。从那以后，又先后出台了三个五年改革纲要。在这期间，由于措施局限、收效时滞等方面的原因，不少人已经不愿再想、也不愿再讲司法改革了，但我很庆幸自己一直在想、在讲、在做，一直坚持到了变革发生的这一天。

去年，上海交通大学的季卫东教授与法律出版社的高山编辑希望我将过去 20 多年来对司法改革的一些思考进行全面整理，力争形成体系。在整理过程中，我又得空重温以前的那些想法，多重感觉涌上心头。

一是那时很敢说话，而且有些观点也很尖锐。尽管很多想法在多年以后才得以实现，但回想自己那些年里“初生牛犊不怕虎”的蛮劲和相对宽松的研究氛围以及《人民司法》作为机关刊所展现的开放和包容态度，仍然深有感触。

二是那时形成的一些观点仍有现实意义。这可能是因为当时所认识的司法本质属性与今天司法改革所遵循的司法规律基本相符，而且当时所设想的一些改革任务至今尚未完成。尽管时代在变化，但司法的本质属性并未改变，公众对正义的期待依然如故，这或许正是理论研究应当发挥的作用。

三是那时的改革设想和进程安排还略显稚嫩，对于改革的复杂性、艰巨性、长期性认识还有欠缺。的确，在快速变化的经济社会发展背景下，要对一项已经持续 20 年并将继续推进 30 年（到 2050 年前后）的改革作出准确的理论推测确非易事，法官职业化建设、司法去地方化和去行政化等也绝非短期可以解决的问题。即使是在已经取得历史性成就的司法改革的今天，那些基础性改革措施也只是完成“立柱架梁”的主体工程而已，而更加艰巨、更加复杂的综合配套改革才刚刚开始。

四是司法改革须坚持不懈方能成功。中国司法改革已经取得的成就是各方人士几十年来共同努力的结果。有些法律界前辈虽已竭尽全力为司法改革奔走呼号，最终却“壮志未酬身先死”。但是，他们付出的功力必不唐捐。

就在这若干个“五年”之后，中国共产党十八届三中全会作出了全面深化改革的部署，十八届四中全会作出了全面推进依法治国的决定，中国的司法改革从此进入了一个全新的时期。十九大召开之前，中央全面深化改革领导小组共召开了38次会议，其中近30次会议讨论了司法改革的议题，通过了48个关于司法改革的文件，改革的重点都是那些基础性、体制性、保障性的问题，多项改革同时部署、同时推进。与此同时，党的十八届四中全会要求“推进法治理论创新，发展符合中国实际、具有中国特色、体现社会发展规律的社会主义法治理论，为依法治国提供理论指导和学理支撑。汲取中华法律文化精华，借鉴国外法治有益经验，但决不照搬外国法治理念和模式”。根据这一要求，我国的司法改革理论研究必须加强，很多问题仍需要继续想下去，继续讲下去，并努力做下去。

一是要研究司法在法治过程中的主导地位。虽然我们不能像英语世界里有人略带夸张地认为“rule of law”就是“rule of judiciary”那样，但法院对法律争议的终局裁判权在“科学立法、严格执法、公正司法、全民守法”的法治链条中无疑属于关键环节。司法因此而发生的决定作用及其辐射作用总是法学研究的重点。

二是要研究丰富多彩的司法改革实践。虽然我们已经完成了司法主体框架的改革，但有些措施尚未完全落实，大量综合配套改革任务已经部署下来。因此，今后的30年仍然是我国司法制度主体加固、配套完善的过程,而每一项改革都是一个鲜活的研究课题。当然,司法制度的整体效能更是一个法律战略家应当关注的基本问题。

三是要研究中国特色社会主义司法理论体系。尽管我国的司法改革部署全面而宏大,但我国的司法理论研究仍然不够系统、深入、细致。十八届四中全会提出的关于推进法治理论创新、发展社会主义法治理论的要求,为当代中国司法理论的发展提出了更加艰巨的任务。

四是要研究世界司法文明对中国的借鉴作用。中国司法的进步在一定程度上得益于其他国家和地区的有益经验,得益于中华民族谦虚包容的胸怀。今天的司法研究仍然要重视参考借鉴世界司法文明宝库,汲取人类司法文明的共同成果。当然,中国只是"借鉴国外法治有益经验,但决不照搬外国法治理念和模式"。

五是要研究中国司法制度对世界司法文明的贡献。40 年来中国司法改革积累了丰富的经验,在司法公开、多元化纠纷解决机制、智慧法院、司法民主、诉讼服务、行政诉讼、环境司法、国际商事纠纷解决机制等方面都有很多创新之处。中国司法在这些方面逐步获得自信,为全球治理贡献出中国方案。

作为一个长期在司法岗位从事司法改革的法律人,我已习惯于从司法视角观察法治发展,以改革思维审视司法工作,从全球视野分析中国问题。30 多年的最高人民法院工作经历已经让我不由自主地把自己与中国司法的命运连接在一起,如果司法感冒了,好象我也在发烧。但愿本书的一些观点和思想能像抗感冒药一样,从理论上支持和维护我国的司法制度正常发挥作用,让人民群众在每一个司法案件中感受到公平正义。

目录

第二编 司法改革方案设计

第三编 法院管理与运行机制改革

第四编 司法程序改革

第一编

司法改革基础理论

司法制度改革的目标

我国的司法制度改革是一项规模与意义同样巨大的事业。无论是《人民法院组织法》的修改,还是《法官法》的制定,无不以我国新的历史时期司法体制的整体设计为基础。司法制度改革开始时必须要明确改革的目标,包括近期的和远期的、总体的和具体的。20 世纪 90 年代部署的司法制度改革是在建立社会主义市场经济的背景下提出的,其近期目标必然是建立与社会主义市场经济相适应的司法制度。从另一个角度来说,司法制度改革的根本目标应当是将我国现行司法制度改革为符合社会发展规律的科学的司法制度。

一套科学的司法制度包括许多部分,其具体内容又因国家不同而各异。但无论是东方国家还是西方国家,也无论是资本主义国家还是社会主义国家,除去阶级性质因素外,不同司法制度都有几近相同的本质特性,那就是:公正、独立和权威。失去这三个特性，司法将不成其为司法，这一部分国家职能将被其他职能代替而不复存在。当然，没有一个现代国家明确取消其司法职能，但隐没、损害司法本质特性的情况在许多国家存在，这也是引发一些国家进行司法制度改革的根本原因。我国司法制度改革的根本目标应当是充分实现司法的公正、独立和权威，这也是建立社会主义市场经济体制长远目标的一部分。

一、司法的公正性

从古到今，没有一个国家否认公正是司法的第一属性。没有公正，司法便失去了存在的价值。

现代意义的公正有两层含义：一是公平，二是正义。公平，要求司法机关在司法活动中不偏不倚，保持中立，保证争讼各方平等地行使权利。正义，要求司法活动追求科学和真理，摒除邪恶与反动，实现文明。公正是人类活动的目标之一，是文明的要求与象征。司法机关之所以在世界各国都成为最受尊重的机关，就是因为它代表公正。

司法的公正性是由司法职能"定分止争"的内容所决定的。在法律的执行过程中，社会成员之间、社会成员与国家之间发生法律上的争议时，需要有一个公正的第三方进行裁决。由立法者充此角色，虽缜于法意却易疏于程序；行政机关充此角色，虽得于效率却易失于公允。历史上又有一人（机关）兼数种职能导致专制的教训，这就需要建立专门的司法机构专司该职，而它只有公正行事才能实现其职能。

但是，法律意义上的"公正"与哲学意义上的"公正"并不一样。英国的普通法实践所产生并作为依据的"自然公正"中最重要的内容均为程序规则，如当事人不能裁判自己的案件，断案必须听取当事人双方意见等。美国则将公正融于"正当程序"之中，其内容包括当事人有权向裁判所和法院陈述案情，有权知道被控的事由，有权进行辩解等。所以,法律上的公正虽然包括了实体方面的公正和程序方面的公正,而且程序公正是实现实体公正的必要前提和保障,但在司法活动中,程序性公正是必须首先实现的状态。程序覆盖了司法的全过程,或者说司法活动就是由程序构成的,所以程序性公正在各国都成为司法公正的核心内容甚至是唯一可评判的内容。公正是否存在,在相当程度上取决于程序的设计和运转。

从司法程序的具体内容来看,每一项程序无不需要体现公正精神。审级制度以司法层级监督保证法院裁判的公正;当事人诉讼权利义务平等原则保证了当事人双方在诉讼中享有平等的机会;公开审判原则将司法活动置于公众监督之下,以期实现公众承认的公正;禁止法官与单方当事人接触原则更增加公正的可信程度;回避、陪审、法官中立、辩论等原则、制度也都以公正为其最终目的。虽然不同国家的司法程序结构和内容不尽相同,但追求公正是共同的目标。

二、司法的独立性

在现代,几乎所有国家都宣称其司法机构或司法职能是独立的(我国宪法称为独立行使审判权)。司法职能与国家其他职能相互分开并由不同机关行使,这就体现了司法最基本的独立性。也就是说,司法机关在解决社会成员之间或社会成员与国家之间法律上的争执时,只将法律作为唯一的依据,不受其他国家职能和其他任何因素的影响和干预。司法的独立性是近代资产阶级启蒙思想家根据人的一般认识规律所发现的一项政治原则和法治原则,经过近现代资本主义国家的实践与发展,已成为人类共同的文明成果。当然,不同国体、政体的国家在吸收这一人类文明成果过程中必然要根据其国情进行,而不应当简单照搬,但如果认为司法独立只有一种模式或为西方国家所独有,则同样片面、机械。

一般说来，司法的独立性表现在两个方面，一是外部独立，二是内部独立。

所谓外部独立，是指司法权的行使独立于司法系统以外的所有因素，包括立法机关、行政机关和其他组织、个人。这就要求：第一，司法机关以外的任何机关、组织、个人不得行使司法权，司法机关也不得代行其他国家机关的职权，否则必然造成职能混乱、权力专横。第二，司法机关行使司法权只服从法律，不受来自任何方面的明示或暗示的压力影响。第三，法官身份必须独立，包括法官的任用、免职、惩戒、任期、晋升、薪俸、退休等不应当受不当因素的影响，特别是不受行政机关的控制。第四，法官的政治活动应受适当限制，当然这要以政治活动是否确实影响司法的公正为标准。第五，司法机关的财政预算应由司法机关制定或参与制定。如由行政机关制定，则必须为正常的司法工作提供足够经费。

司法的外部独立早为各国所接受并形成了成熟的保障机制，但司法的内部独立并未引起充分注意。所谓内部独立，是指法官审理案件应独立于其同僚和上级监督者。法院是通过法官独任或合议形式行使审判权的，在审判案件时法官互不隶属，以其独立见解或以合议后多数人的见解作出裁判，彼此不得干涉。具体来说，内部独立表现在以下几个方面：第一，法院的院长、庭长只监督、管理行政事项，不得干涉法官的独立裁判。第二，上级法院只能按照法律规定的途径监督下级法院的审判工作，而不得另辟监督途径，干涉下级法院独立审判。第三，最高人民法院和上级法院不得运用自己的司法行政权特别是人事管理权干涉本院法官和下级法院法官审判案件。目前，许多国家规定法院的司法行政由法院自行管理，这虽然加强了司法的外部独立，但内部管理对独立审判的干扰却也严重起来。例如，日本战后的“司法危机”主要是指在司法机关内部对法官行使职权的种种干涉现象。

三、司法的权威性

应当说,所有行使国家权力的活动都具有权威性,但司法的权威性有其不可比拟之处,并因此成为司法的本质特性之一。司法权威性的树立,主要是因为司法的职能就在于公正解释和适用法律,更重要的是司法活动"只服从法律",而法律的后盾是它的强制力。法律的强制力在司法活动中得到了最充分、最全面的体现。

司法的权威性具体表现在以下几个方面:第一,争议的最终裁决权。审判机关对于所有具有法律性质的争议拥有管辖权,并有最终裁决权,其他任何机关无权改变审判机关的生效裁决。有的国家规定立法机关通过立法程序可以推翻法院的判决,但提起这种程序的条件极为严格,而且立法者出于维护司法权威的考虑,几乎从不行使这一权力。

第二,司法秩序的不可侵犯性。司法活动主要是在法庭上由法官主持进行的。为保持法律的权威和法庭尊严,各国都规定了对蔑视法庭行为和侮辱法官行为的严厉制裁。英国把蔑视法庭罪的范围规定得非常宽泛,包括法庭上一切不尊重法庭尊严、影响法庭秩序的行为,在证人作证之前威胁证人或作证之后迫害证人的行为,拒绝回答法庭提出的符合公共利益的问题,侮辱法官,违抗法庭命令、裁判(而无论是否有暴力行为)以及其他损害公平审判的行为。

第三,仪式上的权威性。法官在服饰、法庭席位等方面的标志或做法有别于其他国家官员,这已成为各国通例。例如,法官穿着黑色长袍、头戴假发出席法庭,法官进出法庭时全场起立以示尊敬,法官的席位明显高于法庭上的其他席位。这些都无不显示着法庭的尊严和司法的权威,尽管这些对于案件如何判决并无实质意义。

除此之外,司法的权威性还从其他方面表现出来。例如,法官的政治地位和社会地位很高,物质待遇优厚;担任法官条件严格;限制临时法官的使用;等等。这些也同时体现了对司法权威性的保障。

(《人民司法》1995 年第 1 期[1])

〔1〕 由于收入本书的文章时间跨度较长,因此,在收入本书时,结合时代变化,做了些许改动。虽然在文章发表时所探讨的某些理论设想已经变为现实,但是,作为一种理论前瞻,这些文章仍具有一定的意义。因此,收入本书时,笔者也尽量保持文章原貌。

司法体制改革与国家政治结构

司法体制乃一国法律运行的轨道。它的设计与建立在很大程度上取决于国家的政治结构,因此从另一个角度也可以说司法体制是政治体制的组成部分。根据宪法规定,我国的政治结构中最重要的内容包括:第一,我国是工人阶级领导的、以工农联盟为基础的人民民主专政的社会主义国家;第二,我国的政体为人民代表大会制;第三,我国的国家结构为单一制;第四,中国共产党为宪法规定的执政党。我国的司法体制无不以上述基本制度为基础,尤其与人民代表大会制和国家结构单一制关系密切。具体来说,首先,我国的司法机关均由人民代表大会产生,法官亦由权力机关选举或任命,这就体现了司法体制的民主性。其次,全国只有一个司法系统,最高人民法院是最高审判机关,地方各级人民法院分级行使国家审判权。

政治结构的民主性和科学性决定着司法体制的性质与特点,同时,司法体制的改革与完善亦能使政治结构的机能得以充分实现,并避免在政治结构的具体落实和运作中可能产生的问题。从这个角度来讲,这应当是我国司法体制改革的目标之一。

一、存在的问题

我国的政治结构是宪法确定的,是民主、科学的。但在具体运作中,由于种种原因,它的一些功能并未完全实现,有时甚至背离了宪法确定的目标,这方面的教训,我们已有不少。党的十一届三中全会以后,我们在全党、全国范围内加强了民主集中制,使宪法的民主性、科学性得以充分体现。但即便是现在,仍有一些不尽如人意之处,而这些问题又无不影响着司法体制的完善与科学性的发挥。长期以来我国司法体制存在的以下几个问题尤其应当引起我们的重视:

独立审判原则受到破坏,司法的公正性受到影响。由于民主的制度保障较差以及封建的人治意识仍有影响,我国法院的宪法地位并未真正落实,独立审判这一宪法原则难以真正实现。法院的许多职能尚得不到社会各界和一些领导人的理解、重视,法治思想尚未深入人心,行政的重要地位从某些方面不适当地冲淡了司法的独立性,使司法的公正性难以全面发挥作用。

最高权力机关拥有解释宪法的权力,但数十年来几乎废之不用。其他国家机构即使拥有部分法律解释权,也只是限制在各自适用法律的领域内,范围狭窄且难以统一。权力机关有权解释宪法、法律,即表明权力机关拥有宪法裁判权(违宪审查权)和统一解释法律权。虽然这项权力在许多国家都属于司法权范围——无论是议会制国家还是总统制国家,但我国宪法将此权力赋予最高权力机关,从体制上讲并无不合理之处,只是在法治国家建设迅速发展且违宪事件时有发生的情况下,最高权力机关不行使这项权力确实带来了许多问题。

权力机关对司法的监督范围和方式有不适当之处,影响了司法职能的实现。根据宪法规定,司法机关由人民代表大会产生,对它负责,受它监督,但监督权的范围与行使方式应当根据司法机关的性质、职能、工作方式和目标来确定。在这一点上,其他国家成功的经验已为我国提供了鉴镜。但是,近几年来,权力机关对司法机关的监督在范围、方式等方面已明显地表现出不加区分地照搬监督行政机关的做法,如许多地方的人民代表大会对法院所审判的案件采取评议、建议整改等方式进行监督,势必影响人民法院依法独立审判。如果说这种监督的滥用一时取得了看得见的效果,但它对宪法原则、司法体制的破坏和不当影响却贻害深远。

根据宪法规定,中国共产党对司法工作的领导必须坚持,但实践中时常发生干预过细、影响独立审判的情况。党中央曾反复强调,党对司法的领导主要是方针、政策的领导,党委和司法机关各有其责,不能互相取代,不应互相混淆。但实践中,一些地方的党委却过问具体案件,甚至直接就具体的处理案件下“指示”,审批案件。这无疑违反了党中央的一贯要求,更影响了法院依法独立审判。

地方控制司法权致使法律实施不统一。在我国这样一个单一制国家中,法律的贯彻应当是非常直接、顺畅、有效的,但现实并非如此。特别是近些年来,一些地方只考虑本地方利益而不顾及大局,甚至以种种手段抵制法律的实施,对自己不利的就不认真执行,所制定的地方性法规、规章不乏与中央立法相抵触者。宪法虽然规定了相应的监督方法,但由于如前所述违宪审查、统一解释法律职能的薄弱,致使问题得不到解决。从司法体制上讲,单一制国家中司法机关的核心任务是执行中央立法,只有在地方立法与中央立法不相抵触时才能适用地方立法。这种体制既有利于维护国家法制的统一,又能充分尊重地方的自主(治)权,但我国司法体制的这种机能并没有充分发挥出来。

立法体制的僵硬导致司法机关在法律创设与法律解释方面的作用受到限制。由于立法周期较长，而社会发展迅速，社会变化频繁，故立法常常失之于简略，并有不尽全面、滞后等现象。而法院在弥补上述不足方面并未能充分发挥应有的作用，特别是法院每年审理几百万件案件，其中不乏法官对法律精辟、适当地创设性解释和适用性解释，遗憾的是这些案例、论述、创造与发展在国家立法体制中几乎不占有任何地位，这不能不说是法制资源的极大浪费。我国最高司法机关所作的司法解释，也基本上是就条文解释条文，而对法律条文没有规定的内容，即使有相应的法律原则，也轻易不能作出创设性的解释。也正由于这种情况，立法机关制定法律时也就不必为司法解释留有余地了。如此循环，立法质量的提高、立法体制的健全、法律规范的详尽严密都受到一定程度的不利影响，司法权的作用也受到很大限制。

以上问题的产生，有的是由于政治结构本身的局限性，如在大国实行单一制尚缺乏适当调节中央集权与地方自治的机制，重视司法的民主性而忽视法制统一的作用等；有的是由于司法体制内部结构不合理，如法官与司法行政首长的关系；但更多的是由于司法体制与政治结构之间的关系处理不当而造成的，如立法机关缺少释宪案件来源与释宪程序，权力机关的监督偏重于事而轻忽于人，一些地方党委在政治体制中自律性差，甚至有个别党员假借党的名义干涉审判独立，而司法机关又无心、无力抵制不当干预等。

二、应采取的改革措施

对于司法体制中基于与政治结构的关系不合理而产生的弊端，需审慎研究改进措施，在遵循基本政治结构的前提下，建立科学的司法体制。笔者认为，以下几项改革措施都值得一试：

调整司法体制，建立单一的国家司法系统。将法院在全国分设四级，其中的最高人民法院、高级法院和中级法院均由全国人大产生，所有法官亦由全国人大常委会任免，在人、财、物上完全脱离地方控制，依法独立审判各类案件。司法行政权由最高人民法院或中央行政机关掌握。为避免中央控制过多而破坏地方自治性，县级法院作为地方法院，仍由县人大产生，处理本地方司法事务，并同时作为国家的基层法院，是司法系统中的一个审级。这项措施有其理论基础和现实条件：第一，与人民代表大会制度并不相悖，较高的三级法院仍由全国人大产生，法官由全国人大常委会任命。第二，有利于维护国家法制统一，对于一切与宪法、法律相抵触的行为可有效地制止。第三，有利于维护中央权威，即使地方权力机关、行政机关有违反中央立法的行为，司法机关亦能作出权威的判决。第四，各国有很多此种体制的先例。例如，日本是单一制国家，其三级法院都是由国家决定设置的，法官亦均由内阁任命。其他单一制国家也极少采取由各级地方议会产生法院的做法。相反，联邦国家才由各邦（州）议会产生本地方的法院和法官。第五，有现实基础。可仍以原来的省级区划和地、市级区划作为高级、中级（地区）法院地域管辖的基础，人员、机构也以现有人员、机构为基础进行改组；省级和市级地方只设议政机关（即人民代表大会）和行政机关（或其派出机关），而不再自设法院；县级仍保持现状不变。当然，也可以考虑县法院由省人大决定设立和管理。

扩大司法权的范围。司法机关应当拥有对一切具有法律性质的争议作出裁判的权力，这样才能真正树立法律的公正形象与权威。至于应设立几套司法机构，某项权力是赋予法院行使还是由议会设专门机构行使，这需根据各国的历史传统和实际情况而定。以宪法裁判权为例，全国人大可以在其内部设立宪法委员会行使，也可以设立专门的宪法法院行使，还可以把这项权力及统一解释法律的权力赋予最高人民法院。以上各种方案皆有先例可鉴。

权力机关控制司法的范围、方式等应作调整。基于职责分工和审判独立等原则,权力机关对司法的监督应当将重点放在对人的监督而不是对具体司法事务的监督上。国家机构的职责权限、事务分工一旦以宪法、法律的形式确定后,彼此就应互相尊重职责范围,并循法定途径相互影响(包括监督),这便是最好的护宪、守法,也是共同实现国家目的的最佳途径。如果权力机关对具体的司法事务(包括案件处理)在法定途径外作指示、发表意见、施加压力,势必影响法院依照法律独立作出判断。许多国家的议会都对法院有监督权,但为尊重司法,避免有干涉司法独立之嫌,各国均采用"对人不对事"的监督原则,即对法官是否称职、有无渎职等进行监督,并掌握对法官的弹劾权,但对具体司法事务不加干预。这一点我国完全可以借鉴并加以发展。根据我国宪法、法律规定,对法官个人是否称职的监督(罢免、免职)是权力机关监督法院最直接、最有效和最重要的手段,权力机关可以设立弹劾委员会以处理罢免法官的请求事项。

精简法官人数,提高法官素质,并隆其地位,优其待遇。此种做法对实现司法公正和独立、树立司法权威所起的保障作用已为各国的经验所印证,从国外考察归来的人最深的感触之一就是其法官的高素养、高地位、高待遇。一般来说,如果法官人数甚众,高素养、高地位、高待遇便难保障,例如,日本最高法院之所以限额 15 名大法官,就是考虑了这一实际因素。我国各级法院法官人数都比较多,这虽与审判任务繁重有关,但实际上许多法官并没有做一名真正的法官应当做的事,多数人成了"事实调查官"或专管司法行政事务,结果法官人数众多倒成了实现高素养、高地位、高待遇的障碍。笔者认为,对此种现状采取改革措施的基础是存在的:第一,法学教育和法律实践的发展为我国培养了大批法律人才。第二,社会各界希望有一个最可信赖、最有权威的司法机构,其组成人员——法官也应当是高法律素养、高地位的人。第三,随着对司法内在规律的掌握和审判方式的改革,法官们逐步明确了哪些是当事人、律师和检察官的工作,哪些是自己应当做的工作,从而逐步改变工作方式,提高工作效率。

司法预算应予保证并相对独立。司法预算是审判独立的物质保障。历数当前司法界出现的各种不正常的现象,其中多数皆与司法预算不能保证司法工作需要有关。例如,司法机关通过多种所谓“政策允许的途径”创收,诉讼费用留用以补充办案经费不足,赃款赃物不随案移送,拉赞助搞建设,用当事人的钱办案等。这些做法严重损害了法院的形象与威信。参考外国的做法,我们可以改现行司法预算体制为司法机关自行编制预算,送政府主管部门汇总(不得予以改动或减少)编入国家预算,再由权力机关批准实施。

贯彻独立审判原则时,应当外部独立与内部独立并重。法院依法独立行使审判权,任何干涉审判独立的行为都应受到谴责。外部独立,即相对于司法系统之外的独立审判,早为各界接受并遵守,但内部独立,即司法系统内的独立问题却较少引起重视。内部独立包括上下级法院之间的独立、审判组织与司法行政主管之间的独立、法官与其同事及上司之间的独立等。目前我国法院系统内部的一些做法,如下级法院就具体案件向上级法院请示、院庭长审批经过合议的案件、上级法院或司法行政主管对未结案件发表指导或指令等,均有违反独立审判原则之嫌,应当逐步祛除。

试行司法判例制度。这一问题已讨论多年,对利弊均有分析。笔者认为,我国试行判例制度,对加快法律的发展与进化,促进法律理论发展,弥补立法的不足与漏洞,提高法律对社会现实的适应性,均有益处。有关部门应尽快研究外国司法判例制度的经验,拟定我国试行判例制度的方案,力争早日完成这一重大改革措施。

(《人民司法》1995 年第 2 期)

法院在依法治国方略中的地位

党的十五大报告确立了依法治国的基本方略，明确了建立社会主义法治国家的目标。法治，是由许多因素构成的，包括立法、行政执法、司法、守法、公民法律意识等。这些因素在其中处于不同的地位，发挥着不同的作用。那么，法院处于什么地位呢？它应以何种方式活动呢？对此一些学者和法官早有过精辟的论述，认为法院应当发挥最终的、公正的裁判者的作用，成为人民权利和法律秩序的最后一道保护屏障。学者们呼吁对于法官要隆其地位，优其待遇，强化保障，保证独立。

一、法院的基本功能

定分止争，是司法的一项基本功能。但法院的定分止争，是作为中立的第三者依据法律进行的，是将法律应用于具体的解决争议的活动，因此它的基本功能还表现在更加广泛的范围。

从法律过程来看,法院是处于中立地位的纠纷裁判者,是法治的基本要素之一。无论是制定规范,还是依法裁判,在依法治国方略中都有其不可替代的作用。其一,立法活动产生法律规范,是依法治国的基础。其二,执行法律是行政部门的主要工作。行政机关积极地推行法律,行使国家与社会的管理职能,是法治国家不可或缺的组成部分。其三,司法职能解决各种社会关系主体之间发生的法律上的争议,从而维护社会关系的合法状态,对法律的适用作出最终确定。

法院是社会关系最稳定的调节器。现代社会中,法律成为人们政治、社会、经济活动的主要准则,也是治理国家最可靠的手段。法院的特殊地位决定了它在调节社会关系中的特殊作用,法律实施过程中发生的一切争议都可能由法院作出有终局效力的裁判。对于行政机关的决定不服还可以向法院申请司法审查,而对于法院的生效裁判则只能通过审判监督程序救济。

法院是人民自由权利的最后一道保护屏障。当人民的权利受到侵犯时,应当依靠公力救济,即由行使国家权力的机构给予保护。保护方式可以有几种,包括立法的、行政的、检察的、法院的保护。立法的保护,虽然广泛、普遍,但它只能适用于以后可能发生的情况而不能对已经发生的事实进行救济;行政的保护虽然便捷、迅速,但它的手段有限,而且缺乏最终确定性;检察的保护一般只产生"举纠"作用,最终的保护措施还需要法院来决定。而法院的保护手段多样,程序严密,效力确定,主要针对已经发生的特定事实,同时也可确立一些规范适用于未来发生的事实。另外,人民的权利最容易受到国家公权力特别是行政权的侵害。此时,法院对行政行为的司法审查就成为对人民权利的最后一道保护。

法院是法治社会中正义的象征,是公正精神的体现。法院的这一功能与其说是法律功能,不如说是社会功能,而且是层次相当高的功能。只有法院的这一功能得到实现，才能说法治社会趋于成熟。法治社会的标志，不仅包括法律“硬件”，如机构、程序、制度等，“软件”也十分重要，如国家民主程度、公民的法律意识等。当涉及法律争议时，人们可以不知道应当依据哪条法律来解决，但完全可以将维护权利、实现公正的希望寄托于法院。这一功能在西方一些法治国家已经实现，在我国也将成为司法改革的目标之一。

二、法院职能的特点

与法律过程中的其他两种职能特别是行政职能相比，法院职能的几个特点是非常明显的。

被动性。法院所解决的争议范围广泛，但只有争议确实发生，而且当事人向法院请求解决时，法院职能才开始发挥作用。它不像行政机关那样需要积极地执行法律，对于已经发生的法律事实可以而且也应当（在其职权范围内）直接行使管理权。在法院受理的争议中，行使其他国家权力的机关也可能成为一方当事人；从案件性质上看，争议内容主要是当事人之间的权利义务关系，但也可能涉及宪法的内容、法律的效力等。

适用性（也称裁判性）。法院的活动主要是适用法律，将抽象的条文应用于具体的事件。即使在一些国家存在“法官造法”，但与立法机关的“造法”程序、内容、作用有根本区别，法官在创制法律规范或者解释法律时仍然无法脱离其适用法律的职能。也正是因为适用人民选举产生的权力机关制定的法律，才使法官能赢得人民的信任。

公正性。任何国家职能都会以公正性为其属性之一，而法院的公正性是以其第三者的中立地位和公正的程序保证的。对于个体来说，权利义务犹如生命；但对于由每个个体组成的社会来说，公平正义成为人们的基本需要。各个国家机关都在追求公正，唯有法院因其定分止争功能而将公正置于首位。首先，法院独立于其他国家机关、社会团体和个人，唯法律是尊。其次，法院工作程序的设计将公正作为贯穿始终的精神，最终形成了完备、合理、公正的诉讼程序。所有法律都体现着公正的精神，但这种公正只有通过公正、科学的程序才能最终得以实现。因此，公正成为法院的本质属性，法院也因此而确立了在现代法治国家中牢固的地位。

终局性。美国法官常说这样一句话："因为我的判决是最终的，所以是正确的。"这句话在哲学上或许难以成立，但在法律上是可以成立的。在一项法律决定被改变之前，它就是有效（正确）的，并且应当得到执行。那么在这个意义上，谁在法律过程中拥有最终的决定权，谁就是"最正确"的。在同一个权力系统之内，上级机关直至最高的决策机关有最终的决定权。在不同权力系统内，则依照职责分工来确定行使权力的终局性。对于行政机关，绝大多数国家都对行政行为（包括具体行政行为和抽象行政行为）实行司法审查，所以行政职能在法律过程中并没有终局性。法院可以对几乎所有的法律争议进行裁决，而且对法院裁决的审查和救济，只能在司法系统内部进行，议会、行政机关、检察机关对于法院的裁决无权撤销或改变。在美国这样一个特别强调分权制衡的国家，如果国会不同意法院的判决，可以通过新的立法对抗法院的判决，但其效力不能及于该判决，而只能对以后的行为有拘束力。尽管如此，这里仍无法显示出国会职能的终局性。因为如果法院仍然坚持自己的观点，则还可以在以后相关的诉讼中宣布该项新的立法违宪。

上述特点是各国法院所具有的一般特点，但这些特点在不同国家有不同的表现形式。在我国，法院的这些特点也得到了很大程度的体现，尽管仍然存在很多问题。

三、司法职能对法院组织形式和活动方式的特殊要求

法官(或法官合议庭)负责,而非首长负责。《人民法院组织法》规定,法院审理案件实行合议制,同时规定了简单案件的法官独任制和重大疑难案件的审判委员会讨论制。无论哪种形式,都与行政部门首长负责制有根本不同。

层级监督关系,而非层级领导关系。上下级法院之间系监督与被监督关系,上级法院对案件的审理不能向下级法院发布命令,而是由下级法院独立依法裁判,当事人不服裁决的可以上诉或申请再审。这也是独立审判原则中内部独立的内容。

直接与言词原则,而非层级书面审批制度。司法公正,唯以直接原则和言词原则进行审判才能实现。这里所实现的公正,不仅是案件处理结果的公正,而且包含了当事人所看见的公正。这就是人们经常引述的“公正不仅是存在的,而且应当让人们看到它是存在的”。

独立审判,不受任何干扰。没有独立审判,法院将受到来自各个方面的干扰,它的公正性就难以保证。而当法院的公正性失去保证时,司法职能存在的特定意义也就没有了。它只能混同于其他国家职能,同时其他国家职能也因此失去了必要的制衡,后果非常严重。

以程序严密求公正,而非仅以快速便捷求效率。司法职能从它一产生起就不是以效率为目的和衡量标准的。它所追求的是公正地适用法律,裁判纠纷。而这种公正在很大程度上是靠严密的程序保证的。所以也有学者称审判权是一种程序性的权力。目前,司法公正中的“程序公正”已经成为一种独立的价值观,也成为司法的本质属性之一。当然,公正与效率的关系也在发生变化,两者在现代社会中越来越趋于融合而非对立。

以强制力建立权威,更以公信力巩固权威。强制力是司法权威的

重要来源,但司法越来越以其公信力巩固其权威。法院依靠其正义的精神、法官优良的素质和人格魅力、公平的程序等,赢得社会的信任,树立起公正的形象。

法院的司法行政服务于司法职能的特别要求,使其与一般的公共行政有所区别。国内外都存在因司法行政方式不适应司法职能的需要而影响审判独立与公正的情况。为此,一些国家将法院的司法行政划归法院自行管理。为了避免对司法公正的影响,一些国家还尽可能简化司法行政的内容。例如,为防止法官的职位升迁问题对司法独立的影响,英国在高级司法官员之间尽量避免制造过多的等级。所有高级司法官员,由高等法院到上议院,都处于几近同等的地位,特别是薪俸相差无几;同时还避免任何以年资为基础的升迁方式。

当然,司法组织形式与司法活动方式还有很多特别之处,其中有一点是明确的:如果不按照司法职能的特有运动规律确定法院的组织形式和活动方式,司法职能的作用就不能完全实现,法治原则的落实也将会大打折扣。

四、对法院职能认识的一些偏差

长期以来,我国未能建立起科学、完善和有效的司法制度,除了众所周知的原因之外,对于司法职能在法律过程中的地位以及司法职能特有的运转规律在认识上的偏差,也是重要原因之一。即使目前,我们仍然可以从现行司法制度中发现很多不符合法治原则要求、违背司法特有规律、阻碍司法革新的现象。下面择要分析。

将法官作为普通公务员管理。虽然我国已经颁布了《法官法》,但该法生效数年仍有大部分内容未得到贯彻,对法官仍然采取公务员式的管理。我们不得不承认这样一个事实:由于长期的公务员式管理,法官职业已基本失去了应有的特点,这反过来又成为一些人坚持对法官实行公务员式管理的理由。

片面理解实事求是与司法终局性的关系。从哲学意义上讲,运动规律以及实事求是可能与任何确定的东西,特别是所谓终局性的东西相矛盾,但是,社会运动形式亦存在相对稳定的状态。法治需要司法有确定的终局性来保证,需要有稳定、可靠的权威支持。现在,法院的生效判决、裁定通过各种途径很容易被“翻”过来,这些途径可能是当事人的申诉、党政领导的批示、人大对具体案件的监督、上级法院的监督等。有人认为目前法官的素质不够高而会导致裁判错误较多,所以如果保护裁判的终局性,就会增加错案。但在目前,特别是司法改革已经开始的时期,我们首先应当把握司法改革的大方向与根本目标,在此基础上,根据我国实际来调整发展的具体步骤,采取相应措施。与其在未实现司法终局性的前提下强化对司法的监督机制,不如在维护司法终局性的前提下完备司法终局性的基础条件,包括建立高素质的法官队伍、完善司法程序、提高司法权威、维护法律尊严。

把党的领导与司法职能对立起来。我们有些同志将党的路线方针的领导与司法职能的发挥混淆或对立起来,使司法职能难以找到其正确的位置,从而影响了司法在依法治国方略中的作用。

把人大监督与独立审判对立起来。在我国,人大是权力机关,但这并不意味着人大可以代替其他国家机构行使权力。人大对法院进行监督,也不是说人大可以对法院审理的具体案件的是非曲直作出评判,而是要求人大对于法院正确、公正行使权力的机制进行监督,如法官是否尽职、有无徇私枉法等。如果人大在监督中代替法院行使了司法职能,权力结构的平衡将被打破,司法的特有功能将受到侵害,其危险恐怕远比人大少纠正几个确实错误的判决严重得多。

司法活动的行政化。在对司法职能的特殊性认识不深的情况下建立司法制度,所比照最多的就是行政机关的执法活动。目前仍有不少人将法院和行政机关都称为“执法机关”，所以将行政活动的规律适用于司法活动，而不是根据司法活动所特有的规律建立司法制度，就成为理所当然的结果。尽管我国法律规定的司法组织形式上并没有多少行政化色彩，但在司法实践中，司法活动行政化表现还是很普遍的。

司法权力的地方化。司法权力在法律过程中处于如此重要的地位，自应在组织上、行动上与法律的制定者的利益紧密联系在一起。也就是说，适用法律的司法机关应当由制定法律的立法者产生和监督，而不应当将司法权力下放到地方，使之成为地方自治性权力的一部分。而在我国，各级司法机关都是由当地同级人民代表大会选举产生的，法官的任免完全由地方人大控制，从而导致了司法权力的地方自治化。在单一制国家中，司法权的地方化严重影响了法制的统一，破坏了法律的权威，本身也为司法职能的发挥设置了障碍。

五、依法治国方略对法院的新要求

十五大报告对依法治国方略和法治原则的确定，对法院工作提出了新的要求。

重新认识司法职能，研究司法活动规律，树立新型司法观念。事实表明，许多人对于司法职能的重要地位的认识还比较模糊。而只有真正理解司法自身的规律及其本质属性，才能正确认识司法职能在依法治国中的地位和作用。不久前，司法界曾力倡“更新司法观念”，其核心也是要重新认识司法职能应有的地位和作用，重新认识司法的内在运动规律，并将这些本质的东西与中国实际结合起来，使司法职能在社会主义初级阶段发挥最佳作用。

法院应承担公正裁判者的职责。经济与社会改革的深化，国有企业的改革，所有制形式的发展，使经济关系和社会关系进一步复杂化。各种矛盾的解决要更多地依靠法律这种可靠手段，法院则是运用这种法律手段的主体。它与行政机关和立法机关的不同在于,法院是作为中立的裁判者出现的,而不是站在某一方的立场上,代表一方利益说话。司法权力是国家治理中“最稳定的调节器”。

审判独立。独立审判本是司法公正的保障,但现在已经成为与司法公正地位相当、价值相近的原则。我们应当尽一切努力,建立独立审判的保障制度,真正实现这一宪法原则。

改革司法制度。事实表明现行司法制度已经不适应新的形势需要,而且党中央在十四届三中全会中就提出了“改革和完善司法制度”,十五大报告又重提这一任务。我们应当在正确认识司法职能特殊规律的基础上,大胆探索,勇于实践,建立起适合中国国情的公正、科学、高效的司法制度。

(《人民司法》1998 年第 1 期)

现代司法理念基本问题

一、什么是现代司法理念

现代司法理念是人们在认识司法客观规律过程中形成的一系列科学的基本观念,是支配人们在司法过程中的思维和行动的意识形态与精神指导,包括中立、公正、独立、民主、效率、公开等。具体说来,现代司法理念包含三层意思:

第一,现代司法理念是人类在现代社会对司法客观规律的认识与高度概括。与其他国家职能活动相比较,司法活动的客观规律可以分为两部分:一部分是与其他国家权力相同或相似的规律,如公权力的强制性、确定性;另一部分是司法自身所特有的规律,如裁判权的中立性、专业性。人类在研究、认识、运用、遵循这些客观规律的过程中,逐步形成了系统的司法理论。而将司法理论中的精髓与司法实践结合起来,形成了一些概括、简练、根本、基础的司法精神和司法观念,这就是司法界乃至全社会应当树立的“司法理念”。

第二，现代司法理念是指导司法活动以及与司法相关的所有活动的意识形态。意识形态是与一定社会的经济、政治直接相联系的观念、观点、概念的总和，包括政治法律思想、道德、宗教、哲学等。而司法理念可以说就是司法思想，而且是高度凝练的司法思想。司法理念与普通的司法理论相区别，形成统领全局、发挥基础和根本作用的精神指导。

第三，现代司法理念是一种高尚的司法信仰和精神追求。意识形态本身就是“关于生活行为和社会组织的一系列信仰”（科贝特语），是高层次人类精神活动的成就与结晶。所以，司法理念便成为人类在一个健康、法治社会中的共同信仰。从司法理念的表述形式也可以看出这一点，公正、独立、公开、民主，都是人类的共同追求。世界各国都有一些法官为维护司法独立而做出牺牲，而社会对司法公正的信仰成为司法权威得以树立的基础。

二、为什么要培养现代司法理念

作为一名法官，最好还是经常问问自己这个问题，并想一想自己是否真正能够给出圆满的答案。这样做实际上是在不断提醒自己是否过着一种有“品味”的司法生活。作为一名非法律职业人员（包括官员、人民代表或普通民众），为了做好本职工作，为了推动社会主义法治国家建设的进程，也应当知道这个问题的答案。

或许会有人认为这个问题过于简单而无须回答，或许这一问题的答案的确很平常，无法引起人的重视；但如果对有现代司法理念的人和无现代司法理念的人进行比较，我们便可比较容易地理解司法理念的重要性。

第一，有现代司法理念者，奉法治原则为基本的行为准则，将法律置于崇高的地位；而无现代司法理念者，在遇到法治与个人意志不一致时，多会放弃法治、破坏法治或者曲解法治，而无法将法律作为始终如一的行为指导者。

第二，有现代司法理念者，属于有信仰的人，人因为有信仰而坚强，因为有追求而充实，因为有理念而永远有动力和方向感；而无现代司法理念者，犹如无舵之船，即使辛勤劳作也可能无所收获，因为他们并不明白哪里是航行的方向。

第三，有现代司法理念者，更能自觉遵循事物存在和发展的客观规律，尊重科学，对问题的态度也因此而变得更客观，事业更能取得成功；而无现代司法理念者，容易导致违反规律、违反科学、盲目行事，最终难以成功，还会受到客观规律的惩罚。

第四，有现代司法理念者，了解并接受司法活动最基本的规律和最本质的特性，从而表现得更有思想深度，而且对所从事的法律活动、司法活动以及任何与司法有关的活动有"一通百通"的感觉；而无现代司法理念者，更可能拘泥于细枝末节，缺乏宏观考量，层次终难提高。

第五，有现代司法理念者，其法律感觉和人生品位便发生根本变化，生命质量也会因此而变化；而无现代司法理念者，则可能因此而导致不辨是非、缺乏长远眼光，思考问题还有明显的局限性。

第六，有现代司法理念者，从事司法工作最终更能赢得社会尊重，从而增强司法之公信；而无现代司法理念者，则会因其种种不合司法规律要求的表现而失去信任，最终影响法治权威。

根据上述两种人之间因有无现代司法理念而产生的差异，我们可以说，现代司法理念是法律职业者的灵魂，是其他人遵循客观规律、顺应法治时代要求的基础。

三、哪些人需要现代司法理念

有一点必须明确，法治原则的实现并不能仅靠专设的立法、执法、司法人员和律师的法律活动实现，而是要靠全社会所有成员的整体努力。因此，所有法律官员，所有律师，所有政府官员，所有民众，都应当不同程度地具备现代司法理念。即使所有法官对司法理念有了深刻的理解，但如果周围的党政领导和广大人民群众对司法的本质、规律不接受或存在误解，法治仍然难以实现，司法权威也无法树立。下面对其中的几类人员略加说明。

第一，法官。每一个法官都应当具备现代司法理念，而且在对理念的理解程度上应当深于其他任何群体。

第二，人民代表。我国各级人大共有数十万人大代表，这是一支代表民意的队伍，也应当是一支模范履践社会主义法治原则的队伍。现代司法理念武装的人民代表，可以为我国实现法治、发挥司法的作用提供基本的条件。

第三，党政领导。党的领导与社会主义法治原则同属政治文明的组成部分，相互补充、相互促进。但由于个别党政领导缺乏现代司法理念，错误地将司法公正、独立与党的领导对立起来，为法治原则实现设置了不必要的障碍。而现代司法理念将帮助这些党政领导走出这一误区。

第四，公众。广大公众的需求、期望、信任是司法“生”与“死”的最终决定者。如果所有公民都具有良好的法律素质，树立了现代司法理念，那么，司法的地位定能提高，法治原则定能实现。

当然，对于法官之外的其他非法律职业人员应当具备的司法理念的要求，与法律职业人士的要求大不相同。非法律职业人员可能并不需要对司法理念有系统、全面、深入的理解，而且这样也不太现实，因为每一个人都有自己的工作、职业、领域。因此，非法律职业人员对现代司法理念的掌握，除基本掌握司法客观规律外，关键在于能够心甘情愿地遵循司法基本规律，或者说心甘情愿地服从那些专司法律职能特别是司法职能的机构、人员作出的符合司法规律的决定。从整体上着想，只有尊重别人的权威，才会树立自己的权威。例如，对于政府官员来说，应当正确处理司法权力与他们手中的权力之间的关系。为确保审判独立，行政官员应为审判工作提供人力、财力资源；在行政诉讼中，政府应当尊重司法裁判；在人大监督中，人大代表应尽一切可能防止对审判独立的影响，不代行审判权，不干涉审判权。而对于公众来说，关键要了解司法的最终性，接受司法权威，将司法作为权利的最后保护防线。当然，这一切的前提应当是专司司法职能的法官能够严格遵循司法规律，依法公正裁判。

四、现代司法理念的内涵

现代司法理念的内涵是现代法治原则的结晶，是法律文化的积累，是司法客观规律的集中反映。它虽然不包括具体的法律制度，不同于普通的司法理论，但这些理念支配着人们建立制度、运用制度、改造制度的一切行动。

借鉴其他国家法治和司法制度建设的有益经验，根据建设社会主义法治国家的要求，以我国法律实践和理论研究的成就为基础，我们可以大概描述现代司法理念的主要内容。

第一，司法中立，即司法者以中立的第三者身份出现，解决当事人之间的法律纠纷。

第二，司法公正，即司法者以不偏不倚的主观态度处理各种法律纠纷，并最终实现公平和正义的目标。

第三，审判独立，即司法职能的行使不受其他权力和影响的不当干扰。

第四，司法民主，即司法职能的实现应当以实现人民的意志为根本，并在实现形式上尽可能体现其民主性。

第五,司法公开,即司法活动应置于公众监督之下,以求实现公正和权威。

第六,司法效率,即司法活动应当避免不必要的拖延,提高工作效率,体现诉讼经济原则。

第七,司法廉洁,即在行使司法职能过程中不应介入任何个人利益,更不得故意运用司法权力从中获得个人的好处。

第八,司法程序,即司法活动必须按照法定程序进行,而且与其他国家活动相比,司法的程序性要求最为严格。

第九,司法职业化,即司法活动是一项专门工作,必须由经过专门法律训练的人员依照专门的规律和法定程序完成。

(《人民法院报》2003 年 1 月 20 日)

司法权力地方化之利弊与改革

司法权力的地方化是我国司法体制的一个重要特征，又可以说是司法体制的一个重大缺陷。所谓司法权力地方化，是指国家将司法权分配于地方行使，国家对此施以必要控制与监督的体制。我国的司法权力地方化都有哪些表现？是如何形成的？利弊何在？如何改革？这就是本文要讨论的问题。

一、司法权力地方化的表现

地方法院由同级地方国家权力机关产生。法院的产生，意味着权力的来源和对权力的控制。我国《宪法》规定，"国家行政机关、审判机关、检察机关都由人民代表大会产生，对它负责，受它监督"。"最高人民法院对全国人民代表大会和全国人民代表大会常务委员会负责。地方各级人民法院对产生它的国家权力机关负责。"非常明确，产生于全国人民代表大会的，只有最高人民法院。其他各级人民法院均产生于本地方的同级(极少数情况产生于上级)人民代表大会。最关键的是,最高权力机关对于这些法院是否严格执行自己制定的法律,没有任何控制手段。

地方法院的法官由同级地方国家权力机关任免。与前述法院的产生相一致,法官的任免权也是由产生该法院的地方国家权力机关行使的。根据《法官法》的规定,地方各级人民法院院长由地方各级人民代表大会选举和罢免。法院的其他组成人员由本院院长提请本级人大常委会任免。也就是说,凡是地方法院同级有人民代表大会的,无论在哪个层级,法官均由该人民代表大会及其常委会选举或任免。

法官管理由本地党政部门负责。在我国现行干部管理体制之下,法官的日常管理工作由地方党政部门负责,一定级别以上的干部由本级党委主管,上级人民法院党组或本级人民法院党组协助或协同有关党委管理——极个别人员(如院长)由上级党委主管,未列入党委管理的干部由本级人民法院党组管理。也就是说,对地方法院的法官和其他干部,中央或最高人民法院无权直接管理,而是由本地的党委、本地法院党组管理或协助管理。同级政府人事部门对于法官的管理也发挥一定作用。

法院的财政预算由地方编制与管理。我国现行的财政体制采取"分级管理,分灶吃饭",中央与地方分开,地方各级之间也分开。在具体管理方式上,国家机关实行行政经费包干办法。也就是说,法院的司法经费主要来自于本地财政,法院审判工作所需经费能否保障也取决于本地财政。

司法权成为办理地方事务的保障。作为本地方产生的机关,地方法院当然地被当作处理本地事务的工具,为本地的地方利益的实现而服务。当然,地方的利益也应当受到国家的保护,在审判工作中保护地方合法利益是法院的职责之一。但是,当地方利益与国家利益不一致时，或者一些地方的政府为了本地的利益而损害国家和其他地方的利益时，法院便成为保护本地方利益的法律工具。这也就是通常所说的司法领域中的地方保护主义。

最高国家权力机关和最高人民法院的监督作用甚微。首先，最高国家权力机关作为制定法律的机关，只产生一个审级（当然也是最高审级）的法院执行它制定的宪法和法律，而对于以下的三个审级的法院，最高权力机关没有任何监督和控制手段。其次，最高人民法院对下级法院的监督方式主要是审级的上诉监督和依审判监督程序的监督，而对地方法院的行政事务管理甚少。但是，一个最高人民法院对 3500 多个地方法院只运用上诉监督和审判监督，其经常性和有效性实难保证。

二、司法权力地方化是否正常

司法权作为国家主权的一部分，是不可分割的。这里所说的“不可分割”，一方面是对外国不可分割，另一方面是对国内的地方不可分割。司法权对外被分割，则影响国家的统一和独立；司法权对内被分割，则可能影响国家法制的统一，最终也可能影响国家的统一。

从司法权力自身性质来分析，可以肯定地说，司法权力是一种国家权力，不是地方自治权力。关于国家权力和地方自治权力的划分，规范法学派的创始人凯尔森有一段著名的论述：“在地方自治的情况下，分权原则上只限于行政，即限于由行政机关所创造的规范。但分权也可以扩大到立法，自治省的机关就是由该省公民所选出的地方立法机关，还可能是由该省地方立法机关所选出或由公民直接选出的地方行政机关。自治省通常并没有司法机关。法院被认为是国家的法院，而不是自治省的法院。这意味着司法已不再有相当于行政分权类型那样的分权了。只有立法和行政，而不是司法，才具有自治性质；只有立法和行政才在中央的和地方的法律共同体之间加以划分。”

从国家结构是单一制还是联邦制来分析，在联邦制国家，如美国、德国、澳大利亚，虽然只有一个主权国家，但在政府结构上存在两个不同的系统，即联邦政府和州政府。法院也有两套系统，即联邦法院和州法院。其中，联邦法院无论哪个级别，都是联邦政府产生的，是“国家化”的法院，而州法院则是完全的“地方化”的法院了。在单一制国家，如日本、法国，只有一套单一的政府体制，全国法院也直接或间接受同一个意志——中央法律支配，国家法制是单一（统一）的。司法体制也只有一套。全国的法院都由中央产生，有的由议会任命，有的由总统任命，有的由最高法院首席大法官任命。地方议会和地方政府的确存在，但不包括司法机关。尽管各国历史与传统各有不同，但实践已经表明，司法权的地方化一般只存在于联邦制的州一级。作为一项真正具有决定作用的权力，一项可以决定法律的适用与否和如何适用的权力，各单一制国家毫无例外地将其作为中央权力（国家权力）而非地方权力，也未委托或赋予地方行使。

从司法权力在政府权力中的地位来分析，司法权力在政权结构中的地位决定着法院是否可能地方化以及地方化的程度。在现代社会中，实施法治已成为世人共识、各国通例。如果没有权威，司法权力应有的作用就难以发挥，其作用可能会被其他权力所替代，其重要性就无法显示。而司法权越是显示不出重要性，它就越不会获得权威、受到重视，而这种状态是每一个崇尚法治的国家和政党都不愿看到的。

三、司法权力地方化的利弊

司法权力地方化在我国已经延续了数十年。目前看来，这种体制与社会主义市场经济和人民的法治需求已很不适应。但客观地分析，这种体制也有一定好处：第一，有利于司法机关了解本地民情，使法律适用更趋合理。第二，有利于地方司法人力资源得到最佳利用。第三，有利于将中央法律与地方规定结合起来执行,使法制运行获得较好效果。

但是,这种体制的弊端无论在理论上还是在实践中都已经清楚地表现出来,成为当前法制建设中的一个主要矛盾。审判工作中经常遇到的地方保护主义、执行难、司法腐败、本地或上级党政部门干扰独立审判等,都是司法权地方化弊害之表现。

第一,损害了大市场的建立。发展社会主义市场经济,需要统一、公平、健康的全国市场乃至世界市场。法院作为各类纠纷的中立裁判者,需要遵循统一、公正的标准,而司法权力地方化与之背道而驰。不少当事人提起到外地打官司就顾虑重重,因担心地方保护主义而找关系、请客送礼,更使司法公正雪上加霜。

第二,影响了法律的实施。在地方人大和地方政府的影响与控制下,为了保护本地利益,地方司法官员适用国家的法律时任意歪曲法律原意,甚至干脆置之不理,尽可能使判决对本地当事人和本地利益有利。

第三,国家(中央)的控制难以发挥作用。由于司法机关由本地产生,司法官员由本地人大任免,国家对地方司法机关与人员的监督作用相当薄弱。当然,上级法院对下级法院可以运用审级监督或审判监督程序进行监督,但由于我国审级制度的限制和地方审级的多层次,导致最高人民法院的监督面窄、效果弱。

第四,影响法制的统一。在同一个法律体制之下,对于同样的情况,应当适用同样的法律,实现相同的法律效果。但是,司法权力地方化造成的"地方司法割据"严重破坏了法律的统一。一些地方司法机关根据本地当事人利益的需要解释和适用法律,有的地方人大或地方政府甚至通过地方立法或命令的方式公然与国家法律对抗。

第五,破坏法律的权威,损害司法机关形象。司法机关是人民权利保护的最后一道屏障，也是法律权威的最终体现。但司法权力地方化将司法机关变成了主要代表本地利益的地方机构，难以树立在人民心目中和社会生活中的至高无上的地位，使一些人丧失了对法治的信心，从而在根本上破坏了法治进程，并最终影响民主国家与文明国家的建立。

四、我国司法权力地方化形成的原因

1951 年《人民法院暂行组织条例》确定的法院体制是：下级人民法院的审判工作受上级人民法院的领导和监督；各级人民法院为同级人民政府的组成部分，受同级人民政府委员会的领导和监督。这种双重领导的体制为现行的体制奠定了基础。1954 年的《人民法院组织法》虽然将法院从同级人民政府中分离出来，但仍然置于同级人大之下，作为地方的一个机关，由它产生，对它负责。直到今天，我国仍然未能摆脱这种模式。究其原因主要有以下几个：

第一，对地方政权建设理解的局限性。新中国成立之后，人们自然地认为建设地方政权应当建立所有类型的机关，包括法院在内。国家在军政时期或特别时期，法治并不起重要作用，国家的统治更多地要靠行政指挥和军事统制。司法机关的作用更多的是辅助行政机关或军事机关完成政治任务，而在维护国家法制统一、社会公正方面的作用还无法表现出来。因此，我国先是将法院作为地方政府的一部分，后来作为由地方人大产生的、与地方政府并列的一种地方国家机关。

第二，对司法职能应有的作用认识不足。新政权建立时，司法职能在国家中的实际作用，重点还不是维护法制的统一，也不是作为中立的第三者来裁判各方当事人之间的纠纷，而是“保护中华人民共和国国家的权益和人民的权益，保护新民主主义的政治制度、经济制度、文化制度和社会秩序的安定，保护国有企业、公有企业、社会团体等权益”。通过审判工作,"使革命秩序日趋良好,社会关系日益正常,以达到巩固人民民主专政,保障并促进新民主主义社会的顺利发展,变农业国为工业国"。也就是说,当时还不具备将司法职能在法制统一、社会公正等方面的作用表现出来的条件,自然也不能期望当时的司法体制适应今天的需要。

第三,对人民代表大会制度的绝对化理解。《宪法》规定,"中华人民共和国的一切权力属于人民。人民行使国家权力的机关是全国人民代表大会和地方各级人民代表大会"。司法权力作为国家权力的一部分,自然应当由人民通过全国人民代表大会和地方各级人民代表大会行使。因此地方各级人大产生法院也是合乎宪法和政权性质的。但是,真正意义上的人民代表大会制度,并不排除司法权力由国家统一行使。行使地方权力和中央(国家)权力的最基本要求是:地方的权力,由地方机关行使;中央的权力,由中央设立机关行使;中央在地方的事务的处理权,由中央派员行使;如果委托地方机关行使,一定要有相应的监督措施。其中的司法权也是如此。

第四,高度集中的国家经济和政治体制,使各地方所拥有的真正的地方性权力很少,使地方化的矛盾不显尖锐。根据《宪法》规定,我国的地方政府实际上是国家(中央)设立在地方、负责执行国家法律和政策的国家机关,同时又是地方人民代表大会的执行机关。这样,地方政府身兼两职。在这种情况下,即使司法权力在形式上已经完全"地方化"了,而实际上对于地方来说并没有多大作用,即不会给地方带来好处,也不会给国家带来危害。换句话说,当时的司法权力无论由国家统一行使,还是由各个地方行使,对于高度集权体制并无多大影响。

应当指出,以上所述的产生司法权力地方化的原因已经发生了很大变化。特别是经济体制的改革,社会主义市场经济的建立,中央与地方关系的重大调整,对人民代表大会制度的深入认识,对某些国家权力运作体制的改革（如国税管理、金融管理等），司法职能的日趋重要和人们对司法作用的重新认识，对外国有益经验的了解增加、接受程度提高等，都为改革现行的司法权力地方化的体制提供了条件。

五、司法权力地方化的改革设想

已经有不少法官和学者提出了司法体制改革方案并加以论证。实际上，这个问题已经成为全国法院乃至法律界和整个社会最关注和最具共识的课题之一。法官们在司法活动中遇到难题时，如地方保护主义、执行难、法官队伍素质不高等问题，只要深究下去，根源必然出在法院体制上。如何改革呢？法官和学者们提出了很多原则和具体方案，或者是“摆脱地方控制，实行垂直管理”，或者是“借鉴银行、铁路、军队的体制，人财物由中央统管”，或者是“实行独立司法区，使法院与地方脱钩”，或者是“恢复法院的分院制度，减少地方干扰”，等等。当然，这些方案是否可行、实施方案的条件是否成熟、如何一步步推进改革等，就是更复杂、更具体、更耗时的问题了。

1. 关于法院的产生和法官的任免。主要方案有以下几种：第一，全国的各级法院均由国家（指中央政府）产生。可以考虑由全国人大及其常委会产生（设置）全国所有法院，并任免最高人民法院和省级高级人民法院的法官；最高人民法院任免中级人民法院和基层人民法院的法官，也可以授权高级人民法院任免部分法院的法官。第二，将法院在全国分设三级（实际上以最高人民法院、高级人民法院、中级人民法院为基础），均由全国人大产生，所有法官亦由全国人大（常委会）任免。县法院的体制保持不变，继续作为国家的基层法院（实际上保持其双重身份）。第三，全国的法院均由全国人大产生，并任命最高人民法院和高级人民法院的法官。中级人民法院和基层人民法院的法官由省级人民代表大会任免。这些方案的具体内容有所不同，但目的都是相同的，即消除或削弱司法权力的地方化。孰优孰劣，尚需严密论证。党的领导则体现在每一个任命层次上，只是地方法院不再直接接受本地党委的领导。

2. 司法预算独立。主要方案有以下几种：第一，全国所有法院的经费由中央财政支付，预算编制由最高人民法院负责。预算草案送政府协调后（不得减少或推翻），直接由立法机关审议、批准，由国务院和最高人民法院执行。第二，全国法院的业务经费由中央支出，行政经费由地方支出。第三，根据法院所承担的地方司法事务和国家司法事务的多少，确定预算比例，分别支付。这些方案的目的，都是使法院摆脱地方预算控制，真正实现独立审判。司法预算在美国、澳大利亚等国家一直是一个热门话题，而我国的讨论才刚刚开始。

3. 关于法官的管理以及法院的司法行政人员的管理。应当改变目前由地方党政部门管理的体制，而由任命机关或任用机关管理，或者直接由最高人民法院和相应法院管理。

（《人民司法》1998年第2期）

中央司法事权的八项“基本待遇”

中国的司法权力（本文仅指审判权）属于中央事权，这在我国《宪法》第128条中已有明确规定，即“中华人民共和国人民法院是国家的审判机关”。《人民法院组织法》第2条第1款也规定，“中华人民共和国的审判权由下列人民法院行使：（一）地方各级人民法院；（二）军事法院等专门人民法院；（三）最高人民法院”。

但是，由于长期以来我国政权事务分类不细、分级不准、分属不清，现行的司法管理体制并没有将作为司法权力的中央属性全面体现出来，结果出现了“诉讼主客场”、司法地方保护主义等严重影响司法公正的问题。因此，中央于2013年重申“司法权从根本上讲属于中央事权”的论断，并启动了法院的人财物“省级统管”的司法管理体制改革。从此，关于中央司法事权的范围、分类、事权人权财权匹配、权力委托等问题的研究讨论方兴未艾。

作为中央事权,司法权在其配置、运行、效力等方面必然与地方事权有不一样的表现。笔者观察了一些单一制国家和一些联邦制国家的司法权力在中央和地方(联邦和州)之间的配置,并结合中国的具体情况,发现作为中央事权的司法权力会享受八项与地方事权不一样的"中央级待遇":

第一,司法制度事项只能通过中央立法加以规制。这一点在中国的法律中已经得到充分认可。根据《立法法》第8、9条的规定,一方面涉及法院、检察院组织和职权,刑事,民事,诉讼,仲裁等内容必须纳入法律的范畴;另一方面严格排除了关于"司法制度事项"的授权立法。这是"中央级待遇"的重要标志。

第二,行使司法权力的唯一依据是中央立法机关制定的法律。我国《宪法》已明确规定,"人民法院依照法律独立行使审判权"。宪法和法律是法院作出裁判的唯一依据。虽然不能说最高人民法院和地方各级法院代表中央,但它们必然代表中央制定的法律,因此被当作法律的化身。法律之外的可能影响司法裁判的因素(如地方立法、规范、利益)只能是行使司法权过程中的"诉求""理由"而非"依据"。以法律为裁判依据的法院享有对宪法、法律之外的规范是否与宪法、法律相符的显性或隐性的评价权力。正是中央司法事权的这一特性,才使排除地方干预、排除外部干扰具有了正当性。

第三,行使司法权力的主体由国家设立。从目前的运作程序来看,各地新设法院都须经最高人民法院、中央政府编制部门或最高国家权力机关的批准。但我国宪法中还有一个概念,即法院的"产生"。根据宪法和相关组织法规定,县以上人大均可产生本地方的法院。这无疑给中央司法事权的属性造成了一些混乱。不过有一点是清楚的,即"各地法院不是地方的法院,而是国家设在地方代表国家行使审判权的法院"。虽然国家设在地方的法院不属于"中央国家机关",但由于它的权力来源是法律(当然不是简单地“由法律规定其职权”),所以地方法院不应当从属于地方政权,更不应当作为地方政权的组成部分。

第四,最高人民法院对所有一审案件享有选择式的(自由裁量式的)管辖权。尽管法律规定了一审案件的级别管辖,但最高人民法院仍然可以根据需要自行决定管辖。《人民法院组织法》第 13 条第 2 款规定,“最高人民法院对各级人民法院已经发生法律效力的判决和裁定,上级人民法院对下级人民法院已经发生法律效力的判决和裁定,如果发现确有错误,有权提审或者指令下级人民法院再审”。第 31 条规定,“最高人民法院审判下列案件:(一)法律、法令规定由它管辖的和它认为应当由自己审判的第一审案件……”如果司法权是地方事权,最高人民法院便力所不能及了。

第五,最高人民法院对所有法律问题享有最终的决定权。如果有些司法权力属于地方事权,那么相关案件的最终决定便不能由最高人民法院作出。换句话说,属于地方事权的司法权不归中央司法机关或国家司法机关行使。这在联邦制国家中有明显表现。但在我国,从审级制度和审判监督制度的设计来看,最高人民法院不仅在理论上,而且在实际上都是可以发挥这一职能的。从理论上讲,基层人民法院的派出法庭裁判的所有案件有可能经过上诉、再审程序而在最高人民法院作出最终裁判。这是对中央司法事权的一种形象描述。当然,由于工作量、机关规模等因素制约,最高人民法院受理案件的标准会更加严格。

第六,司法人员管理权(人权)与事权基本匹配。既然司法权是中央事权,那么行使中央事权的法官的管理权(又称“人权”)也具有中央权力属性。因此,联邦国家的联邦法官通常由中央政府任命;单一制国家所有法官通常都由中央政府(或最高人民法院)任命。由于我国法官人数众多,司法辅助人员也数量巨大,“人权”与“事权”只能达到基本匹配。这是体现中央司法事权属性的基本标志。

第七，司法经费管理权（财权）与事权完全匹配。既然事权属于中央，实现这一事权的经费理当由中央保障。在原来的司法管理体制下，司法权力性质上是中央事权，但在经费保障方面几乎等同于地方事权。即使是现在，中央将75%的事权委托地方行使或作为地方事权行使，而地方的财政力量只占全国的45%，出现了严重的不匹配。既然司法权力属于中央事权，中央负担所有经费保障是完全符合国家治理规律的。

第八，大国中央司法事权行使方式具有特殊性。世界上将所有司法权作为中央事权的国家基本上给了司法上述各项待遇，但在中国这样的幅员辽阔、人口众多、发展不平衡的大国，上述待遇特别是人权、财权、审级监督等待遇不得不有所变通。因此，中央决定将法院、检察院的人财物"先收归省级统管"也是明智之举，人权、财权的匹配还可以探索其他的变通方式。英国哲学家罗素早在1922年就提醒我们，中国的"省界之别"或省级板块要倍加注意。因此，设计一套最接近法治而又最能实现中央事权属性的司法制度，是深化司法改革的重要任务。

（《法制日报》2015年1月28日）

论审判独立的最低保障标准

作为一项共同的法治原则，审判独立有着强大的影响力、指导力，是法治的一根精神支柱。但是，如果不为它打造合适的躯壳来承载其精神，审判独立便成了游荡在空中而无法落地显形的虚幻之物，难以逃脱任人解释、利用甚至蹂躏的命运。在我国目前对这一课题的各项研究中，无不将审判独立当作司法制度的基石，而在实践方面论述较多的是审判独立如何受到地方化、行政化、官僚化、政治化的影响，如何受到法官素质、法官待遇、法官保障的阻碍，如何受到经费短缺、程序不严、信访泛滥的弱化。研究成果所给出的一些解决方案都会包括实现审判独立的各种保障措施。

这些研究给我们提出了另一个思路，那就是我们在研究审判独立的时候，是否可以从建立健全保障机制方面入手，用多维、立体、严密、有效的保障机制将审判独立这样一个抽象的法治原则紧紧包围和支撑起来，使之成为一个既有先进精神、又有坚固盔甲的实实在在的法治元素。换句话说，有了充分的保障，或者说达到了最低保障标准，审判独立才可以得到全面实现。否则，审判独立只能是纸面上的宣示，随时会受到曲解和破坏。

我们知道，审判独立的理论内涵丰富，原理深奥，涉及领域广，理论框架也比较成熟。联合国《关于司法机关独立的基本原则》第 2 条也对审判独立作了比较权威的描述："司法机关应不偏不倚、以事实为根据并依法律规定来裁决其所受理的案件，而不应有任何约束，也不应为任何直接间接不当影响、怂恿、压力、威胁或干涉左右，不论其来自何方或出于何种理由。"无论是个人层面上的独立还是机构层面上的独立，也无论是外部独立还是内部独立，都已为法律界广泛接受。对此，本文将不再重复论述。关于审判独立的保障机制，虽然学界有不少阐述，实务界也进行了一些探索，但始终难分轻重缓急，难以形成完整体系。

本文将从广泛的视角对审判独立的各种保障进行梳理、归纳，特别是结合当前我国进一步深化司法体制改革过程中出现的一系列与独立审判直接相关的问题，分析各项保障的内在构成和整体结构，分析其在实现审判独立原则中的作用，为确保我国法院独立公正行使审判权提供理论支持。结合各国经验以及我国在实现审判独立原则中已经建立的各种保障措施，本文将审判独立保障机制分为五类，依次为政治保障、文化保障、体制保障、职业保障和程序保障。

一、政治保障

审判独立的政治保障，是指一个国家的各种政治力量，包括政党、民间团体、社会组织、普通公众等，均认可、支持并采取相应措施维护和保障审判独立。由于审判权属于国家公权力的一支，所以审判独立获得政治上的支持当属所有保障机制中最重要的一个。

1. 宪法的宣示

我国《宪法》序言规定，“全国各族人民、一切国家机关和武装力量、各政党和各社会团体、各企业事业组织，都必须以宪法为根本的活动准则，并且负有维护宪法尊严、保证宪法实施的职责”。这一宣示当然包括了宪法所规定的审判独立原则应当得到各政党、团体、组织的遵守和维护。其他国家的宪法也有类似的规定。其实，这些政治力量中的某个人或某些人对于某个案件的裁判结果未必完全满意，甚至有人会利用体制缺陷或其他渠道试图干预审判独立。但是，这些政治力量的根本利益只能依靠或借助独立的审判才能实现。如果政治力量不能正确地认识政治对审判独立的需求，则不会给予多大的政治支持。

2. 政治力量的意愿

审判独立是让法院依照法律独立对法律争议作出裁判，这实际上意味着政治力量在这些问题上的话语权受到挤压甚至被剥夺。但是，各国政党仍然几乎无一例外地愿意保障审判独立。他们在公开场合、私下场合都会表示支持审判独立，在实际行动上维护审判独立，特别是当审判独立受到威胁或侵犯时，各种政治力量会集中力量、共同反击，而不论平时这些政治力量之间的观点是否相同。中国共产党的历次党代会报告提出的司法改革任务中，都会有一项十分重要的内容，那就是“要从制度上保障人民法院独立行使审判权”，并要求坚持抵制违反审判独立原则的行为。

3. 政党支持审判独立的原因

既然审判独立会挤压政治力量的话语权空间，那么政治力量为什么还会支持审判独立？如果审判独立有可能影响自己的现实利益，政治力量还会愿意这样吗？美国学者拉姆西亚的一篇关于日美法院独立的比较研究给了我们很大启示。[1] 结合世界其他国家的实践，正常支持审判独立的原因可概括为三种：

第一，支持和保障审判独立与政党的根本利益完全一致。法治是各种政治力量获得并维护执政地位的可靠的依赖。政治同盟者可能会因立场差异、利益冲突而反目，而法律一旦通过则成为各个政党及其所代表的群体的共同利益，是不可与之"反目"的。所以，在政治过程中，依靠同盟军无疑是必要的，但更重要的一个前提是依赖法治。换句话说，在法治基础上加强政治同盟，只能使执政地位更加稳固。

第二，支持和保障审判独立是赢得政党声誉、提高政党公信力的重大政治策略。各种政治力量都会宣称推崇法治，而法治标准属于专业标准而非政治标准，尽管不可避免地会在一定程度上受到政治的影响。在具体纠纷中，由于司法机关是法治标准的最终运用者，所以政治力量将司法机关放在某种特殊地位也与司法的地位是相符的。在民主社会，如果一个政党不重视法治甚至破坏审判独立，则会受到其他政治力量的攻讦，甚至引起本党派的反对。这不仅会动摇自己的执政之基，更会侵犯全体人民的利益。这种既不利己又不利他的后果是任何一个追求持久执政的政治力量都不愿意看到的。

第三，支持独立审判有助于政治力量保持持久的政治生命力。所有政治力量最关心的问题之一是如何长久保持自己的执政地位。正是这种对失去执政地位的担忧在一定程度上影响着执政党对审判独立的政策。当然其结果是积极的，因为几乎所有政党都会强化对审判独立的支持和保障。在通常情况下，执政党会尽最大可能对包括司法在内的各种国家机构施加影响，以保证自己的政治主张得以实施。但执政

---

〔1〕 参见［美］马克·拉姆西亚：《令人迷惑的法院独立——日美比较研究》，载张敏、蒋惠岭主编：《法院独立审判问题研究》，人民法院出版社1998年版，第394页。

党也十分清楚，如果其他政治力量上台，可能会变本加厉，其对司法的干预和影响会有过之而无不及，这必将对其夺回执政地位造成更大困难。因此，各种政治力量的唯一选择就是相互之间达成一种默契，把体现自己施政主张的努力用在人才选拔、人员任用和立法起草过程中，而在法律的执行和审判阶段保持最大的克制，维护法律的专业性，维护司法机关的独立地位，从而为自己积累政治资本以保持持久的生命力。因此，在一定程度上说，维护审判独立是平衡政治力量、减少政治冲突、维持长久执政的一种政治智慧，而绝不只是一种普通的意愿或觉悟。

二、文化保障

“所谓文化或文明乃是包括知识、信仰、艺术、道德、法律、习惯以及其他人类作为社会成员而获得的种种能力、习性在内的一种复合整体。”[1] 在当今世界，文化作为经济、政治、文化三维结构中的重要一维，渗透于经济建设和政治进步之中，影响着各项具体制度的建设和发展，也影响法治建设的进程和审判独立的实现。[2] 缺乏文化保障，审判独立将成为无源之水。

审判独立原则的文化保障是否充分，基本的衡量标准是在社会公众的普遍心理状态中司法的地位是不是独立的，是否愿意让法院在不受任何干涉的情况下独立作出裁判，即使出现个案裁判错误也不会影响公众对司法制度整体的信任。

1. 中国传统法律文化的局限

说起文化保障，就离不开中国古代的法律文化。古代中国的“法

---

〔1〕［英］泰勒：《文化之定义》，顾晓鸣译，载庄锡昌等编：《多维视野中的文化理论》，浙江人民出版社 1987 年版，第 98 页。

〔2〕龚政文：《小康社会文化建设的行动纲领》，载《理论与创作》2003 年第 1 期。

治”从没有走出“权大于法”的怪圈。《管子》中虽有“以法治国”的提法,但其目的还是通过法律来达到君治的目的,因此法律永远都是保障君主权力的手段和工具。[1] 由于历史上人治主义的突出,所谓法治也只能受到权力的支配。同时,中国的人文精神中,“礼治”“德治”发挥着主导作用,而高度政治化的礼治、德治大大挤压了法治的发展空间,导致一切事物都可能随着人的价值取向不同而任意改变。因此,在中国的传统法律文化中,法律的道德化或伦理化不仅使法律的规范内涵受到减损,也完全湮没了法治所固有的民主内涵。

清末以后,西方法律文化所支撑的法治原则进入中国,与中国传统的法律文化一道经历了一个漫长而又艰苦的融合和嫁接过程。百年以来,虽然我们接受了一些西方法律文化,但直到今天我们仍然处在一个内涵与外壳相统一、中国与西方相融合的过程中。原本作为西方法治文化组成部分的审判独立逐渐在中国也有了自己的文化支撑。

2. 西方法律文化中的审判独立

在西方法律文化中,正如布莱克顿所说,“国王在一切之上,但在上帝和法律之下”。人民通过法律来约束统治者的权力,从而保障个人的自由和权利。在这种法律文化主导之下,人们会设计出各种机制来实现这一目的,其中独立的司法机构就是西方法律文化的一大创举。

因为限制权力、崇尚规则,所以不论价值差异如何,也不论道德判断差别如何,一个社会总需要有规则。在规则之下,总得有人对各种纠纷作出公平、中立的判断。这个人就是法官。而人们之所以愿意让法官说了算,是因为国家建立了各种法律制度和保障机制让法官唯法律是从,不允许法官受到法律之外的其他权力、利益、偏私等方面的影响。

---

〔1〕 黄增镇:《从中西方法律文化比较的视角考察法治在中国的实现》,载《中共桂林市委党校学报》2006 年第 4 期。

3. 构成要素

文化是无形的，因此审判独立的文化保障是否具备不易判断。但总的说来，以下几项应当成为主要的标志：

第一，法治纳入社会的核心价值观，并成为治国方略。这些工作通常由官方来完成，体现着政府的立场，标志着政府将努力推行法治，以法治精神指引全社会的行为，保障审判独立的实现。

第二，社会对司法已经具备了较高的公信。在具有文化保障的社会中，人们更多地期待用法律以及职司裁判的法官来保护自己，而不是更多地期待权力站在自己一边。这种文化意识决定着人们对法治的信赖，更能体现对审判独立的信任程度。

第三，公众愿意依托独立的法院对争议作出裁判，并愿意接受这一裁判。看起来这是人们"孤注一掷"式的选择，而这种心态正是审判独立具有充分文化保障的体现。"孤注一掷"，颇有冒险、赌注之意，但如果人们宁愿将自己的权利押在法院身上冒险，则一定会支持法院在裁判过程中不受到其他因素的影响。

当然，培育支持审判独立的文化绝非短期能够完成的任务，特别是在中国传统法律文化背景下更加困难。人们遇到问题包括在诉讼进行中遇到问题后，仍然习惯性地（文化性地）将目光投向司法外因素。只有将审判独立的法治原则接受、消化、吸收后，与中国传统法律文化中的优秀成分相结合，才能真正形成审判独立的坚强文化保障。文化是国家软实力的组成部分，而审判独立的文化保障必将成为法治力量的重要基础。

三、体制保障

这里所说的体制保障并不是把与审判独立相关的所有制度包括在内，而只涉及作为一个整体的审判权力主体（法院）直接相关的权力分配、权力交叉、权力制约的内容。近十几年来,学界对司法体制改革有不少研究成果,其中几乎覆盖了涉及审判独立的所有体制保障问题。[1]下面是衡量一个国家的审判独立是否具备体制保障的几项主要标准:

1. 审判权是否被法院系统之外的部门分割

在政府的权力分配过程中,法院行使的权力是审判权,或者说主要是审判权。至于审判权的外延到底有多大,各国因历史传统和理论基础不同而有不少差异。一些国家的法院还负责婚姻登记、不动产登记、强制执行等。但通常来说,法院对民事案件、刑事案件拥有排他的管辖权,其中包括定罪、量刑、责任判定、权利分配等。由于刑事案件的特殊性,绝大多数国家的刑事强制措施由各国的法院指定专门的预审法院、预审法官等经过初步审理作出决定,因为如果将这部分权力分配给检察机关或警察部门,则被滥用的可能性会增加。至于行政纠纷,许多国家会保留行政机关自己的初级审判权或准审判权(如一些国家的行政裁判所、行政法官、行政复议机关),但行政案件的最终审判权(司法审查)仍由普通法院行使。只有少数国家建立了单独的行政法院系统,行使行政案件的完全管辖权。

2. 法院所作的裁判是否会被法院以外的其他机构推翻

查遍各国宪法,绝大多数国家都没有授权法院之外的其他机构对法院终审裁判进行审查或作出改变。即使在历史上一直由上议院作为最终上诉审的英国,也在近年建立了最高法院以取代上议院12名法律勋爵的裁判权(对海外领地案件的终审权仍由上议院的枢密院行使)。

虽然如此,一些国家仍然采用一些具体方法对法院的最终裁判进

---

〔1〕 主要研究成果包括:邵文虹、蒋惠岭:《中国法院体制改革论纲》,载孙谦、郑成良主编:《司法改革报告——中国的检察院、法院改革》,法律出版社2004年版,第189~235页;中国法官管理制度改革研究课题组:《中国法官管理制度改革研究》,载《政治与法律》1999年第4期;贺卫方:《中国司法管理制度的两个问题》,载《中国社会科学》1997年第6期;等等。

行制约。其中有的是宪法和法律制度的设计,有的则是解决实际问题的权宜之计。例如,对于美国联邦最高法院关于法律合宪性的裁判,如果国会不赞同,则可以重新启动立法程序对相关的法律进行重新制定、发布,从而实际上推翻联邦最高法院的最终判决。当然,如果有当事人再次起诉的,联邦最高法院仍然可以行使管辖权并独立作出裁判。在我国,法律规定法院的裁判不受其他部门的审查、改变或推翻,但由于(涉诉)信访制度的覆盖面十分广泛,甚至包括对法院终审判决通过信访可以重新审查,而且建立了"信访终结制度"以期法律关系得到最后的确认。这一制度在一定程度上对独立审判产生了体制上的负面影响。

3. 法院设置和法官管理是否制度性地(而非个案性地)影响法官的独立判断

在法院管理体制中,各国为摆脱法院对地方的依赖,免受地方干预,均在法院设置和法官管理上建立了相应的保障体制。在日本、韩国、法国等单一制国家,为防止地方对于司法权的不当干预,各级法院的法院设置和法官管理由中央统一进行。在绝大多数联邦制国家,从审级上看只有一套普通法院系统,均实行由联邦管理层级较高的法院、由州(省)管理层级较低的法院的体制。例如,加拿大联邦负责管理最高法院、上诉法院、高等法院,而省负责管理基层法院;德国则由联邦负责管理最高法院,而州负责管理高等法院、中级法院、地区法院。实行联邦制的美国建立了两套平行的法院体系,联邦不介入州内的司法事务,而州也不介入联邦司法事务,除非相关内容与联邦宪法和法律直接相关。总之,如果单纯用司法权属于"中央事权"还是"地方事权"的理论很难解释这些各不相同的体制设计。

4. 司法经费是否由中央或省级给予充分保障

一般说来,如果法院所司之法为国家统一的法律,法院的司法经费来源通常也应当由国家保障。如果法院所司之法是联邦之内的州的法律,则相关经费应当由州保障。这在美国的体现十分明显,但在其他绝大多数国家并不然。对于这些国家来说,经费保障体制一般是按照法院设置和法官管理体制而建立的。中央(或联邦)设置的法院、任命的法官,通常由中央负担司法经费;地方设置的法院或任命的法官则由地方负担经费。同时,司法预算充足与否直接影响着审判独立的实现。这与各国的经济状况相关,但各国的政治家会尽量为法院提供比其他政府部门更为充足的经费保障,从而明智地摆脱试图以司法经费的管控来影响审判独立的指责和骂名。

5. 法院行政事务管理权的归属问题

在体制保障和经费保障到位的前提下,法院行政事务的管理通常不会直接影响审判独立。不过,无论是美国近一个世纪之前设立"联邦法院管理局"的改革,还是欧洲近几十年来关于"司法委员会"的改革,都验证了一个道理:谁掌握了法院的行政事务管理权,谁就在一定程度上影响着法院裁判导向。例如,审判管理、案件流程管理、业绩考评、错案追究等制度会对法官的裁判心理和追求产生影响,辅助人员、办公设施、工作条件也会影响法官的工作质量和独立精神。因此,将法院行政事务管理定位为"保障与服务"是符合司法权的属性的,而保障和服务由法院之外的机构来掌控则难免会与法官的需求脱节,并成为间接影响法官独立作出裁判的工具。也有一种担心,认为法院行政事务的内部管理会加剧司法的行政化。因此,建立一个能够平衡外部独立和内部独立关系的行政事务管理体制是当务之急。

6. 对司法的监督会不会突破审判独立的底线

对审判权的监督在世界各国都是一个敏感、微妙的话题,因为监督必然会与审判独立发生碰撞甚至导致失衡。从各国的实践来看,除了自身监督和审级监督外,其他各种监督机制都不能直接改变法院的裁判，不能通过监督手段试图影响法官的独立裁判，不能通过监督来控制法官的裁判倾向。有些国家建立了独立的法官管理委员会或法官惩戒（职业道德）委员会负责监督法官的行为，而不是简单地交由行政部门或法院自身行使这一职责。实践证明这种体制有其相当的合理性。这些国家的议会更是刻意保持与具体的诉讼案件的距离。媒体和公众的监督必须保持审判独立的底线。

四、法官的职业保障

因为“法律由精神王国进入现实世界控制社会生活关系的大门，法律借助法官而降临尘世”。[1] 在法律制度与具体案件之间，必须以法官为中心，来建构法律制度与社会生活的实际联系。因此，对法官的职业保障成为实现审判独立的一个基本条件。

对于法官个人或法官群体来说，他们需要什么样的保障才能在裁判者的位置上无所畏惧、无所偏袒地独立行使审判权？根据 1982 年国际律师协会《司法独立最低标准》和相关国际文件以及其他国家的法律规定，充足的法官职业保障一般包括任职保障（任期保障）、职务活动豁免、纪律听证保障、薪俸保障等。近年来，在世界各国司法改革的过程中，法官的职业保障系统又有了很大发展。结合我国建设公正、高效、权威的中国特色社会主义司法制度的要求及相关法律规定，法官的职业保障至少应当包括以下内容：

1. 职业能力保障

传统的法官职业保障理论中一般不包括“职业能力保障”一项，更不会把它放在第一位，因为这种保障听起来更像是一种资质要求而不

---

〔1〕［德］拉德布鲁赫：《法学导论》，米健、朱林译，中国大百科全书出版社 1997 年版，第 100 页。

是权利赋予。但是，从整体上看，法官的职业能力保障不仅重要，而且是其他各种保障机制得以建立的基础。而且，如果没有国家提供相应的制度、资源、政策方面的保障，法官的职业能力是无法靠法官自身的努力获得的。

法官是一个职业，而一个职业的基本标志是它能为社会提供专业性的、排他性的服务。换句话说，法官所承担的工作必须运用法律专业知识和技能，运用特有的法律思维方式，而这些能力只有通过专门的教育、训练和实践才能获得。要实现宪法规定的独立审判原则，行使审判权的法官就必须具有与所承担的职责相适应的能力和素质。否则，即使人们不去挑战"独立审判"原则的正当性，也会因对法官群体的不信任而影响对独立审判原则的认同。更为严重的是，如果法官不能胜任审判工作，人们便会夸大"独立审判"变成"专横审判"的风险，甚至会建立新的权力配置机制来监督法院、降低风险，试图形成新的平衡。如果在特定的过渡时期为应对特定的问题而采取类似的权宜之计尚可理解，但一旦形成一种固定的模式，则理想的独立审判实现模式将会被改写，相关的保障机制也将重新构造，而这些做法很可能与审判独立背道而驰。

职业能力保障措施很多，其中最基本的一项是规定法官选任的严格条件。普通法系国家一般从执业多年的优秀律师中选拔法官，大陆法系国家则依靠建立两年职前专业训练制度保障（未来）法官的素质。我国的台湾地区也采取两年职前训练制度培养法官和检察官。

2. 终身任职保障

终身任职保障也称法官身份保障，即法官任职期间，非因法定事由，非经法定程序，不得被免职、降职、辞退或者处分。对于宪法规定法官有任期的，则应当遵守任期的规定。如我国最高人民法院院长的任期为5年，连续任职不得超过两届；美国的一些州实行法官选举制，则遵循规定的任期。但对于世界上绝大多数国家来说,法官均为终身任职。除非严重违反职业道德或者有犯罪行为,不得免去法官职务。

3. 薪俸待遇保障

法官的薪俸待遇保障取决于两个前提:一是法官所承担的司法职责十分重要而且对社会的利益产生影响;二是成为法官的人具备能够胜任这一职责的精良素质。法官掌握着生杀予夺的大权,是法治过程中的最后一道防线,其职责的重要性可见一斑,在此不再赘述。法官的胜任性也是各国十分强调的一点,而法官的待遇保障不能得到充分支持和认可的原因也往往因为这一环节的缺陷,以至于直接影响整个职业保障的落实。这是为法官提供优厚待遇的正当性前提。

充足的薪金保障、退休福利和其他有关的额外福利是吸引和留住合格的专职法官的必要条件。一些国际文件对法官的薪俸待遇保障有明确的规定。例如,1985 年联合国《关于司法机关独立的基本原则》规定,"法官的任期、法官的独立性、保障、充分的报酬、服务条件、退休金和退休年龄应当受到法律保障"。还有一些国家的法律将法官的待遇保障表述为:法官应当获得与其履行的职责及生活相适合的待遇。我国《法官法》也规定了对法官定期增资、提前晋升工资、津贴福利的内容,并规定"法官的工资制度和工资标准,根据审判工作特点,由国家规定"。一般来说,法官的薪俸待遇保障包括以下内容:

第一,待遇充裕。法官的薪金待遇应当充裕,以与其地位、尊严、职务、责任相适应。法官薪金应当与履行具有相同的重要性和复杂性的专业人员和行政人员所得到的酬金相当,确保吸引高素质的人才进入法官队伍。

第二,待遇不减。一些国家的法律明确规定,法官任职期间工资不得降低。近年来,欧洲一些国家因为金融危机而降低了一些法官的工资(与其他公务员工资降低比例相同),从而引发了各界的广泛关注,而且直接将这一措施与审判独立联系起来。[1]

第三,定期增资。法官的薪金应当随着社会经济的发展及通货膨胀的情况定期增加,以确保法官的职业能够在同行业中居于令人崇敬和向往的位置。

第四,退休福利。法官应得到足够的退休福利和医疗保险。法官的退休福利应合理反映法官退休之前的薪酬状况。对因健康原因而提前退休的应加以规定,对法官去世后其配偶和年幼子女也应提供足够的福利。

4. 行政豁免保障

法官以独任或合议方式行使审判权,不受其他级别较高的法官或管理者的干预。法官因为作为法律职业中的一员,所以便只能像马克思所言的“法官除了法律没有别的上司”,法官不能听命于级别高的法官,也不能听命于掌管其行政事务的法院管理者,更不应当因为与级别较高的法官的意见不一致而受到纪律惩戒或行政处理。在审级框架中,下级法院的裁判可以被上级法院撤销,但下级法院的法官独立作出裁判的过程不应当受到上级法院的影响和干预。在同一法院内部也是如此。

5. 民事豁免保障

多数国家都建立了法官的民事责任豁免制度,意即法官在任职期间履行职责的行为,只要不是因为故意或重大过失,非因法定事由,非经法定程序,法官个人不受民事责任追究。我国《国家赔偿法》也采纳了这一观点。实行法官职业的民事责任豁免制度,有助于法官解除后顾之忧,支持其依法独立公正行使审判权,使法官的职业权力更有

---

〔1〕 参见欧洲司法委员会联盟:《欧洲司法改革与发展报告(2011~2012)》,载《人民法院报》2012年10月12日。

保障。

6. 安全健康保障

法官的安全健康保障是指国家应当为法官提供因履行审判职责而有可能给其以及其亲属、子女带来人身安全、财产损害等风险的保障机制。法官审判刑事、民事等各类案件,会经常遇到当事人及其近亲属因对案件裁决结果不满而迁怒于法官的情况。即使在法治比较发达的国家也出现过当事人故意伤害和杀害法官的事件。法官群体承受着巨大的职业压力和风险。目前,必须从制度上保障法官的人身安全,强化各种风险防范措施,为在职法官实行包括人身意外伤害保险在内的职业安全保险,以增强法官抵御职业风险的信心。

五、程序保障

诉讼程序是审判权力以及诉讼权利运行的轨道,是公平正义的基本保障。有一条设计科学、建设坚固的轨道,火车就不会脱轨,一般的外部干扰也无大碍。有学者将诉讼程序比喻为"正义的生产线",便形象地描绘出了程序对于公正司法的重要意义。程序正义的独立价值已得到普遍认可,但程序在维护审判独立方面的保障作用却没有得到系统开发。由于审判独立的本意是将一切不当干扰排除在审判过程之外,程序正义原则要求所有可能影响裁判结果的事实、理由都必须纳入诉讼程序,经过程序的过滤、检验。因此,程序保障独立的功效是显而易见的。通过诉讼程序保障审判独立的作用主要体现在三个方面:

一是程序阻却政治利益。程序的运行方式主要在于程序主体对法律利益的平等介入,而涉及政治利益问题的观点、争议不属于诉讼程序范畴。也就是说,各种政治争议或观点不属于司法裁判范畴,只能止步于诉讼程序之外。这已经在各国得到了证明,而且西方国家的法官都耻于将自己与政治搅在一起,称自己是政治家或有政治头脑,尽管政治会不可避免地对司法政策和司法裁判发生某种角度的影响。

二是程序淡化人情关系。人是各种社会关系的交点，自然无法摆脱人情关系的影响。特别是在中国这样一个有悠久的礼治文化历史的国家，人情关系与现代程序正义观一直发生着冲突。虽然不能说程序可以百分之百地将人情关系干扰全部排除，但至少在一定程度上可以缓解和淡化这种干扰。

三是程序唤醒司法良知。对于法官来说，程序归程序，结论归结论。在通常情况下，程序会带来公正的结论，除非程序与法官的能力和良知没有对接起来。所谓法官良知，是指法官共同体在日常行为及行使国家所赋予的司法职权的过程中逐渐形成的一种善良意志、义务意识和内心法则，是法官共同体对社会普遍道德法则以及自己所应承担的职业道德责任的自觉意识和自我认同。[1] 司法良知是法官据以裁判的道德底线，而这一道德底线除依靠法官的自觉性维持外，还必须有一些措施加以扶持。在经历了完整的诉讼程序后，一方面将良知"逼"到了决定性的地位，另一方面也增强了法官运用、体现司法良知的信心。程序的使用必须与法官良知结合起来，这便是程序的善意运用。否则，程序就会成为机械、无生命、价值不定的形式外壳。

需要注意的是，审判独立的程序保障属于更高层次、更为精密的保障机制，只有在其他各种保障机制已经建成的情况下才能发挥作用，否则其作用将大打折扣，甚至造成司法处境尴尬、形象受损、力量消耗、进退两难的境况，最终难以避免受干扰的情况发生。实践中，所谓程序保障常常会演化为"走程序"，而每当听到"走程序"的描述时，我们便知道此时的程序已经失效，左右审判结果的是程序以外的其他因素。同时，

---

〔1〕 董茂云、徐吉平：《法官良知对于司法过程的意义——兼论法官良知与现代宪政体制及理念的关系》，载《复旦大学学报》（社会科学版）2003 年第 6 期。

由于其本身具有的附属性，所以程序保障在实践中也比较容易被滥用，即使是一些完全违反法治原则的做法，也可以被披上“程序”外衣而合法化。

诉讼程序是一个完整的体系，结构庞杂，内容复杂，这里不一一阐述。但有八个与审判独立直接相关的程序机制在这里需要重点说明。

1. 审判组织制度。司法制度与官僚制度的根本区别在于它的权力来源和决策体系。在司法制度中，法官的权力来源一般不是他的上级，审理案件必须通过审判组织的形式进行。审判组织是唯一有资格对案件作出裁判的主体。如果在司法程序中错误地使用了官僚制度的行政管理方法，由其他组织或者个人试图对裁判结果发生影响或者直接取代审判组织作出裁判，则会造成“审者不判、判者不审”的现象，司法也就不成其为司法了。

2. 移送管辖制度。这里主要是指下级法院将具有特别法律意义的案件以及不适合自己管辖的案件，移送上级法院管辖。这一制度正是我国目前改革“案件请示”做法的出路，即所谓“请示案件的诉讼化改造”。

3. “法庭之友”制度或“案外人参与制度”。对于在诉讼中没有当事人地位，但案件裁判结果的普遍影响将及于该人或该团体时，为全面听取相关方面的意见，也是为了保障那些意见通过正当渠道进入诉讼程序而不是通过“歪门邪道”干扰独立审判，一些国家建立了“法庭之友”制度，成为疏通意见渠道、杜绝不当干扰的程序保障。

4. 干预警示、说情公开制度。这一制度具有一定的惩戒性，但也是一种程序机制。法院在审理案件过程中，对于以批示、指示、说情、找关系等方式出现的不当干预，应当坚决抵制。同时为了警示干预者，维护审判独立，法官可以决定让干预者的意见曝光，并让双方当事人发表意见,从而挤压掉不当干预存在的空间。

5. 禁止单方接触。这一制度的本意是保持双方当事人在法官面前阐述意见的机会公平,同时又能防止司法腐败。这其中也当然包括在单方接触过程中法官可能接受到的压力,从而影响法官的独立性。

6. 证据制度。作为构筑案件事实的基本元素,所有证据必须在法庭上出示并经过质证后才能作为定案依据。当事人从任何渠道获取的证据,无论是关于实体问题的还是程序问题的,都不能直接进入法官视野。这样,一方面可以防止法官先入为主,另一方面也在很大程度上避免某些可能影响法官独立的证据或其他材料给法官独立作出判决带来的压力。

7. 司法与媒体的关系。司法与媒体的关系是一个政治问题,也是一个程序问题。一是法官如何对于一些可能影响案件公正处理的问题阻止媒体报导;二是对于媒体的不当报道影响公众对司法的合理期待,或者影响法院公正、独立裁判的,法院或相关部门可以采取适当措施进行制裁。法院接受媒体的公众监督是民主制度的安排,但同时必须最大限度地减少或消除“媒体审判”对审判独立的影响。

8. 公开审判。公开审判是一项基本的法治原则。如果程序失去了公开,便大大减弱了对程序的监督。不公开的程序通常只接受良知的约束,而这种良知在其他压力、权力介入时很容易失守。有了公开,程序对审判独立的保障助力才能发挥出来,各种干预在公开的程序面前难以持续存在。

综上所述,审判独立原则的实现要求法官具有巨大的勇气,敢于抵制不当干扰,但更重要的是国家和社会为审判独立建立各种保障机制。本文所述五种基本保障或许可以称为“审判独立的最低保障标准”。有些国家的保障已经远远高出这些标准,而有些国家还没有达到这些最低标准。无保障即无独立,更高的保障标准对于司法机关来说只会换来更高质量的正义分配和司法服务。无论是算“政治账”还是算“经济账”,也无论是算“社会账”还是算“文化账”,对于国家来说,为审判独立提供充足的保障永远都是“不亏本的生意”。

(《法律适用》2013 年第 7 期)

“法院独立”与“法官独立”之辩
——一个中式命题的终结

“法院独立还是法官独立”,是个中国式命题。这一“中式命题”如不终结,必将会影响中共十八届四中全会《中共中央关于全面推进依法治国若干重大问题的决定》(以下简称《决定》)所确立的依法治国目标的最终实现。那么,这样的“中式命题”到底是如何产生的?是哪些理论上的谜团阻碍了改革的步伐?解决这一命题的理论关键在哪里?本文将从极具迷惑性的若干司法现象出发,概括梳理我国关于法院独立与法官独立的法律规范和代表性的学术观点,借鉴域外的经验教训,着重研究如何从理论上消除反对法官独立、怀疑法官独立的基础,以确立法院独立与法官独立在不同语境下的不同含义以及相互之间密不可分的关系。

一、令人迷惑的九种现象

在我国《宪法》规定的“人民法院依照法律规定

独立行使审判权”的基础上，法院组织法、相关诉讼法同时规定了“合议制”“独任制”“审委会制”等审判组织形式。因此，无论用何种法律解释方法都可以得出这样的结论：代表法院行使审判权的无疑是这些审判组织。[1] 尽管这种观点符合司法组织的一般原理，符合诉讼法对程序的设计，但现实中仍有一些现象把这一看似清晰的结论又拉回到混乱之中，让“法院独立”与“法官独立”问题的辩论持续不断甚至更加火上浇油。

根据笔者长期在法院工作的经历和近距离观察，有九种现象反映并持续影响法院独立与法官独立问题的辩论。

现象一：法官座次的科层化

长期以来，我国的法官参照普通公务员序列进行管理。根据诉讼法的规定，法官无论是独任审判，还是以合议庭成员的身份参加审理，所作出的裁判只有审级上的高低，并无效力上的差别。然而，现实生活中法官座次的科层化，也就是法官的行政级别和法官等级成了确定法官是否有“完整”的审判权、所作裁判的效力是否“完整”、是否需要别人把关的依据。在一个法院内，院长居最高行政级别，副院长次之，庭长、副庭长随于其后，普通法官则处于最低地位。法官们所享有的审判权的“完整性”也随着科层的高低而有所不同。即使合议庭内少数法官能够获得庭长、副庭长的级别，但其裁判权又因其不属于“领导职务”而有所减少。在这种现象之下，法官对于外部的独立以及法官相互之间的独立又是谈何容易。

现象二：法官之间层层负责

法官无论是独任审判还是参加合议庭审判，都有平等的裁判权，并

---

〔1〕 蒋惠岭：《关于审判组织的几个问题》，载《人民司法》1995 年第 3 期；蒋惠岭：《初论审判机构设置的改革》，载《人民法院报》2004 年 6 月 23 日。

只对法律负责，而不是相互负责。但在科层化的现实中，法官办理审判事务需要逐级报送、层层审核。尽管最高人民法院多次强调领导的审核不得改变法官的裁判意见，但终会对法官的裁判取向产生实质性影响，最终把平行的案件运转流程变成自下而上的申报审核流程。为此，办案法官实质上必然要考虑处在后续流程中的高层级的法官（院长、庭长或者审判长）的意见，所以本应平等的关系变成了层层负责、上下服从的准行政关系。

现象三：法官管理的行政化

根据法院组织法和相关诉讼法，法官是行使审判权的主体，自然也是法院的中心。虽然对法官队伍的管理不可或缺，但由于其职业特点而必须采取与普通公务员不同的管理方式。这在世界各国都有所体现。[1] 而在我国，法院的院长、庭长或院内的行政部门直接负责法官的任职选任、工作分配、事务安排、考核考评、晋级晋职、惩戒处分等事项。由于这些人员基本都是更高级别的法官，处于审判流程的关键节点或末端，法官在裁判案件时不可避免地会考虑自己的行政利益，甚至根据管理者的意向而不是依据法律对案件作出裁判。

现象四：法院印章的使用审批

在司法实务中，对法院印章的错误认识也影响法官的独立地位。通常说来，只有机关领导人签字、认可，才可以使用机关的印章。而中国法院的裁判文书一律加盖法院的印章，也就被理解为所有裁判文书都应当有院长或副院长的审核批准。如果裁判文书上不用法院印章而

---

〔1〕 罗东川、蒋惠岭主编：《探寻司法改革的成功之道——亚太经验》，中国政法大学出版社2010年版；最高人民法院中国应用法学研究所编：《美英德法四国司法制度概况》，人民法院出版社2008年版；Guy Canivet, Madas Andenas and Duncan Fairgrieve's Independence, Accountabokity, and the Judiciary, the British institute of International and Comparative Law, 2006; Martin L. Friedland. A Place Apart: Judicial Independence and Accountability in Canada, Canadian Judicial Council, 1995。

只有法官的签字,对外则难有效力。实际上,这也是对法院印章的一种违反法院组织理论的误解,因为审判组织在案件审理方面就是法院的代表,所以审判组织作出的裁判文书,无论是否加盖印章,都不会减损其法律效力。但是,目前的“印章现象”是排斥法官独立的一个重要依据。

现象五:法院院长向人大报告工作

根据《人民法院组织法》的规定,最高人民法院对全国人民代表大会和全国人民代表大会常务委员会负责并报告工作。地方各级人民法院对本级人民代表大会及其常务委员会负责并报告工作。代表法院作工作报告的一般都是法院的院长。这种安排虽然符合机关法人的一般制度,但也给人造成一种印象,即法院院长作为法院的代表,他不仅代表法院从事行政管理工作,而且也要对法院的审判工作负责。由此推论,法院内法官完成的所有审判工作都是通过院长对权力机关表达的,这更强化了人们对于法院整体独立的接受度,而弱化了对法官独立裁判的印象。

现象六:院长、庭长享有程序性裁决权

根据诉讼法的规定,院长依照法定权限和程序对案件审理中遇到的回避、保全、拘传、罚款、拘留、签发搜查令、执行死刑令、腾退房屋或土地的公告、再审程序启动等事项进行决定、审批或签发。这些程序性事项的决定通常以行政性方式而非审理程序进行,在一定程度上提高了诉讼程序的效率,但也固化了司法事务决策权的内部行政化,给法院内外都造成了一种印象,即院长、庭长作为法院的代表可以作出决定,而普通法官或者合议庭则没有此种权力。

现象七:审判管理职责的扩张

近十年来,全国法院充分发挥审判管理“规范、保障、促进、服务”审判执行工作的作用，以审判管理来促进审判工作的质量和效率。[1] 为此，法院在审判管理中为院长、庭长和审判管理部门设置了更多的职责、权力，如监督、审核、考评、签发、排名等。应当说，审判管理的积极作用是相当大的，但一些不客观的指标、不合理的导向、不必要的流程也给法官增加了一些负担，甚至会有意无意地引导法官按照“指挥棒”行事。

现象八：“三权”交集的微妙关系

最高人民法院发布的《人民法院第四个五年改革纲要(2014－2018)》将审判权、审判监督权、审判管理权并列，并验证了相互之间的正向关系，即审判权为核心，而审判监督权、审判管理权为保障。由于直接行使审判权的“一线法官”在法院内部的法官等级较低、行政级别不高，而行使审判监督权和审判管理权的通常都是法官等级较高、行政职务较高的人，这就不可避免地会出现将审判权从属于监督权和管理权的现象。[2]

现象九：独立程度的“量化”辩据

多数法院院长都认为其所在法院已基本实现了“法官独立”，即院庭长已经将95%以上的案件都交给合议庭或独任法官独立裁判而不再由院庭长审核，提请审委会讨论的案件也只有相当低的比例。尽管这种控制、压缩的确能够让法官更加独立，但其“量化”方法显然缺乏说服力。换句话说，对于不太复杂和不太重要的案件，法院允许普通法官按照诉讼程序进行审理，并独立作出裁判。而一旦遇有重大、疑难案件或法律问题时，则不再是“让审理者裁判”，而是由审理者汇报，由听取汇

---

〔1〕 最高人民法院《关于新时期进一步加强人民法院审判管理工作的若干意见》(2014年6月6日发布)。

〔2〕 参见《人民法院“四五改革纲要”核心内容发布》，载《人民法院报》2014年7月10日。

报者裁判。严格来说，这种决策过程并未对当前“行政化”问题彻底摒弃。所以，“量化”的独立是一种不彻底的改革。

上述现象构成了当前法院独立与法官独立之辩的事实背景。要冲破这些极具迷惑性的事实背景，需要规范上的硬性排除，更需要理论上的严密论证。

二、我国法律规范的考察

法院独立与法官独立之争的根本起源还是我国《宪法》的规定：“人民法院依照法律规定独立行使审判权，不受行政机关、社会团体和个人的干涉。”那么，就让我们梳理一下我国关于法院独立与法官独立的各种法律规范，以判断宪法的规定是否包含了法官独立的内容。

（一）宪法

我国《宪法》第 128 条规定：“中华人民共和国人民法院是国家的审判机关。”第 131 条规定：“人民法院依照法律规定独立行使审判权，不受行政机关、社会团体和个人的干涉。”之后，无论是第 130 条规定的人民法院公开审判案件，还是第 132 条规定的上级人民法院监督下级人民法院的工作，以及第 133 条规定的人民法院对产生它的国家权力机关负责，均使用的是“人民法院”这一机构概念。实际上，《宪法》全文中只出现过一次关于“审判员”的表述，即在全国人大常委会的职权中规定了“根据最高人民法院院长的提请，任免最高人民法院副院长、审判员、审判委员会委员和军事法院院长”，但关于院长的规定（如院长选举和罢免、院长提请任免权、院长任期等）曾多次出现。所以，《宪法》并没有从字面上明确法官的独立，我们也不必牵强地认为《宪法》中有“法官独立”的内容。这个问题应该是依靠法院组织理论和其他制度解决的。

（二）法院组织法

《人民法院组织法》属于宪法类的基本法律，是实施《宪法》规定的"人民法院作为国家审判机关"的具体组织形式。该法重申人民法院的独立地位，但并没有提及法官独立问题。其实这并不重要，重要的是该法第 9 条规定："人民法院审判案件，实行合议制。人民法院审判第一审案件，由审判员组成合议庭或者由审判员和人民陪审员组成合议庭进行；简单的民事案件、轻微的刑事案件和法律另有规定的案件，可以由审判员一人独任审判。人民法院审判上诉和抗诉的案件，由审判员组成合议庭进行。合议庭由院长或者庭长指定审判员一人担任审判长。院长或者庭长参加审判案件的时候，自己担任审判长。"

审判组织是审判活动的主体，是人民法院审判案件的法庭组织形式。《人民法院组织法》关于审判组织的规定，将人民法院在审理案件时的组织形态加以具体化。也就是说，人民法院行使审判权，不是人民法院这个机构在审判，也不是法院的全体人员在审判，更不是行政科层式的机关首长负责，而是以一个个具体的合议庭、独任庭的方式完成的。

（三）诉讼法

如果说人民法院组织法是对人民法院独立行使审判权的静态细化，诉讼法则是对人民法院独立行使审判权的动态描述。这里以《民事诉讼法》为例，该法在"审判组织"一章对人民法院到底以何种组织形式审理民事案件作了具体的规定。该法第 39 条第 1、2 款规定："人民法院审理第一审民事案件，由审判员、陪审员共同组成合议庭或者由审判员组成合议庭。合议庭的成员人数，必须是单数。适用简易程序审理的民事案件，由审判员一人独任审理。"第 41 条规定："合议庭的审判长由院长或者庭长指定审判员一人担任；院长或者庭长参加审判的，由院长或者庭长担任。"第 42 条规定："合议庭评议案件，实行少数服从多数的原则。评议应当制作笔录，由合议庭成员签名。评议中的不同意见，必须如实记入笔录。”

（四）法官法

《法官法》可以作为法院独立与法官独立之辩的最佳法律论证。为表明两者的同时存在，《法官法》第 1 条开宗明义地规定：“为了提高法官的素质，加强对法官的管理，保障人民法院依法独立行使审判权，保障法官依法履行职责，保障司法公正，根据宪法，制定本法。”而法官的首要职责就是“依法参加合议庭审判或者独任审判案件”（第 5 条）。那么法院里哪些人是法官呢？该法第 2 条规定：“法官是依法行使国家审判权的审判人员，包括最高人民法院、地方各级人民法院和军事法院等专门人民法院的院长、副院长、审判委员会委员、庭长、副庭长、审判员和助理审判员。”

对于法官独立性的保护，《法官法》采用了与宪法规定完全相同的表述，即在关于法官权利的第 8 条中规定，法官享有的权利包括“依法审判案件不受行政机关、社会团体和个人的干涉”。

（五）司法解释

由于司法制度和诉讼程序的事项属于全国人大常委会的专属立法权，所以其他法律中很少有关于法院独立和法官独立的规定。但是，最高人民法院近年来制定的一些司法解释对此有所涉及，而且逐渐成为人民法院工作的主要依据。这里必须提及的有两个司法解释。一是 2002 年发布的《关于人民法院合议庭工作的若干规定》（法释〔2002〕25 号），二是 2010 年发布的《关于进一步加强合议庭职责的若干规定》（法释〔2010〕1 号）。2013 年，根据国家统一部署，最高人民法院启动了审判权运行机制改革的试点工作，对“法院独立”与“法官独立”作出了一个关键的结论。

前面的两个司法解释相隔八年，对于法院的内部独立方面的规定有了很大变化。其中最重要的变化就是院长、庭长对合议庭裁判的审核问题。在法释〔2002〕25 号《关于人民法院合议庭工作的若干规定》司法解释中,明确规定“合议庭应当依照规定的权限,及时对评议意见一致或者形成多数意见的案件直接作出判决或者裁定”。也明确排除了合议庭提请院长决定提交审判委员会讨论决定的案件(如拟判处死刑的案件)。但 2002 年司法解释又规定,“院长、庭长可以对合议庭的评议意见和制作的裁判文书进行审核,但是不得改变合议庭的评议结论”。“院长、庭长在审核合议庭的评议意见和裁判文书过程中,对评议结论有异议的,可以建议合议庭复议,同时应当对要求复议的问题及理由提出书面意见。合议庭复议后,庭长仍有异议的,可以将案件提请院长审核,院长可以提交审判委员会讨论决定。”

时隔八年,法释〔2010〕1 号《关于进一步加强合议庭职责的若干规定》取消了这种为法学界所诟病的院长、庭长审核制。2010 年的司法解释通过四种机制确保提升法官的独立性:

一是法官集体讨论。除提交审判委员会讨论的案件外,合议庭对评议意见一致或者形成多数意见的案件,依法作出判决或者裁定。对于合议庭意见与本院或上级法院以往同类型案件的裁判有可能不一致的案件,可以由审判长提请院长或者庭长决定组织相关审判人员共同讨论,合议庭成员应当参加。上述案件的讨论意见供合议庭参考,不影响合议庭依法作出裁判。

二是院长、庭长办案。各级人民法院的院长、副院长、庭长、副庭长应当参加合议庭审理案件,并逐步增加审理案件的数量。

三是合议制落实情况考评。各级人民法院应当建立合议制落实情况的考评机制,并将考评结果纳入岗位绩效考评体系。考评可采取抽查卷宗、案件评查、检查庭审情况、回访当事人等方式。

四是违法审判追责。合议庭组成人员存在违法审判行为的,应当按照《人民法院审判人员违法审判责任追究办法(试行)》等规定追究相应责任。合议庭成员不承担责任的情况包括:因对法律理解和认识上的偏差而导致案件被改判或者发回重审的;因对案件事实和证据认识上的偏差而导致案件被改判或者发回重审的;因新的证据而导致案件被改判或者发回重审的;等等。

为了实现法官的独立性,根据中共十八大提出的要求,最高人民法院于2013年10月发布《关于审判权运行机制改革试点方案》。这项改革的根本目标之一就是"确保独任法官、合议庭及其成员依法公正、独立行使审判职权",其中最重要的措施包括:一是将院长、庭长编入合议庭直接办案;二是取消裁判文书签发制,未参加合议庭审理的院长、庭长不得审签合议庭作出的裁判文书;三是大幅度限缩审委会讨论案件范围,审委会仅限于讨论法律适用问题;四是将审委会由会议制改为审理制。这些改革措施都从规范上将法院独立与法官独立统一了起来。应当说,2013年启动的这项新的改革措施几乎完全摒除了审判权行使过程中的行政化,在规范意义上为"法院独立"和"法官独立"之争画上了句号。[1]

三、涉及法院独立与法官独立的几种主要观点

"让审理者裁判、由裁判者负责",这是当前司法改革提出的一项重要的改革目标,所指向的是仍然存在的"审者不判、判者不审""审理者无权裁判、裁判者无需担责"的问题。[2] 中央提出的"让审理者裁判、由裁判者负责"改革目标无疑是对法官独立的明示指引。换句话说,

---

〔1〕《关于审判权运行机制改革试点方案》的全文见最高人民法院官方网站:http://www.court.gov.cn/gzhd/gtpt/fygztb/201312/t20131226_190777.html。相关报道见《人民法院报》2013年10月26日。

〔2〕参见中共十八届三中全会2013年11月通过的《中共中央关于全面深化改革若干重大问题的决定》。

“法官独立”已经成为司法改革追求的目标。但是,在理论界和实务界,对于法官独立既有支持的观点,也有反对的观点。下面列举理论界和实务界颇具代表性的几个观点:

（一）法官不独立属于违反法定程序

王利明认为,内部独立是审判独立的一项重要内容,是指在法院内部法官应依法独立行使审判权。法官通过独任和合议制形式审理案件,只服从法律,而不应受到法院内部的其他法官的不正当的干涉。他发现,在我国一般都认为宪法所规定的审判独立是指人民法院作为一个整体,在从事司法活动时相对于行政机关、社会团体和其他个人而言应保持其独立性,但单个法官在履行审判职能时并不具有独立性。有些人还认为这是我国区别于国外司法独立概念的重要特点。但王利明认为,由于法官是行使司法权的主体,按照司法公正和审判规律的要求,审判者必须享有裁判权,因此法官个人在审判中也应当保持独立性,即法官通过合议庭或者独任庭行使审判权,不应受到来自于其他法官的干预。如果审判者不能独立作出裁判,则审理与判决作为审判活动过程中不可分离的部分将会发生脱节。而如果实质的裁判者(院长、庭长)没有实际地参与审判活动却有权决定案件的裁判结果,则不仅违反了法定的程序,而且其作出的判决很难保证客观性和公正性。从我国审判方式的改革方向来看,正是要通过依法落实合议庭和独任庭的权限而逐渐落实法官的独立审判权。

（二）只有机构独立不是理想状态

王亚新在《法官独立的政治含义》一文中提出,“从我国现行宪法的文本解释来看,目前我国实行的是以法院作为一个整体系统的‘司法独立’,而非法官个人审判的独立”。在现实中,每个法院各自构成一种紧密型的科层制组织,并且行政化、指标化地管理审判业务。与此相应,案件审判往往通过某种集体决策机制而进行,并且审判责任经常是模糊的，由多种主体分担，并扩散于整个法院组织之中。这显然不是“审判独立”的理想状态。王亚新认为，当前司法改革方案中提出的“让审理者裁判、由裁判者负责”，就是要改变这种种现状，明确要求法官个人独立审判并独立地承担责任。如果这一方向能够坚持下去，“审判独立”就会逐步落实，并进一步向前发展。[1]

（三）审判独立就是审判组织独立

张敏心主张，法院的独立可以划分为外部独立和内部独立两部分，而内部独立主要是法官或审判组织独立于司法行政力量的干扰。他认为，流行的“中国是法院独立审判，不是法官独立审判”的观点，是为司法行政干预审判工作辩解的通常说法。法院独立审判，并不应当成为院长、庭长审批案件的法律依据，否则就是对法律规定的误解。“在合议庭内，每个法官都是独立的，对案件独立地作出自己的判断，独立地发表自己的见解，最后按多数意见作出决定。对外来说，这就是法院独立审判。而从法院内部来看，这就是审判组织代表法院独立进行审判。没有审判组织和法官的独立审判，就没有法院的独立审判。因此，在法院独立的原则下，也不可能找到行政可以干预审判的丝毫根据。”[2]

（四）法官独立不是司法改革的目标

顾培东认为，不能简单地把“法官独立”这一具有一定普遍性的情况看作“司法客观规律”。“在我国制度上明确写着行使审判权的主体是法院，而不是法官，因而‘法官独立’与我国宪法规定不符，即便撇开这一制度性因素不论，‘法官独立’的原则或制度安排也与我国国情不相适应。”顾培东的理由包括：中国法官数量大，难走精英化道路；法官

---

〔1〕 王亚新：《法官独立的政治含义》，载《文化纵横》2014 年第 10 期。

〔2〕 张敏心、蒋惠岭：《法院独立审判问题研究》，人民法院出版社 2008 年版，第 254 ~ 255 页。

业务素质总体上不高;法官队伍职业操守尚不够理想;法官职业保障难以达到足以支撑法官独立的程度和水平;中国集体主义的文化观念难容法官独立;苏东一些国家仿效西方国家实行法官独立,不同程度地造成了司法失控、法官失控的情况。“因此,无论是从当下看还是从长远看,‘法官独立’都不应成为我国法院改革的方向和目标。”他还警告那些主张在我国实行法官独立的学者,“对在我国国情下是否实行法官独立原则,应当持极为审慎的态度”。[1]

四、域外法院独立与法官独立之鉴

无论是审判独立还是司法独立,这在我国从来不是本土资源,而是近现代司法文明的世界认同。中国进入现代之后,司法独立的技术性规范开始传入中国,而直到“五权宪法”的制定才正式确立了中国审判独立的宪法地位。因此,概要考察域外法院独立与法官独立的特点十分必要。

(一)“相向而论”的对比

在外国之所以没有形成法院独立还是法官独立这样的争论,其原因不是因为他们解决得好,而是在司法独立的“原产国”压根就没发生这样的问题。西方的司法独立理论中,首先强调的是法官独立,当现代法院制度产生之后,才逐步有了法院独立的概念,而且近百年司法改革的方向,都是在努力扩大法院的独立(如司法行政事务的自行管理等)。在古代的德国,只有那些能够与神相通的智者才有资格成为裁判法官,而这样的人以其在政府中的崇高地位而获得无可争辩的独立性。其实在古代中国也有类似情况,当时行政首长兼理司法,结果是内部无人能干预。倒是在现代法院制度引入中国后,法官独立居然成了一

〔1〕 顾培东:《再论人民法院审判权运行机制的构建》,载《中国法学》2014 年第 5 期。

个问题。

从这种对比可以看出,外国的法官独立在理论上从来都没有受到质疑。即使随着纠纷的增加,法院的功能扩张,法官人数增加,但法官的独立性也没有受到质疑,因为法官们集中在一起时并没有改变最初形成的独立、职业、权威的属性。司法功能的扩张造成了多名法官组成法院的事实,这在提高效率、增加合力方面十分有益,也没有影响法官个人的独立问题。对于中国来说,或许要借鉴的重点不是国外如何争取法官独立的成果,而是从一开始就尊重法官独立的理论。

(二)机构独立与个人独立

不可忽视的是,在司法制度的发展过程中,由于社会关系日益复杂,自由主义政治思想一直处于引领地位,法官个人受到的不当干预也在增加。这样,现代的司法理论便把司法独立分为机构独立和个人独立。所谓司法的机构独立(institutional independence)是指司法机关独立于其他国家机关、其他外部力量以及当事人,其裁判应当得到外部各方面的尊重和服从,不应受到其他来源的威胁、影响、限制、压力和干扰。而个人独立(individual independence)则是特别强调法官个人在裁判案件时,不受来自外部的不当干预。例如,如果法官的入职、晋升、惩戒等过多受到司法行政力量的控制,法官则难以独立,也就谈不上司法机构的独立。但是,法官的个人独立并不意味着法官可以完全根据个人好恶裁判案件。恰恰相反,法官独立更多强调的是他们可以毫无惧怕地依照法律作出裁判。[1] 这里所讨论的情况和我国的"法院独立"与"法官独立"之争十分相似。

(三)司法行政独立

随着司法功能的扩张,司法行政事务管理也变得更加规模化,而这

---

〔1〕 International Commission of Jurists, international principles on the independence and accountability of judges, lawyers and proseeutors: A practitioners' guide, 2004, p. 20.

部分事务的管理与司法的机构独立和个人独立关系十分密切。长期以来,世界上绝大多数国家都由政府"代管"法院的司法行政事务,具体由司法部承担。但随着司法独立重要性和个人权利意识敏感性的提升,特别是司法裁判对政府利益、公共秩序、个人权利的影响日渐增强,将司法行政事务交由法院自行管理或者由更具中立性的机构管理,便成为20世纪世界司法改革的最热点问题之一。例如,美国在20世纪30年代就完成了法院行政事务从政府向法院过渡的过程,欧洲则在20世纪80年代达到高潮。即使在一些欧洲国家并未将所有法院行政事务交给法院自行管理或者成立独立的司法委员会管理,但至少都把法院的人事管理(包括法官独立)从司法部拿出来,交给了专设的司法委员会负责管理。[1] 我国台湾地区也在20世纪80年代完成了"审检分立"的改革,将各级法院的管理从"司法部"移交给了"司法院",并将"司法部"更名为"法务部"。1991年之后,台湾地区废止了裁判文书送阅制度,彰显了法官个人在审判过程中的独立性。进入21世纪后,台湾地区开始起草"法官法",努力建立一套符合法官职业特点的管理制度,最大程度上维护法官个人的独立性。[2] 2011年,台湾地区"法官法"获得通过。

五、理论症结及出路

无论是孟德斯鸠的三权分立理论,还是孙中山的五权宪法,或是我国现行的人大政体,都毫无例外地将法院的权力从其他权力中分离出来,并以最高层级规范宣布其独立性,其机构和权力的独立已无理论障碍。但我国实务界乃至理论界将"法院独立"与"法官独立"对立起来,

---

〔1〕 蒋惠岭、王劲松:《国外法院体制比较研究》,载《法律适用》2004年第1期。

〔2〕 范光群等:《程序正义、人权保障与司法改革》,元照出版有限公司2009年版,第445页。

不仅与现行规范体系存在严重冲突，也在理论上导致严重误区。因此，亟待澄清这些理论认识，找出否定“法官独立”的理论症结，以寻求改革出路。

（一）法院组织理论

法院组织理论是关于法院的各个组成单元之间关系的理论，传统组织理论中的分工、控权幅度、责权、指挥、授权、监督等要素都体现在其中，具体表现为审判机构设置、审判组织构成、任务分配、法官制度、人事管理等。[1] 世界各国所采纳的合议制（小合议庭、大合议庭）、独任制、司法委员会制（或司法会议、大法官会议等）等，都是法院组织理论中比较成熟的内容，其中一些内容也已为我国《人民法院组织法》和相关诉讼法所采纳，例如，我国《人民法院组织法》明确规定“人民法院审理案件实行合议制”。但是，由于我国对法院组织理论研究不多，其中有别于普通行政组织理论的内容也未受到重视，导致一些学者和法官依然套用一般的国家机关组织理论指导法院的组织建设。[2]

法院的活动分为两大类：一类是宪法所表述的审判案件的活动，另一类则是保障这些审判活动正常运行的管理活动。由于这两类活动性质的根本不同，所以对“谁代表法院”问题的答案也是完全不同的。对于前者，法院审判案件的职能是通过审判组织的活动实现的，审判组织的活动就是法院的活动，原则上无需法院的其他人员或组织的认可。在审判活动中，代表法院的是审判组织，而不是院长或庭长。对于后者，院长、庭长则是法院或审判庭在行政方面的代表。我们不能想象一个法院会以行政管理的方式裁判案件，这与一个法院不会以某审判组

〔1〕 姜世明：《法院组织法》，新学林出版股份有限公司2012年版，第1页。

〔2〕 张培田、张华：《近现代中国审判检察制度的演变》，中国政法大学出版社2004年版，第140页。

织的形式，决定和执行司法行政事务一样。因此，在法院组织理论中，每一个审判组织都是法院独立行使审判权的代表，[1]他们所作出的裁判就是法院的裁判。

（二）诉讼法理论

除了法院组织理论上的误区外，对于诉讼法理论的不当运用也是对"法官独立"产生质疑的重要原因，甚至直接否定了法官的独立。近年来在对相关诉讼法的修改过程中，各界不遗余力地将审前程序、证据制度、当事人对抗性、再审制度甚至裁判文书的公开等符合司法规律的内容纳入新的程序法（尽管在实际落实方面仍难免有些折扣），但这些努力却因实践中对法官独立的否定而难有成效，阻碍了我国诉讼制度的发展。关于法官独立问题，尽管诉讼法中没有阻却法官独立（审判组织独立）的条款，但各级法院在实务规则中增加了很多限制法官独立性、强化行政模式功能的"非法律因素"，[2]如案件请示制度、案件审核制度、裁判文书签发制度、错案追究制度、审判工作指标化的考核制等。甚至有观点认为，领导审批制度、审判委员会制度、上下级法院监督关系、案件请示制度等，都属于中国特色的社会主义司法制度，是在多年的司法发展过程中逐步完善和成熟的，发挥了积极作用。

由于这些做法在实务中对法官独立性的损害早已为世人公认，现在不可能有人主张将这些有违诉讼法基本理论的做法纳入诉讼法。而解决这些问题的出路就是尽可能将这些实务操作从规范体系中摒除，或者将一些具体合理成分的做法进行诉讼化改造，或者通过建立科学的审判管理机制替代这些违反诉讼法的做法。

---

〔1〕 目前通行的观点认为，我国《人民法院组织法》规定的审判组织包括独任庭、合议庭和审判委员会。虽然法院院长、庭长在《法官法》中都是法官，但这只是两种地位的重叠，而不是说作为庭长的法官可以将两种角色混同使用。

〔2〕 史焕章、蒋集耀：《法官独立审判探析》，载《政治与法律》1997年第4期。

（三）审判管理理论

虽然最高人民法院从2014年起将审判管理定位为“规范、保障、促进、服务”于审判执行工作，但由于审判管理理论在中国是在对法院组织理论的误解以及行政化的审判体制基础上发展起来的，所以它从一产生起就存在一些缺陷，进而影响着审判独立原则的实现。一是管理工作“监督化”，使本应作为实现审判核心功能提供服务保障、处于下位的“管理”，变成了指挥校正、处于上位的“监督”。二是管理工作“主导化”，把审判管理工作中形成的数据、指标变成了审判工作的“指挥棒”，对法官的裁判倾向产生了主导性的影响。这也是因为审判管理的主体不是法官本人，而是处于行政领导岗位的院长、庭长。他们所主导的强有力的审判管理体系对于普通法官的独立性会造成不可避免的减损。[1]

（四）民主集中制

《宪法》第3条第1款规定：“中华人民共和国的国家机构实行民主集中制的原则。”这一组织原则是从政治原则中提取出来并纳入宪法范畴的，有利于优化决策程序，提高决策质量。但是，民主集中制原则的适用仍需按照国家机构的性质、规律有所变通，换句话说，“集中”的层次、方式、程序、效果应当依照法律规定的国家机构的组织原则来确定。例如，根据法院组织理论，对法律规定由独任审判员审判的案件，其集中点就是该独任审判员；法律规定由合议庭审判的案件，其集中点就是该特定合议庭；法律规定由审判委员会审理的案件，其集中点就是审判委员会。审判长、庭长、院长不得成为民主集中制的“集中点”。而且，在法院审判工作中实行“集中”的方式是少数服从多数而不是在民主讨

---

〔1〕 张军：《人民法院案件质量评估体系理论与适用》，人民法院出版社2011年版，第231页。

论基础上的领导者决策。这与行政机关的民主集中制有本质的区别。但是,对于民主集中制理论的误读导致对法院内部独立的误解,加剧了“法院独立”与“法官独立”之间的对立。

因此,对于法院如何运用民主集中制问题,应当结合法院组织的特有规律,严格按照相关诉讼法规定的程序,保证独任法官、合议庭、审委会在充分民主的基础上,独立作出裁判,从而摒弃“合议庭民主、院领导集中”的不当做法。

(五)法官问责理论

法官由谁任命?法官的权力来源是哪里?法官应当对谁负责?法官应当对自己的哪些行为承担纪律责任或法律责任?这些问题也都是引发“法院独立”与“法官独立”之辩的重要理论点。

我国的法官一般由人大常委会任命(助理审判员由本院院长任命),此种任命的严肃程度比起同级政府的组成人员由政府首长提请人大常委会“决定”的程序要更加严肃。由此可见法官地位的重要性。被任命的官员通常要对任命者负责,法官也不例外。但是,我国的表述用的都是机关负责,即人民政府、人民法院、人民检察院对人大负责并报告工作。虽然如此,根据法院组织理论和程序法,法官的工作方式、决策权限、独立性与政府的组成人员的工作方式、决策方式仍存在本质区别。国务院各部部长必须接受总理的领导和监督,而最高人民法院的审判员则不受院长的领导和监督(如果说有监督的话,只是法官具有行政性质的活动受其监督,而法官的审判活动只接受院长或上级法院依据相关诉讼法规定进行的事后监督,如案件再审等)。尽管当前法院采取的科层制职务框架结构是与行政机关相似的院长、副院长、庭长、副庭长、审判员、助理审判员结构,但它与行政机关的总理、副总理、部长、副部长、司长、副司长的相互关系是完全不同的。

（六）法律职业理论

法律是一个古老的职业，而法官是法律职业中具有公权力基础、以审判权为后盾的重要组成部分。在能称得上是"职业"的领域，从业人员需要经过特别的教育才能养成，以"从业者的个人学识、智力和经验技能为基础"，追求专业目标、获得公众信任、赢得更大独立性。当从业人员形成一定规模之后，便需要建立一些平台，提升职业影响，形成职业合力，便于职业自律性管理，利于职业精进和发展。[1]

就法院与法官而言，法院是为法官职业履行审判职责提供一个组织平台，提供各种保障。法官在平台上的审判行为是职业行为，而职业行为的完成、生效、监督等都与普通的管理行为和社会行为有根本区别。这也是为什么1954年《宪法》使用了人民法院进行审判"只服从法律"这样具有深厚的法律职业理论基础的表述。也正因为法官的裁判行为是职业行为，所以，即使是在一个由数百名法官组成的法院中，一个独任法官或者合议庭在其裁判时都使用"本院认为"的表述。之所以要求司法机构中的各个裁判者相互独立，一方面是因为所有法官的裁判依据都是统一的法律，另一方面也是最关键的，是因为他们按照诉讼法的规定完成了塑造一个司法裁判的全过程，即审理。正是法官职业的这两大特点，将同事的影响、上级的命令、外界的干扰、民意的喧嚣统统排斥在外。

六、代结语：早该终结的辩论

法院独立而不是法官独立这一中式命题的产生有很多原因，甚至还涉及党的领导、人大制度、现行司法体制、法官素质等。虽然两者之

---

〔1〕 东吴大学法学院编：《法律伦理学》，新学林出版股份有限公司2011年版，第7～8页。

辩使很多问题都摆到了桌面上，但这种徘徊不前、毫无建树的辩论也影响了司法改革的进程。这个在理论上缺乏基础、在法律上没有依据、在域外没有印证、在现实中释放负能量的中式命题，在各种颇具迷惑性的现象的掩护下，很大程度上强化了法官不独立的现实，阻碍了司法独立理论的发展创新。

这样的中式命题之辩，早该终结了。

（《法律科学》2015 年第 1 期）

司法民主的界限与禁忌*

大凡对司法民主存有戒备之心的人，无非是因为他们过于关注司法的另外两大根本属性：审判独立与职业化。其实，并没有人直接反对司法民主，也不可能有人否定司法民主，因为司法本身的地位与属性让司法从进入民主社会之始就流淌着民主的血液。

职司法律解释与适用的司法机关，只要正确地适用了在民主程序下制定的法律，则可以说已经实现了司法民主。但问题在于，司法民主的本质，是通过法官的解释和适用法律的心智过程得以体现的，而实际上人们更多地在乎民主的外在表现形式。因此，当没有陪审、没有议会对法官的任免和监督、没有法院与社会的密切联系时，有些人甚至会误以为失去了司法民主。

的确，为了让司法看起来更民主，各国创造了各

* 在写作过程中，感谢杨奕对本文的贡献。

种具有补强作用的方法、形式、机制,并通过这些司法民主机制,使法院能够更准确地解释和适用法律,从而提升司法民主程度。但是,这些外在的机制在建立和运行过程中,不可避免地会与司法所固有的属性发生交集、碰撞甚至矛盾,其中涉及最多的就是审判独立和职业化问题。

面对被视为司法"底线"的独立、公正、职业化等价值,司法民主须把握一定的界限,遵守相应的规则。

一、五大界限

界限之一:司法民主应当止步于削弱司法职业化

民粹主义(populism)是在俄国和欧洲兴起的一种左派政治思潮,极端强调平民群众的价值和理想,把平民化和大众化作为所有政治运动和政治制度正当性的最终来源。它主张依靠平民大众对社会进行激进改革,并把普通群众作为政治改革的唯一决定性力量。民粹主义思潮看似高度民主,但它不分青红皂白地抹杀了各种治理机制的特殊性,其中也包括司法制度的"职业化"。司法职业化早已为各国实践所证明。虽然有的国家司法制度的过度职业化造成了诉讼费用昂贵、程序烦琐等问题,但仍不应当过分强调"大众化"而动摇司法职业化之基。各种司法民主补强机制的作用,就是为了弥补司法职业化的缺陷,但不能以削弱司法职业化为目的。

界限之二:司法民主应当止步于忽视程序正义

司法民主的本质,在于法律目的的实现和法律原意的还原。各种司法民主补强机制的共同目标,就是帮助实现上述目的。但是,实现司法民主过程中所表达出的不同类型的民意,有可能被误认为是法律目的本身,而不再是还原法律目的的辅助机制。在"重实体、轻程序"的理念之下,法官甚至直接用"民意"替代了经过法律程序还原的"法意",成为法治的阻力。如果司法民主侵越了程序正义,法治将失去程序正义的内核,最终必将导致难以还原法律原意。

界限之三:司法民主应当止步于影响个人正当权利

在与时代发展相适应的程序立法中,当事人的权利义务通常已经得到了周到的考虑。但是,与诉讼程序极少交叉的司法民主补强机制,经常会与当事人的诉讼权利以及实体权利发生碰撞,例如,民主代议机关对具体案件的介入(包括评价),会影响当事人的诉讼权利,媒体对案件的过分披露会影响当事人的隐私权或个人信息权利。在这种情况下,司法民主的一些补强机制则需要有所节制或避让。

界限之四:司法民主应当止步于减损审判独立

如果说司法公正是一种心态(attitude),那么审判独立则是司法公正的"硬件"保障。司法民主的界限如果不能正确把握则会影响司法公正,但这种对公正心态的扭曲,通常合格的职业法官是可以抵制的。而当司法民主的越界,对司法的独立性发生影响时,法官的抵抗力则变得十分有限,特别是对独立审判发生体制性和机制性干扰时,公正几乎难以存身。因此,如果司法民主的推进与审判独立发生冲突,如媒体的过度渲染致使法官的身份独立受到威胁,或者议会对案件的介入直接影响法官的去留,则需要对司法民主机制的影响范围、运行方式进行调整。

实际上,司法民主是对传统独立审判理念的完善和丰富,但关键是要在司法民主与审判独立之间寻找一个平衡点。在某种程度上讲,司法民主也是对司法的一种问责方式(accountability),是对独立审判一定意义上的制约。但是,任何形式的司法民主,都不能代替和限制法官的独立判断,不能压制法官独立作出判断的精神。

界限之五:司法民主应当止步于司法职业道德底线

法官应当遵守宪法和法律,但从法官职业化的特点来看,以法律标准约束法官的行为,对于法官来说无疑过低了。因此,各国无一例外地为法官制定了特征明显、价值突出、标准严苛的职业道德准则。这些准则一般都比较微妙、敏感，与司法民主机制会有或多或少的冲突，例如，法官在践行司法民主过程中要保持自己的中立地位，不应涉及具体的案件。法官在参与社会活动时，应当避免谈论自己有可能审判的案件或者可能成讼的纠纷。人大监督法院工作亦应尊重法官对个案的独立裁判权。因此，司法民主对于法官的影响，不应突破法官的职业道德底线。

二、二十项禁忌

在把握上述五大界限的基础上，我们对一些重要的司法民主机制进行了研究，归纳了以下二十项禁忌，内容涉及人大监督、民意沟通、公民申诉、人民陪审、司法公开和媒体报道六个方面。

关于人大监督

人民法院接受人民代表大会及其常务委员会的监督是宪法制度。在长期的实践过程中，人大监督也形成了一些普遍认可的规则：

1. 杜绝“个案监督”。自1982年《宪法》颁布以来，各界曾围绕“个案监督”展开过激烈辩论，“个案监督”的事例在中央和地方层面上也曾出现，有的地方甚至制定了相关的地方性法规。但是，司法客观规律最终还是占了上风。人大监督把重点放在工作监督和对法官任免的监督上，而具体的司法案件则由各级法院依照法律独立审判，以维护法律和司法的权威。

2. 不宜评价法院对具体案件的裁判。从政治角度来说，人大代表可以对人民关注的一切事物发表意见，提出政治主张，但基于政治功能理论产生的“让渡尊重”（deference）原则，将来自权力机关的“民意”阻隔于具体案件的诉讼程序之外，甚至包括可能有干预之嫌的事后评论、外围游说等。

关于民意沟通

民意沟通，是法院直接从人民中间听取对司法的意见，了解人民群众对司法工作的诉求，从而对司法决策产生间接的影响。在这一过程中，应当遵守以下规则：

3. 不得涉及尚在诉讼程序中的案件。法院可以体察民情、了解民意，但不得在程序之外讨论正在诉讼程序中的具体案件。这既保护了双方当事人平等的诉讼地位和诉讼权利，同时也可以避免通过民意沟通渠道给法院（法官）施加压力，并防止法院为迎合“民意”而曲解法律。因此，在民意沟通过程中，应当回避讨论具体案件在法律和事实方面的是非曲直问题，否则会导致诉讼程序形同虚设。

4. 法官不宜直接提供法律咨询。在民意沟通过程中，难免会发生民众对一些具体法律问题求教于法官的情况。这为法官提出了职业道德方面的难题。如果法官回答了这些咨询，其答案虽然不必然约束其以后针对类似法律问题的裁判结果，但有可能对法官的中立性、一致性、公正性产生质疑。但是，对于涉及法律程序、工作机制方面的问题，法官和法院其他工作人员可以作出解释。虽然我国有专门的“普法”部门，也有律师的法律援助，但仍有不少法官不经意地将自己暴露在这样的职业道德困境之中，值得关注。

5. 不宜对法院以前裁判的案件发表评论。通常来说，除非在法院进行法律裁判时涉及先前的裁判先例，或者在法律推理（裁判文书说理）过程中需要使用先例，法官不应当在与民众的交流、沟通中对过去裁判的案件发表评论。这不仅涉及司法的尊严和权威，也涉及法官的中立性和职业道德问题。否则会与解答法律咨询的情形一样，民众会从这种沟通过程中，预判法官对某一法律问题的立场，从而质疑法官的中立性。

关于公民申诉

根据《宪法》规定,我国公民对于任何国家机关和国家工作人员,有提出批评和建议、申诉、控告或者检举的权利。对于司法而言,即使是行使宪法权利也会受到一些制约。

6. 不得以信访申诉方式取代诉讼渠道。由于没有严格遵守这一规则,我国的所谓"涉诉信访"大行其道。信访申诉是公民正当的宪法权利,但不能与正式的诉讼渠道混合使用,否则会造成"法不成其为法,诉不成其为诉"的局面。除非制度的目的就是要获得这种结果,否则只会造成两种事物的"双失"。

7. 投诉法官行为不得涉及司法裁判之对错。对于司法裁判的救济,国家已经设置了公正的诉讼程序。如果将本应通过诉讼程序解决的问题,纳入法官行为投诉机制中,则无法对此作出令人信服的、具有程序正义保障的判断。因此,各国都把投诉法官与案件诉求严格区分开来。有的国家受理投诉法官的机构一年也会收到上千件投诉,但其中绝大多数是对案件裁判的不服而提起的申诉,而只有那些真正对法官行为不端的投诉才会得到处理。我国的法官投诉机制也区分了对裁判的不服和对法官行为的投诉,建立了过滤机制,但社会上的观念仍有混乱之处。

8. 不宜按照行政程序处理对法官的投诉。由于法官与普通公务员不同的职业特点,目前世界上多数国家建立了处理法官惩戒案件的准司法程序,甚至是完整的司法程序,如德国、日本、英国、美国等。这一方面体现了法官惩戒制度的严肃性,同时也给法官一个公平的受审机会。目前,我国法官惩戒程序的司法化程度还不够高,尚有很大改进余地。

关于人民陪审

9. 陪审员的确定不宜排除当事人的参与。陪审员身份的确定(任命）,通常是经过民主程序完成的,但在特定案件中确定陪审员时,当事人是否可以参与,各国均倾向于吸收当事人的意愿。我国的司法解释规定,组成合议庭时,由法院从人民陪审员名单中随机抽取确定人民陪审员。在今后的改革中,似乎可以考虑吸收当事人参与陪审员的确定。

10. 陪审员的使用不得固定化。不得将陪审员当作固定的法院工作人员使用,否则便失去了这一机制的民主作用。我国虽然规定了个案中陪审员的随机确定,但因执行不力造成了陪审员之间工作任务不均衡,有的法院甚至搞“驻院陪审员”,使陪审制变了味道,导致这一司法民主机制的广泛性在个案中全然尽失。

11. 杜绝“陪而不审”现象,防止陪审员的意见被职业法官所左右。目前尚存在部分人民陪审员独立性不强、在庭审中处于被动状态、庭后合议中附和法官评议的现象。应当制定关于陪审员在审判过程中的人数多寡、发言顺序、判断重点等方面的规则,为陪审员独立发挥作用提供充分的制度保障。

关于司法公开

司法公开,是司法民主补强机制中的最强音,也是我国司法改革的重要领域。在推进司法公开的同时,也应当避免一些权利被过强的阳光“灼伤”。

12. 不得泄露国家机密和商业秘密。对此,我国已有相应的刑法和行政法制度进行约束。

13. 不得对个人权利造成不成比例的影响。司法公开必然会涉及个人的信息甚至隐私,但应当限制在适当的范围之内。在我国台湾地区,当裁判文书在网络上公开时,会使用当事人的真实姓名,但我国大陆则会对一些案件当事人的姓名进行技术处理,以体现对个人信息权利的尊重。但对于失信被执行人,我国大陆也应坚决公布其真实姓名等信息。

14. 不得限制公众旁听庭审。除法律规定不公开审理的案件外，公众均可以自由旁听。

15. 不应将司法管理工作排除在公开范围之外。我国法制媒体对司法管理工作有不少报道，但与庭审的公开程度相比，还有一定差距。

关于媒体报道

媒体是公众意见的平台，与司法价值的碰撞机会更多。因此，在处理媒体与司法的关系方面，应当遵守以下规则：

16. 不得泄露国家机密、商业秘密及个人隐私。我国已有相应的刑法和行政法制度对此进行约束。

17. 不得干扰独立审判。作为“第四种权力”的媒体，有时对于裁判者会发生巨大影响，形成有形或无形的压力，甚至使法官失去独立判断力。所谓“媒体审判”就是典型表现。

18. 不得对社会秩序造成损害。媒体是公开的平台，直接关系到社会秩序的稳定。虽然说对社会发生影响，是媒体报道追求的效果，但如果破坏了民众安宁的生活和媒体自身正常发挥作用所依托的秩序，则超越了合理的界限，应当避免。

19. 不得对未成年人以及其他社会特别群体有不利影响。任何社会都有一些需要特别保护的群体。媒体对此应当保持高度的敏感性，把保护弱势群体的利益放在重要位置。

20. 不得对媒体旁听庭审和报道司法活动进行不适当的限制。目前还有个别法院对于一些敏感案件的庭审，采取限制媒体报道的措施，这无疑是对司法民主的不当限制，应当摒除。

上述五大界限，是各种司法民主机制应当共同遵守的不可逾越的界限，而二十项禁忌，是对不同司法民主机制的特定要求。当然，由于司法理论自身的复杂性和当前司法改革的积极推进，一些界限和禁忌也会有新的发展。为此,我们应当与时俱进,明辨是非,遵循一般司法规律,深刻理解司法民主的内涵,最大限度地发挥各种司法民主机制的作用。

(《人民法院报》2014 年 9 月 19 日)

司法民主的十大补强机制

人人都在谈司法民主,但司法民主到底包括哪些形式,司法民主程度取决于哪些因素,却一直没有清晰的答案。本文将对我国以及其他国家的司法民主机制略作归纳,列举十种补强性的机制于后。但在此之前,本文须先从本质、范围、结构等方面界定一下“司法民主”的概念。

司法民主有广义说和狭义说。广义说的司法民主是指来自正当渠道的、可以对裁判者的决定产生影响的各种因素按照法定程序发挥作用的过程。依此解释,法官的民主任命、陪审员的参审、司法公开的机制、当事人的监督、回避申请的提出、合议制的多数决定、上级法院的改判等,都属于司法民主。

狭义说的司法民主是指在法律规定的诉讼轨道之外,在诉讼活动中没有法律地位的人对案件之外的事项,依照法律采取各种行动,从而直接或间接影响法官或检察官对不特定案件决策的过程。依此解释,凡是当事人和其他诉讼参与人的所有诉讼活动以及法官针对特定案件所采取的所有活动,均应排除在司法民主范畴之外,因为这些活动已经接受更具规范性的诉讼程序调整,即使其中包含了民主精神,也不宜再重叠性地作为司法民主机制。

本文采狭义说。实际上,诉讼参与人在具体案件中的所有活动或者司法机关针对具体案件作出处理的活动,难以与具有政治意义的“司法民主”相匹配。如果把所有可以对司法机关决策产生影响的因素都视为司法民主,则必须按照“民主”的本质属性重新定位这些活动,这样一来会将诉讼制度的程序正义属性置于其次甚至被忽视,其理论构建是缺乏合理性的。

那么,在狭义司法民主范畴之下,我们以什么为依据来判断一个民主国家的司法是民主的而不是专断的呢?这就要把握在民主国家实现司法民主的根本标准,那就是:当一个国家的司法机关能够正确地理解、适用通过民主程序制定的宪法和法律时,便可以说这个国家已经实现了司法民主。作为法治接力棒的最后一棒,司法机关按照宪法和法律独立履行其司法职责,为民主与法治作出不可替代的贡献。换句话说,如果一个国家实现了立法民主和依法独立审判,便不可能没有司法民主。

除此之外,世界各国还通过另外一些机制对前述司法民主进行“补强”或提供保障,特别是从形式、机制、体制方面对司法民主的属性予以强化、细化、外化,使之更加丰满。正是这些补强性的司法民主机制,让人民群众更能感受到公平正义的存在。当然,如果一个国家没有采取这些补强性的司法民主机制,我们也不能简单地否认该国司法制度的民主性,而只能说其司法民主的形式有些欠缺,保障有些疏漏,方式有些单一而已,但范畴之广狭与程度之深浅并不会从根本上影响司法民主的属性。

下面分别介绍适用于多数国家的十大司法民主补强机制。

一、法官的选举与任免

法院设置与法官任免,都是司法制度的基础性问题。在部分国家和地区,法院的设置与法官任免都与议会或选民有关。例如,美国宪法第3条便明确规定了联邦下级法院由“国会因时而设立”,而法官员额的增加也必须由国会决定,法官则由总统任命(实际上是提名)并经参议院同意。而在州的层面上依然以法官公开选举制为产生法官的主要渠道。不过,也有很多国家和地区排除议会对法官任命的介入。例如,我国台湾地区地方法院的设立由“司法院”决定(尽管经费预算由“立法院”批准),台湾地区法官的任命状则是由“总统”和“法务部长”签署的。日本最高法院的院长由“内阁提名,天皇任命”;最高法院其他法官由“内阁任命,天皇认证”;下级法院法官由“最高法院提名,内阁任命”。更有甚者,韩国除最高法院(即“大法院”)法官任命须经国会听证并同意外,其他法官均由最高法院院长任命(前提是必须获得“法官人事委员会”的审议和大法官会议的同意)。

虽然法院设置与法官任免是否经过议会同意并不必然反映司法民主的水平,但通常认为,经过议会程序的决定更具有政治上的正当性。在我国,人民代表大会制度的政体体现在其他各类国家机构的组织、活动过程中,也包括人民法院的产生、法官选举和任免。人民通过其代表以人民代表大会为政治平台,将其意志体现在对法官的任免之中,无疑是司法民主的第一补强措施。

二、议会对法院和法官的工作监督

在任命法官之后,议会通常会理所当然地获得对法官的监督权力。即使是在法官不由议会任命的国家,议会也会通过不同形式对法官行使一定的监督职能,但原则上不得评论法院作出的具体裁判,而只能讨论法院系统的一般问题(如机构、效率、诉讼便利性等),并制定或修改相应的法律。

在实行三权分立的美国,国会当然不能对法院作出的具体裁判有任何直接行动,但当它不满法院的判决时,其监督功能是通过修改旧法或制定新法来实现的,目的是阻止该判决成为未来的判例,这样便可以变相"推翻"法院的判决。如果法院在此后类似的诉讼中"一意孤行",坚持自己原来的主张而判决新的法律违宪,国会大概也只能通过修改宪法来对抗(监督)法院了,尽管国会的这种企图还没有成功的先例。所以,美国的国会监督成了"谁笑到最后,谁笑得最好"的拉锯式监督。

在我国,宪法和相关组织法均规定了法院对人大负责、受人大监督的司法民主形式,也规定了听取法院工作报告等监督方式。尽管理论界和实务界对目前的监督方式有很多讨论,但有一点是非常清楚的:根据国家机关职能分工的宪法原则,权力机关的监督必须回避所有成讼的案件,以保障法院依法独立公正行使审判权,除非另有改变现行制度框架安排的改革计划。

三、公民的批评建议、申诉控告和检举

即使在诉讼制度非常完备和严密的国家,公民对国家机关(包括法院)和公职人员(包括法官)进行直接监督的渠道仍然应当是畅通的。关键在于各国将对法院、法官的监督方式区别于行政机关和立法机关。第一,议会的议员成为传达民意、反映民怨的主要渠道,进而影响立法进程(但不得影响个案的诉讼结果);第二,通过监察专员(ombusman)督促、指导有关国家机关纠正错误、改进工作;第三,通过社团组织反映对政务活动的批评建议;第四,通过正规的诉讼或准诉讼渠道实现民主权利(如弹劾案、纪律惩戒案等)。

在公民监督权实现的过程中，不可触碰的依然是司法独立原则。因为司法独立被认为是所有公民权利的最终“保护伞”，而一旦这张“保护伞”被扯破，伞下的人就都会被淋湿了。所以，各国之所以重视司法独立或审判独立，就是一种避免“竭泽而渔”的短视行为的高明之举。即使是在无所不管的北欧国家的监察专员那里，如果遇到对因不满司法裁判而提出的投诉，一律拒绝受理。这与当前我国针对所谓“涉诉信访”而采取的监督措施十分相似。

我国《宪法》第 41 条规定，公民对于任何国家机关和国家工作人员，有提出批评和建议的权利；对于其违法失职行为，有向有关国家机关提出申诉、控告或者检举的权利。问题在于，我们对于这一蕴含在宪法条文中的司法民主原则的具体实现方式，并没有作更多研究，运行模式比较粗放。因此，应当对这种泛化的司法民主监督方式进行“法治化”改造。

四、陪审与国民参审

陪审制被认为是最为经典、最为直接的司法民主形式，而且在各国的表现形式有所不同。英美的陪审制体现为陪审团制度，即在法律规定的案件中，实行大陪审团制（决定案件的起诉）和小陪审团制（裁决案件的事实），而陪审团成员是从选民名单上随机挑选的。法德的陪审制则体现为参审制度，即对于重罪案件由若干名参审员与职业法官共同组成大合议庭，共同决定案件的事实问题和法律问题。在本无陪审传统的日本，通过本世纪的司法改革，增加了国民参加刑事诉讼的裁判员制度、国民参与专业性很强的民事诉讼的专门委员制度、国民参与简易民事诉讼的司法委员制度、国民参与家事案件的家事参与员制度等，而且其“裁判员”与职业法官有相同的权力。

韩国从 2008 年起实行的“国民参与审判制度”，也是对传统的陪审制的本土化改造，建立了“虽无决定权，但有影响力”的陪审制度。我国台湾地区的“人民观审制”（自2014年7月起更名为“人民参审制”，但实质内容未变）与韩国的情况比较接近。

我国的陪审制度虽然名称与英美国家相同，但其实质内容与欧洲的参审制相似，都是由非职业法官与职业法官共同组成合议庭审理一审案件。所不同的是：中国的陪审员由人大常委会任命，履行了严格的政治程序；陪审范围包括各类民事、商事、刑事案件，使用广泛；裁判范围既包括事实问题，也包括法律问题。当前正在推动的陪审制度改革将会使我国的陪审制努力实现制度设计的初衷。

五、检察阶段的国民参与和监督

与审判阶段的陪审制相似，一些国家在刑事诉讼过程的检察阶段也引入了司法民主机制。在实行“大陪审团”制的美国，各州建立5人至23人不等的大陪审团，由法官从符合法定条件的选民名单中用抽签方式选定，任期一般在4年以下。大陪审团的主要功能是决定是否对刑事案件进行起诉，用以审查和制约检察官的起诉权，同时它也是检察官重要的调查工具。因为大陪审团一般只听取公诉一方的证据，并比较容易被检察官说服，从而作出起诉的决定。但至今这一制度仍然被普遍认为是对司法民主和司法公正的保障，运转情况基本令人满意。日本于1948年建立的“检察审查会”是日本国民监督检察官对刑事案件不起诉的一项民众参与刑事审判的制度，由随机抽选的11名国民组成。对于检察官不起诉的案件，由民间选举出来的检察审查员进行审查，对认为检察官的不起诉不适当的，可以要求检察官对嫌疑人重新起诉。2009年之后，审查会的决议获得了拘束力，形成新的“强制起诉”制度。

我国检察院自2003年开始人民监督员工作试点，到2010年全面推开,其目的是对检察院办理的职务侦查案件中应当立案而不立案或不应当立案而立案的、犯罪嫌疑人不服逮捕决定的案件、拟撤销案件或不起诉的案件等进行监督。作为司法民主的新形式,人民监督员制度还有很大的发展和完善的空间。

六、司法公开

在民主制度下,司法机关应当向公众公开自己的所有活动,让公众了解司法,进行监督,也为公众通过前述各种机制发挥对改革完善司法制度的作用提供条件。正如英国大法官休厄特所说,“正义不仅要实现,而且应当以人们看得见的方式实现”。

虽然各国的法官任免机制不同,议会监督方式有别,但各国在司法公开方面的主张、推动几乎没有差别。世界各国都在最大限度上推行司法公开,公开的范围从法庭内延伸到法庭外,从审判活动扩大到法院管理。美国加利福尼亚州的最高司法行政管理机构——司法委员会通过网络直播公开一些重要的司法政策、管理制度的讨论过程。

在我国,司法公开是宪法确定的原则,是实现司法民主的重要机制。因此有学者提出,司法公开是最大的司法民主,也是“最安全”的司法民主。之所以称其为最安全,就是因为司法公开不会与其他权力发生直接碰撞,而是完全借助“阳光”排除干扰、约束司法。也正是因为它的这一特质,司法公开同时作为一项诉讼制度确立下来。近年来,我国的司法公开工作有了重大进展。最高人民法院从 2009 年决定在立案、庭审、执行、听证、文书、审务等六个方面大力推动司法公开,2013 年起开始构建“三大平台”,即审判流程公开平台、裁判文书公开平台、执行信息公开平台,借助信息技术,塑造了中国司法民主的新形象。

七、民意沟通

司法机关裁判案件，必须由法定的审判组织或法官、陪审员作出，而不能直接诉诸民意作出裁判。民意沟通机制则不同。法院与公众之间可以通过合理的机制，直接或间接地交流意见，从而让法院了解社情民意，了解社会对司法的态度、需求、期待，也让公众了解法院作出决策的过程，理解法院的作用，反映自己对法院的需求。

美国加利福尼亚州最高法院曾在十几年前为法官编写了《对话》(*Dialogue*)一书，介绍法官与社区进行沟通交流的各种方式，如"社区一日"(one day in community)、"与本区法官见面会"(meet your judge)等。该书在强调法官中立的职业道德的同时，鼓励法官将司法功能"延伸"至所服务的社区，甚至还为法官起草了不同版本的"社区演讲稿"供法官深入社区讲话时参考。洛杉矶高等法院建立了"法院—牧师联席会"制度，到2014年8月已经开展过7次活动，每次都有120多名宗教领袖参加，其目的就是让牧师们了解刑事司法、少年司法、毒品犯罪、家事法院等制度，以提升其在教堂集会和听取忏悔过程中辅导教众的能力。该法院的泰勒法官说，如果牧师们更了解司法制度，则能更好地服务于社区教众，也能帮助我们实现公平正义。如果法官们更了解牧师的关注以及他们的社区对法院的体验和看法，也能更好地实现正义。

不过，作为司法民主形式之一的"民意沟通"机制在中国更为发达，这也是人民司法传统的内容。根据最高人民法院的要求，各级人民法院在确定工作思路、完善便民措施、评价司法效果等工作中，应根据需要采取多种途径和方式，广泛征求人大代表、政协委员、民主党派、社会团体、专家学者、其他法律工作者、基层群众等社会各界的意见和建议。特别要注重深入企业、社区、乡村(有的地方发展为"五进")，及时了解广大基层群众的意见和呼声，改进工作，解决问题。

八、司法文件征求意见

公开征询公众意见是民主立法的重要形式，具体包括互联网征集意见、召开座谈会、公开听证会等。对于司法部门来说，当涉及政策制度、司法解释、规章制度时，也会有公开征求意见的情况。在美国，当联邦最高法院制定证据规则、审判规则、法院内部运行规律等规范性文件时，必须通过一定的民主程序，那就是将该文件提交国会（通常是参议院的专门委员会）备查。如果国会在一定期间内没有提出反对意见或否决意见，则该规则自动生效。当然，这一制度不适用于法院对任何具体案件作出的裁判，也不涉及法院的司法政策性文件。

在我国，最高人民法院在制定涉及实体法和程序法的司法解释时，要求将那些关注度高、关系面广的内容公开征求社会意见。例如，2014年8月，最高人民法院起草了《关于修改〈最高人民法院关于限制被执行人高消费的若干规定〉的决定（公开征求意见稿）》，并在网络上公开征求意见和建议，为期一个月，邀请“社会各界人士于2014年9月5日前反馈修改意见”。另外，最高人民法院发布司法解释时向全国人大常委会工作机构的备案机制也试图体现司法的民主性。

九、法院特约监督员

特约监督员制度是我国法院特有的司法民主机制。2009年10月，最高人民法院发布了《特约监督员工作条例》将这一制度以规章的形式确立下来。最高人民法院的特约监督员从全国人大代表、政协委员、各民主党派、工商联、无党派人士、专家学者以及基层群众中聘请，对最高人民法院审判、执行以及队伍建设等工作进行监督、提出意见和建议。特约监督员任期3年，其主要职责是监督最高人民法院执法、法规和作出司法决策的情况，监督公正司法的情况，以及审判作风、廉洁自律和遵守法官职业道德方面的情况。他们可以参加最高人民法院的相关工作会议，旁听案件审理，参加专项检查活动，反映公众对法院工作的批评、意见、建议等。

各地法院也从20世纪90年代起建立特约监督员制度。2013年年底，北京市高级人民法院聘请丁淑艳等300名社会各界人士为北京法院第六届特邀监督员。北京法院以“请代表委员监督员进法院”为主题，邀请特邀监督员参加法院开放日、参与“万件重点案件评查”、现场见证监督案件执行、参与立案诉讼服务窗口明察暗访等活动，参加各专业审判领域的案件旁听与座谈。

十、媒体监督

媒体监督是民主社会的基石。虽然媒体自身只是一个媒介和平台而非“民意代表”，但它所承载的力量之大已经足以被称得上是“第四种权力”了。因此，世界各国都将媒体对司法工作的自由报道当作司法民主的一种基本形式。当然，媒体在自由旁听、自由报道、自由评论的同时，还必须遵循一些特别的限制，因为媒体监督不仅不得影响法院的独立审判，而且要把握保护个人权利和公共秩序的适当界限。否则，民主将会变味。

在我国，最高人民法院早在2009年就发布了《关于人民法院接受新闻媒体舆论监督的若干规定》。对于社会关注的案件和法院工作的重大举措以及按照有关规定应当向社会公开的其他信息，人民法院应当通过新闻发布会、记者招待会、新闻通稿、法院公报、互联网站等形式向新闻媒体及时发布相关信息。对于公开审判的案件，新闻媒体记者和公众可以旁听。审判场所坐席不足的，应当优先保证媒体和当事人近亲属的需要。有条件的审判法庭根据需要可以在旁听席中设立媒体席。新闻媒体因报道案件审理情况或者法院其他工作需要申请人民法院提供相关资料的，人民法院可以提供裁判文书复印件、庭审笔录、庭审录音录像、规范性文件、指导意见等。目前，我国媒体与司法的关系还不太成熟，良性互动方面还存在一些不足，而目前的司法改革正在为司法民主补上这一缺口。

以上是根据我国和其他国家的制度和实践所归纳的十种主要的司法民主机制。当然，这些机制只有在权力机关按民主程序制定法律、司法机关按诉讼程序严格适用法律的前提下才能真正发挥作用。否则，这些机制就会被指责为“走形式”“做样子”。即使是具备了前述两个大前提，如果我们不重视这些具体的司法民主机制建设，也会使司法民主大打折扣。

（《人民法院报》2014 年 8 月 29 日）

展望媒体与司法良性互动新纪元*

一、司法与媒体的恩恩怨怨

长期以来,媒体对法院的公开公正有许多质疑。一些媒体认为法院司法行为不规范,司法公开落实不到位、不全面、不深入,妨碍了媒体监督作用的发挥;有些法院则对媒体有一定抵触情绪,从而在字面上不违反宪法和法律的前提下,采取消极的态度对待媒体监督和司法公开,难以形成常态的工作机制;有的法院对记者旁听庭审设置一些障碍,经常以法庭席位已满为由阻止记者进入法庭,导致越是社会和媒体关注的案件越难旁听;有的法院甚至提前发放旁听证,安排机关干部或学生占满旁听席;有的法院对媒体记者采取歧视性待遇,只让普通公民进入法庭旁听,有的记者用身份证进入法庭后,也会因法官认识而被"请

* 在写作过程中,感谢龙飞对本文的贡献。

出”法庭；有的法院有选择地让平日经常沟通联络的媒体旁听和采访，而对不熟识或爱挑刺的记者“敬而远之”；有的法院在媒体申请索要有关审判资料时，往往以需要向领导请示或者涉审判秘密为由拒绝要求；等等。媒体有时从公众信息披露的角度指责司法以独立行使职责为由行“暗箱操作”之实，而法院有时也从自身角度指责媒体以监督之名行舆论审判之实。法院认为媒体监督司法活动不够广泛，过多注重对个案的监督，用案件细节描述吸引公众眼球；而对法院的全面工作、办案程序，以及外界对司法活动的不当干扰等问题，涉及很少；有时媒体监督不够客观，忽视司法规律，存在越位现象。

媒体与司法的关系日益密切，摩擦也随之加剧。正如一位法院新闻官指出的，媒体与司法就像两个刺猬，他们相互吸引靠近，但是他们互相接近时，又要提防会不会被刺到。司法与媒体的关系，既有相互矛盾的一面，又有相互促进的一面。媒体在影响、监督司法，司法也在保护、制约媒体，二者在相互推动促进彼此的发展。

二、法院接受媒体监督的历史脉络

处理好司法与媒体的关系，一直是人民法院十分关注的问题。早在 1988 年，最高人民法院原院长任建新在部分高级人民法院法制宣传工作座谈会上指出，要增强法院工作的公开性和透明性，注意舆论监督对法院工作提出的批评和建议，这对促进法院工作起了很好的作用。原院长肖扬曾明确表示新闻媒体的监督是改进和完善司法机制的良药和促进剂，欢迎新闻媒体对法院工作进行监督，欢迎新闻媒体客观、准确、公正、负责地对法院工作中的缺点进行批评。2009 年，王胜俊院长在全国政法工作电视电话会议上再次提出建立舆情研判分析机制以及与新闻媒体沟通机制，主动发布工作信息，回应社会关切。

从 1988 年 8 月 1 日最高人民法院举行第一次新闻发布会，到 2006

年最高人民法院发布《人民法院新闻发布制度》,从1999年《关于严格执行公开审判制度的若干规定》和2007年《关于加强人民法院审判公开工作的若干意见》,再到2009年《关于进一步加强民意沟通工作的意见》《关于司法公开的六项规定》,乃至《关于人民法院接受新闻媒体舆论监督的若干规定》(以下简称《规定》),人民法院的司法公开制度改革有了跨越式的进步,人民法院对新闻媒体的开放程度和接受监督的主动性有了质的飞跃。全国法院也在逐渐改变以往"谨防记者""拒绝采访"的做法。云南省高级人民法院"特约新闻观察员",辽宁省高级人民法院对"法官不能以需要请示为由拖延或敷衍媒体采访"的要求,以及广东省高级人民法院要求重视倾听网络民意的做法,都充分体现了各级法院面对媒体时更开放的心态。

司法与媒体在追求公开方面的价值是完全一致的。司法是最支持新闻监督,也是最不"惧怕"新闻监督的。因为司法的生命在于公正,而维护公正的三大法宝是审判独立、公开透明、司法能力。司法公信是靠公开支撑的,而媒体也恰恰是把事实客观公正地报道给公众,为实现公民知情权服务。司法不怕公开得多,而是怕公开得少。

三、保障媒体无障碍旁听公开审理案件

新的司法公开改革措施要建立健全有序开放、有效管理的旁听报道庭审的规则:除法律规定涉及国家秘密、商业秘密以及个人隐私的案件,其他案件都应该公开审理,而公开审理就意味着新闻媒体有自由旁听、采访报道的权利;鼓励和支持有条件的法院审判法庭旁听席中根据需要设立媒体记者席,待条件成熟后在全国法院法庭推广设立媒体席的做法;因法院审判场所坐席不足,应当优先保证媒体的需要,并以抽签方式随机分配坐席;当法庭不能满足媒体需要时,法院还应当通过庭审视频、直播录播等方式满足公众和媒体了解庭审实况的需要。笔者

在澳大利亚高等法院考察时发现，即使是在法院专设的律师和记者休息室里，也有电视屏幕实时播放正在大法庭进行的庭审实况。在我国，有的条件比较好的法院还为记者设立了“媒体工作室”，专门辟出空间，提供必要的通信设备，为记者了解庭审和法院工作情况提供方便。

四、为媒体使用报道资源提供便利

以往，因为司法公开的渠道不畅通，媒体不能在第一时间得到法院的权威信息。有的媒体从当事人那里得到不完整、不准确的信息，就很容易做一些有倾向性的或者不准确、不全面、不客观的报道。所以，媒体总抱怨之所以出现“歪曲报道”“失实报道”，是因为媒体无法享有法院把持的审判资源，是因为法院没有把所有的审判活动公开在阳光下。对此，新的司法公开改革措施要求全国法院建立健全积极主动、及时快捷的发布信息机制。各级人民法院对于社会关注的案件和法院工作的重大举措，要通过新闻发布会、记者招待会、新闻通稿、法院公报、互联网站等各种形式向新闻媒体及时发布相关信息。这里传递的信息是，人民群众想了解法院审判工作或其他工作的哪些信息，法院就应当公开这些信息。要求各级人民法院改变以往的“想公开什么就公开什么”的做法，公开的内容除了法律明确禁止公开的以外，其他信息的公开是根据社会公众的要求和意愿来决定的。

为了让媒体及时掌握法院可以公开的审判资料，需要建立健全为新闻媒体提供便利和支持的机制，满足新闻媒体因报道案件审理情况或者法院其他工作查阅和复制相关资料的需要。人民法院可以提供裁判文书复印件、庭审笔录，庭审录音录像资料，这些资料都是以往媒体不能获取的。如果法院无正当理由拒绝提供相关资料，媒体可以向法院监察部门或者上级法院反映。另外，经媒体申请，人民法院可以向媒体提供有关规范性文件、指导性意见等。这些突破性的规定都最大限度地保障了媒体获取法院审判工作的相关资料，为媒体客观、及时、准确、负责地报道法院工作提供基础和条件。

五、规范法院接受新闻媒体对个案采访的报道

司法活动的本质是法官依据宪法赋予的审判职权，以中立的身份，判断当事人之间的是非曲直。法官作为公平正义最后一道屏障的守门人，他应该恪守法官这个职业的道德准则，他应当确保当事人享有公平审判的权利，他应当让公众从他的言行举止中感受到公正。对于正在审理的案件，人民法院的审判人员及其他工作人员不得擅自接受新闻媒体的采访。案件尚未审结，案件如何处理属于审判秘密。尤其是对一些社会关注的案件，媒体需要报道案件进展情况的，如果审判人员经过批准接受采访的，应当保持谨慎的态度，只能介绍案件的审理经过，不得针对具体案件和当事人进行不适当的评论。对于已经审结的案件，人民法院可以通过新闻宣传部门协调决定由有关人员接受采访。对于不适宜接受采访的，人民法院可以决定不接受采访，应当向媒体作出合理、可信的解释，而不能简单用“无可奉告”的托词将媒体拒之门外。这里，实际上又赋予媒体另一项重要的权利和机会，那就是把法院不接受采访的理由和解释公之于众，看这些理由能否经受住检验。这样，相关法院自然会十分慎重地决定是否接受采访问题。

六、重视媒体监督是改进司法工作的重要方式

有人说，媒体与司法各司其职，管好各自分内之事，就会相安无事。现实恰恰不是这样。如果媒体关于法院存在问题的报道得不到回应，法院也不会通过舆论监督改进司法工作，舆论监督就失去其应有的作用。

近年来，媒体在监督、督促和支持司法机关公正司法方面起到建设性的作用，各级法院基本上都作出了积极的反应，但仍在一定程度上存在着不及时、不系统、不规范、方法不得当的问题。新的改革措施对这些问题给出了约束性的答案，要求各级法院认真对待媒体反映的审判工作以及其他工作中存在的问题，对媒体反映的法院审判人员和其他工作人员的违法违纪行为及时调查、核实。对查证属实的，依法进行处理，并向媒体反馈处理情况。

这些要求从正面看上去似乎是老生常谈，但实际上赋予了媒体和公众很大的主动权。无论媒体反映的问题是否属实，如果法院不履行这些职责，媒体可以仅就这些不履行职责的行为加以曝光、评论，法院在这样的较量中肯定会处于下风。

新的改革措施再次强调了改进和完善人民法院与新闻媒体的沟通协调机制。通过报纸、广播、电视等媒体，发布人民法院工作报告、重大司法决策及案件审判信息，加大宣传工作力度。建立公众和媒体投诉反馈机制。如果地方法院无正当理由拒绝或阻挠媒体旁听公开审理的案件，媒体可以向上级人民法院反映，上级人民法院有责任对此进行调查处理。有的高级法院还建立了司法公开制度落实情况的举报投诉邮箱，收集听取公众以及媒体反映法院落实公开制度的意见和建议，并及时对投诉问题进行调查处理。

七、媒体进行司法报道的边界和底线

在现代社会，言论自由是基本人权，必须坚守和捍卫。但是，言论自由并不是无条件的，而是要负起相应责任的，不负责任的自由不是真正的自由。虽然司法与媒体实现社会主义民主、追求公平正义的价值取向和追求目标是一致的，但司法公正也需要健康而公正的舆论环境。司法是人民权利的“保护伞”。澳大利亚前任首席大法官布伦南爵士曾

说过,如果有人把这个“保护伞”捅破了,就该漏雨了。所以,新闻媒体在行使监督功能、保障公民知情权、揭露司法不公的同时,也负有维护司法权威、促进司法公正的建设性作用。

我国没有专门法律规定媒体所受的约束以及法律责任,现行《刑法》和《侵权责任法》也没有把新闻媒体及其从业人员视为特殊的责任主体,因此媒体应当与普通公众一样受到法律的约束,为自己的行为承担责任。对于这个问题,《规定》第9条仅仅列举了五种较为严重的情形作为重申性的提示。人民法院发现媒体记者存在上述违反职业道德、纪律、法律的行为时,可以向有管理职能的单位或协会提出建议。

如果媒体或记者的行为“触犯了法律”(指刑法),有关单位会将案件移送司法机关(指侦查机关)。除非有人对媒体或记者提起刑事自诉,人民法院不会直接受理此类“移送”。如果有人对媒体或记者提起民事侵权诉讼,人民法院经审查符合民事诉讼法规定的起诉条件的,应当受理。至于媒体或者记者的行为是否构成刑事犯罪或者民事侵权,则必须依据相关的法律、司法解释由人民法院独立作出判断。所以,该条所言“违反法律规定的,依法追究相应责任”属于概括和重申性的规定,属于“无害”条款,不为任何人增设义务,也不为任何人增加权利或权力。

《规定》出台后,既有关于此项改革对媒体监督大开方便之门的评论,也有很多关于法院向有关单位通报或建议处理违反该条规定的五种情形,以及“违反法律规定的,依法追究相应责任”的批评。其实只要逐字逐句地把第9条读完,确认是“违反法律规定的,依法追究相应责任”而不是“违反本条规定的,追究相应责任”,或许这种误解就可以消除了。

目前,媒体与司法两个领域都在积极推进改革。这一轮司法改革的成果，在建立媒体与司法之间相互促进、相互制约的良性互动关系方面，开创了新时代。展望未来，只有依赖法院与媒体共同努力和各界的理解与支持，才能为司法改革打下坚实的地基，并在其上建起高楼大厦，为公民的权利提供可靠的庇护所，从而无愧于这个新纪元。

（《人民法院报》2010 年 1 月 8 日）

第二编

司法改革方案设计

中国法院体制改革论纲*

党的“十六大”从发展社会主义民主政治、建设社会主义政治文明的战略高度，提出了推进司法体制改革的任务。这为司法制度建设确立了基本目标，也为法院制度的改革指明了方向。近年来，我们对如何贯彻党的“十六大”精神，积极稳妥地推进司法体制改革进行了研究。在本文中，我们将首先对影响当前司法体制改革的一些主要因素逐一进行分析，然后分别从法院体制（产生与设置）、诉讼程序、法院管理制度等三个方面，对涉及的十几个重要问题的改革进行论述。[1] 因篇幅所限，以及一些论著已经有所阐明，所以，关于司法制度的一些基本理论问题在本文中不再单独论述，而是将这些理论具体应用到相关的改革建议之中。

---

* 在本文写作过程中，感谢邵文虹同志对作者的指导，以及对本文的贡献。

〔1〕 参与本文观点整理和写作的还有最高人民法院司法体制改革研究小组办公室的部分同志。

一、总论:兼谈影响司法体制改革的几项因素

2003年,是我国改革开放以来对司法体制改革问题讨论最广泛、研究最深入、活动最频繁的一年。这一现象,一方面,是因为党的"十六大"提出"推进司法体制改革"为建设社会主义法治国家注入了新的活力;另一方面,也是各有关部门、学术界以及全社会响应党的号召,为司法体制改革献计献策的表现。最近十年来,虽然法律学术界和实务界从来没有停止过对司法制度改革的研究和实践,但人们无不企盼着司法体制重大改革这一时刻的到来。

但是,随着问题的展开、形势的明朗,经过反复研究、酝酿之后,人们对司法体制改革的进程变得更加冷静,对体制改革成功的条件、影响因素有了更清醒的认识。本文拟对影响司法体制改革进程的十项主要因素进行简要分析,并对于在这些因素影响下的我国司法体制改革进程略加评论。本文所提及的十项因素中,既有积极因素,又有消极因素;在同一因素中既可能有积极方面,又有消极方面。客观、全面认识这些因素,将有助于预测和把握司法体制改革的方向、措施和进程。

(一)市场经济、民主政治和法治原则催生科学的现代司法体制

由经济、政治、法制共同构成的这一综合因素不仅影响着当前正在进行的司法体制改革的进程,而且将在相当长的一段时期内决定着我国社会主义司法制度的内容和发展方向。这一因素虽然看起来显得空泛,但它构成了司法体制改革的基础和背景。

首先,党的"十六大"提出的司法体制改革目标不可动摇。这些目标的提出与我国市场经济体制相适应,是完善政治民主、建设政治文明的重要内容,是落实社会主义法治原则的重要手段。

其次,改革司法体制、建立社会主义现代司法制度是发展的必然要求。我国已经进入全面建设社会主义小康社会时期。这一发展阶段要

求三个文明建设协调发展,而改革现行司法体制是其中的一项重要内容,是发展的要求,是历史的必然,任何力量都不能阻止建设社会主义现代司法制度的进程。

再次,司法体制改革自身的复杂性。在司法体制改革方案的研究、实施过程中,由于各种复杂因素的影响,改革可能在一段时期内比较顺利,在另一段时期内比较曲折,有时甚至暂时停滞不前。有一些措施符合建立科学的现代司法制度的方向,但有的措施可能只是过渡性的甚至存在某种副作用。这种情况在一定程度上取决于这一综合因素的复杂内涵和构成,在一定历史阶段是不可避免的。

最后,了解这些因素有助于把握正确的改革方向。由于司法体制改革与这一因素有直接关系,因此经常反思市场经济、民主政治、法治原则这些基础条件有助于我们把握司法体制改革的方向,指导具体改革措施的选择和实施,同时可以增强对改革的信心,克服不切实际的急躁心理,正确把握时机,最终获得改革的成功。

(二)来自法律界内部的推动

近年来,对于司法体制改革的探讨和实践主要集中在法律界内部,包括法院、检察院、法学界、律师界等。社会各界虽然也有一些声音,但作用有限。这些来自法律内部的探讨和实践在今后一段时期内仍将是司法体制改革的主要推动力。

第一,法律界内部推动力的价值。由于法律界特别是司法实务界是法治原则的完善者和实践者,对于现代司法制度的理论体系、实践基础以及各项内容的要求都有职业基础的认识,对法治原则有更符合法律职业特点的理解,所以来自法律界内部的改革意见有十分重要的价值。

第二,法律界是司法体制改革的对象、实施者,同时也是受益者。在各种改革中,受益者往往受到利益的驱动而冲在前面,司法体制改革也不例外。当然,司法体制改革的最大受益者是执政党、国家、社会和人民,这也就决定了对改革的政治方向的把握。

第三,法律界内部推动力也表现出一些问题:一是可信度方面的问题。社会上可能会认为,法律界是司法体制改革的当事人和受益者,司法队伍将获得更大的利益,包括提高地位、职业保障、权力扩大、机构增加、工资提高等。因此,来自法律界特别是实务界的司法体制改革呼吁有时并不能得到决策部门和社会的完全信任。二是法律界提出的改革建议和论证意见多从法律职业规律和法律理论出发,追求法律上的完善。尽管这些改革措施建议是正确的,但仍可能与社会公众的非职业的要求相悖,与政治上的要求存在矛盾。例如,法律界常常引证"严肃执法就是最佳执行党的方针和接受党的领导",但实践表明这种说法只能适用于某些情况。这种反差对于改革措施的方向、决定都产生着直接的影响。

第四,来自外界的改革动力。外界的改革动力主要来自社会各界和政治领导。前者主要是表现在一些当事人因为在司法活动过程中经历或遭受了司法体制弊端的影响,因此,对司法体制改革提出直接的见解。而政治领导对于司法体制改革的动力主要在于现行体制在履行其政治使命方面还存在一些欠缺,如维护社会稳定、促进经济发展、维护国家利益等方面,因此,其改革要求的迫切程度也会根据情况而有所不同。

但无论出于何种利益而提出改革要求或指导,来自外界的改革动力所指向的改革措施,经常侧重于对法律活动和司法机关的外部控制,例如,加强监督、设置控制、调整权力等,而对于一些科学规律层次上的改革措施涉及较少。而来自法律界内部的动力正好相反。这种反差有时会因为法律职业的专业性而轻易将民众意见、政治要求阻隔于法治领域之外,有时又因为涉及司法规律的改革措施缺乏民众支持和政治引导而难以被接受或者发挥作用。实践表明,来自两种角度的两种推动力之间的矛盾一直存在,而且处在不断协调之中,影响着司法体制改革的进程。

（三）我国古代法律文化的影响

我国古代法律文化中有其光辉灿烂的宝贵遗产,也有一些仅适于当时的经济、社会、政治制度而与现代文明格格不入的糟粕。其中与司法体制改革有一定影响的包括古代的司法与行政不分,司法活动主要按照行政方式进行、程序正义缺乏、人治盛行等。虽然古代的法律制度早在民主主义革命中被推翻,但肃清其消极影响却需要长期的努力。

当然,这些因素的消极影响并不只是体现在司法体制中,而是在广泛的法律和政治生活中均有体现,尽管这些影响目前只是在文化层次上有一定影响,而在制度层面上早已没有其空间。更应当注意的是,随着中国现代法律文化的形成和生长,特别是现代司法理念的普遍接受,我国古代法律文化中的糟粕在各个层次上都无法与现代法律文化抗衡,其作用正在逐步削弱。

传统法律文化中的一个重要的消极因素便是人治思想。而现代司法制度的建立和完善过程实质上就是强化法治、削弱人治的过程。虽然所有依法而作的决定都是由人作出的,甚至在批判法学家的眼中被认为是新的"人治",但司法体制改革实际上是把对法律问题的决定权从行使控制权、领导权的人手中,逐步转移到经过法律职业训练、依据公正的法律程序行事、排除任何干涉、享受独立保障的人手中。在人类社会中,这恐怕已经是十分健全和完美的法治了。

（四）苏联模式的影响

影响我国司法体制改革进程的另一项因素,是我国所继受的苏联的法律制度模式。苏联虽然已经解体,苏联的法律制度包括司法制度已经不复存在,各个追随苏联模式的国家也纷纷进行相应的法律改革和司法改革,抛弃苏联模式。但是,苏联的法律原则乃至法律制度在我国仍然有普遍的影响,在一些领域里甚至仍然起主导作用。

一方面,苏联法制模式的影响既包括制度的影响,更包括理念的影响。另一方面,我国当前的社会发展阶段与苏联模式确立时的阶段已有根本变化。有一种强烈的声音认为新的形势要求我们不应简单地沿用苏联法制模式,而应区分其中的合理成分与不合理成分,根据我国的需要进行改革。我国已经不再是传统的社会主义制度,而是中国特色社会主义制度;我国的经济制度已经不再是苏联时期的计划经济制度,而已经建立了社会主义市场经济制度;我国的政治民主和文化发展也有了根本的进步,人民的权利保障意识大大增强。因此,我们不应抱住苏联模式不放,而应当根据中国的实际进行调整。

(五)司法理论研究之深度与司法体制改革的理论基础

司法理论是我国法学理论中起步较晚、进步较慢的一个领域。这一学科以宪法为基础,涉及组织法、程序法、管理法,范围广泛,规律特殊,却一直没有引起法律研究者的重视。只是在近十年来,一些专家开始从宪法、组织法、诉讼法的角度研究我国的司法制度理论,并获得了一定成就,初步建立了我国社会主义司法制度理论体系框架。可以说,司法制度研究在中国法学理论中的独立地位的获得以及尚不发达的现状,从积极方面和消极方面影响着我国司法体制改革的进程。

第一,司法制度理论体系框架的确立为司法体制改革的范围奠定了基础。从目前的研究成果来看,司法制度研究涉及以下四个部分:一是司法权力的一般规律和宪法地位,二是司法组织制度,三是诉讼程序制度,四是司法行政管理制度。而从党的"十六大"报告所提及的各项司法体制改革任务来看,上述四项内容基本上都包括在内。

第二,理论研究的深入程度和系统化程度影响着现阶段司法体制改革的彻底性。仅以民法和刑法这两个理论研究相对比较深入的部门法为例,由于基本完善的理论体系和比较丰富的理论内涵已经为各界所接受,所以,我国正在起草的民法典和已经实施二十多年的刑事法律都体现着理论的发达。司法制度的状况则非常不同。由于发展时间较短、积累人才较少、研究力量较弱,司法制度理论还很不发达。虽然有一些国外先进理论被引进,但对于社会主义市场经济条件下的中国司法制度理论应当如何建立还没有满意的答案。在这样的理论条件下,司法体制改革的彻底性便有很大局限。

第三,司法制度理论在法学中的地位也决定着司法体制改革在法治建设中的地位。虽然近年来司法制度理论看似繁荣,但它在整个法学理论中还远未获得应有的地位。虽然目前已经将司法制度的研究范围从宪法中的一章扩大到了组织制度、诉讼程序和司法行政管理的全面研究,但司法制度理论在中国法学理论中还不能说已经获得了稳定的一席之地。因此,司法体制改革或司法制度建设在法治的各个环节中仍处于并不突出的地位。

(六)司法制度之政治功能的重要程度

考察一项事物的重要性,须从两个方面入手:一是客观方面,即该事物在其周围体系中所处的地位;二是从主观方面,即操作该事物及其周围体系运转的人(群体)如何看待该事物。由于后面还将对司法职能在人群主观方面的重要性(公众期望、领导重视程度)单独作为一个因素对待,所以,这里只对司法职能本身的客观重要性这一因素对司法体制改革的影响略加分析。

司法是否重要?重要到什么程度?作为若干种政治功能中的一种,作为若干种社会治理方式中的一种,作为无数学科(部门)中的一个,我们没有必要把司法的作用过分夸大。但是,让我们来分析一下一个简单的逻辑,便可以发现司法功能在任何现代社会都有着其他功能无法替代的重要作用。这个简单的链条是这样的：

现代文明社会以法律作为统一治理的基本标准，以法治原则为存在基础。在法律制定之后，所有人在法律实施、适用、遵守过程中出现的法律争议（这些法律争议在不同国家的范围不同，但都包括十分重要的法律争议），都关系到法治原则的实现，关系到社会对法治的态度。有了法律争议就必须建立解决途径，而最有效、最权威、最能体现法律特点的解决途径便是司法。虽然司法处理的法律纠纷在法律生活中并不显眼，所处理的纠纷数量在所有的法律活动中也只占很小比例，但司法职能的行使只能依据法律独立、公正地进行，而且国家建立相应的保障机制以实现这一要求。司法机关的裁判是终局的，具有既判力，对于当事人的效力与法律一样。

正是因为如此，我国《宪法》、《人民法院组织法》、诉讼法等一系列涉及司法制度的法律对于司法机关的组织形式、活动程序、独立性的建设，完全是按照司法承担重要社会职能、维护公平正义的标准来建立的。二审终审制的建立使司法裁判作出后即具最终性；审判组织制度除体现法官之间的相互独立外，还体现了对司法活动职业性的承认；诉讼程序的建立赋予了法院审判活动和最终裁判的程序公正性，并将所有实体法问题置于程序公正的前提之下。

因此，人们用这样的话来表述司法的重要性：司法是社会正义的最后一道防线；司法是权利的保护伞；立法者以通过法律条文的方式向不特定的人分配正义，司法者以作出裁判的方式向特定的人分配正义；依法而治在很大程度上是依法官而治；等等。因此可以说，不论在大陆法系国家还是在海洋法系国家，抓住了司法的功能，便是抓住了法治的关键。虽然司法不能代替全部法制活动，司法也不能成为全部法制活动的“龙头”，但司法总是以个案的方式、被动的地位，完善、校正、落实法治的要求。

（七）对司法的公众期望

所有的国家在检讨本国法制中的问题以探求改革之术时，总要对一个参数进行调研，那就是公众对司法制度的期望。这种公众期望虽然与司法职能的客观重要性有关系，但它所体现的更主要的还是主观方面的要求。因此，这一调研经常通过问卷、访谈的方式进行。

在我国进行司法体制改革的过程中，也有一些官方或民间的机构就公众对司法制度的态度、意见、期望进行过调查。不论这些调查的结果如何，公众期望对于司法体制改革的方向、深度、彻底性以及具体措施都有根本的影响。

第一，公众期望实际上包括民众、社会、国家、政府以及执政党的期望。虽然法律制度中的各种主体对于司法职能会有不同的期望，但终究会形成一种普遍的、共性的认识。正是这些普遍的、共性的认识决定了司法职能的现实地位，决定了司法制度的未来。

第二，公众期望之中不同主体的期望会引导司法体制改革走向不同的方向。具体来说，普通民众的期望会为司法体制改革的长远目标和根本目标提供基础，而代表某种利益的团体可能仅从某一个方面、一个时期出发表达自己的期望。对于政府或执政党来说，对于司法的期望常常带有较强的政治性。因此，在研究司法体制改革的方向、措施时，应当客观估计和运用不同主体对司法期望的不同作用。

第三，公众期望只有在与司法的客观重要性最相接近时才能发挥最大的积极作用。如果公众对司法的期望仍然只是在并不真正认识、了解司法职能的本质、作用和制度内容的情况下形成的，则只能对司法体制改革起到负面的作用。公众期望在特定时期、特定条件下，特别是在背离司法规律的情况下，可能抹杀司法的重要性，把司法改革引向歧途。

第四，识别公众期望中庸俗、盲目的一面。公众希望获得公正的司法制度的保护,但当公众(或公众中的某一个人)认为司法不公正时,却常常去寻求一些破坏性的方式以救济司法不公正的后果。例如,一个当事人为了使法院接受自己的主张、作出正确的裁判,则可能拉关系、说情;对于一项终审判决不服时,不是按照法律规定申请再审,而是找领导机关施加压力,请人过问,甚至行贿。这里所表现出的是:公众既需要司法的帮助,期望司法公正,但又不肯相信和遵循司法的本质规律。这种矛盾现象对公众期望与司法体制改革的关系有所削弱。也就是说,在这种大众意识或公众期望之下,公众对司法的积极作用的需求常常会在另一方面被湮没,从而使司法体制改革的推动力更加复杂。公众对司法公正和独立虽有需求,但同时所采取的措施、方法又阻止了这种需求的实现;公众的积极期望的推动力又被其消极的期望抵消不少。

在上述分析的基础上,我们必须重新审视所谓"对司法的公众期望"对司法体制改革的真实作用,鉴别优劣,扬长避短,在更高层次上实现司法为民的目标。

(八)行政工作方式之统治地位

在国家的几种职能未加严格区分的时期,行政职能总是占据主导地位。一方面因为这种方式最有效、最便捷,另一方面也因为不存在其他职能方式,或者其他职能方式不够发达。在中国和外国的封建时期,行政方式实际上代替了一切。国家虽有立法活动,但与现代的民主立法有天壤之别;国家虽有处讼断狱,但与现代社会的司法诉讼完全不同。

司法制度理论表明,司法职能在本质上就是"反行政"的,甚至可以说与行政工作方式"势不两立"。在司法体制改革过程中,有一种十分强烈的声音就是批评司法活动的行政化,多年的法院改革也在克服行政化方面取得了一定成效。但是,如果全面剖析我国法院的各项诉讼活动、审判管理活动,我们会发现处处表现出行政工作方式的主导地位。对法官队伍采取的公务员化的管理模式，法院内设机构的行政机构的突出地位，法院内从院长到普通工作人员的行政级别排列次序，法官等级评定与行政级别的配套，审判组织和审判机构（组、庭、院等）之间的行政式关系，审判活动中行政化的工作模式等，都明显体现了行政化的色彩。

第一，行政化工作方式虽然有所摒弃，但仍有很大市场。我国最早进行的审判方式改革，实际上就是在实现程序科学化的同时改造行政化的运作模式。应当说，这项改革在消除行政化方面是比较成功的，虽然还很不彻底。而其他改革措施对于长期植根于法院的行政工作方式并没有多大用处。

第二，由于目前的司法体制改革仍然是行政主导，即由领导者在听取意见的基础上，决定和组织各项改革措施，而且由于对行政化工作方式的各种表现及其危害的认识有限，所以，作为改革对象的行政化问题难以在短期内克服。行政化的惯性只能在把司法真正作为司法对待时，才能根除。

第三，行政化可能成为法院改革，特别是内部改革的重点问题。我国虽有程序法，但是与程序公正原则不尽一致的行政化做法依然存在，如案件请示、领导审批案件等。这些做法与司法客观规律不符，与社会主义现代司法制度建设的最终目标不一致，应当加以改革。

（九）存在问题与改革措施之间的不均衡性

要加快司法体制改革进程，并使各项改革措施取得预期效果，最重要的一点是对当前司法体制中存在的问题及其成因进行分析，并在此基础上选择改革措施。这也符合认识活动的一般规律。下面我们便对目前各界在遵循这一规律方面的情况略作分析。

第一，“除因”与“控果”关系颠倒。在对存在的问题认识清楚之后，解决问题可以从两个角度入手：一个是消除产生问题的原因；另一个是加强对存在问题(果)的控制。前者是一种积极的、治本的解决方法,而后者是一种消极的、治标的解决方法。从效果来看,当然是前者更加有效,而后者只能从外部遏制问题的发生,属于辅助前者发挥作用的补充性措施。目前我国司法体制改革中存在的一种观点,就是强化对"果"的控制,即对于已经存在的问题或产生的后果加强制约和监督。由于目前司法不公严重,所以必须加强对司法机关的监督;由于目前司法队伍素质不高甚至存在腐败现象,所以必须加强对司法人员的监督;由于目前法院有一些错案不能纠正,所以必须加强对司法裁判的监督……但是,产生这些问题的原因(如地方化、行政化、法官遴选不严、"出口"不畅等)并没有真正触及。这种方法在政治学意义上是成立而且有效的,但从法治角度分析则是本末倒置。

第二,解破因果链条着力不均。某一问题可能是由多种类、多层次的原因造成的,而各种原因在结果(问题)形成过程中所起到的作用会有很大差异。那么,在寻求克服问题的措施时,必须区分原因类型和各种原因的不同作用。对于根本原因,应当着力克服,而不应当把精力放在次要原因上。但是,目前的司法体制改革中仍然存在着力不均、避重就轻的情况。

第三,改革的功利性与司法制度的规律性之间存在矛盾。对于实务操作者来说,采取任何措施都要见到实际效果,而且要求迅速、明显,因此难免带有一定的功利性。但是,任何改革措施只有在遵循司法客观规律的前提下才能真正发挥作用,否则看似有效,实则不然,甚至会起到副作用。目前的一些改革措施便存在这种问题。仅在法院层次上,有些法院只追求轰动效应,而不顾及改革措施的科学性、连续性,因而也受到了批评。

这里可以举一个简单的例子说明上述观点:某法官办案时,未能正确理解送达制度、代理制度,从而把裁判文书送达给没有代理权限的律师而未送达当事人。对于这种影响当事人诉讼权利的行为，在人大、党委的监督之下，得到了纠正，该法官也学到了一项法律知识。但是，这位法官并未受过法律教育，而且是通过区领导介绍进入法院，并通过法院院长提名，经区人大常委会任命为审判员。该人成为法官后未经过有效的法律培训，法院的目标责任制度也不健全，法官考评制度实际上不发生作用。同时，尽管该案是合议庭审理的，但实际上作为主审人的该法官一人可以定案，而合议庭的其他两名成员并没有实质介入……最后，通过该区人大常委会的专门委员会建立的个案监督机制，指示法院通过审判监督程序纠正了该错案。于是，个案监督制在本地区赢得了声誉，并且应广大群众的要求继续强化。外部监督虽然校正了错误的裁判结果，但并没有涉及产生错误的各个层次、各个方面的原因，尽管监督过程中所披露的问题的确可以间接地激发人们思考发生问题的原因。这种改革措施与存在的问题之间的不均衡性的确应当引起人们的深思。

（十）体制改革与机制完善的矛盾

笔者在参加一些改革研讨活动时，或者与一些关注改革的法官谈论司法改革时，发现两个共同的现象：一是一旦深入讨论，则必然涉及司法的体制改革，特别是法院产生、法官任免、经费保障体制等；二是如果听说“体制不变”，各方便失去了继续讨论下去的兴趣，因为很多改革措施都是在现行体制制约之下的。即使人民法院采取一些内部改革措施时，也经常面临着无奈而又不得不作出的选择，因为如果体制理顺了，法院的这些内部改革措施会百分之百地发挥作用。但是，外部体制改革与内部机制完善之间的矛盾直接影响着改革者的积极性，更影响着各项内部改革措施的实施和效果。这种矛盾打碎了很多改革者的梦，凝固了他们的改革热情，为改革增加了不必要的成本。

第一，外部司法体制成为建立社会主义现代司法制度的“瓶颈”。

外部司法体制既是司法改革的对象，又是内部司法工作机制改革的前提，或者说是工作机制改革全面发挥作用的保证。当然，即使体制不变，司法机关的一些内部工作机制仍然可以进行完善，但是，很多内部工作机制与外部体制直接相关。没有体制改革，工作机制的改革也无法完成。

第二，外部体制的改革将使内部机制改革事半功倍，否则便是事倍功半。更重要的是，对于追求实用效果的改革者来说，如果他发现自己在为一项不可能发生的变革倾尽心力，或者虽然尽了最大努力却只能获得一点点效果，其积极性无疑会受到很大影响，进而影响整个改革的安排。

第三，体制改革与机制完善之间的矛盾具有相对性。实际上，外部体制的改革丝毫不能代替司法机关内部工作机制的改革与完善。同时，内部工作机制的改革与完善会在一定程度上促进外部体制改革的完成。

（十一）当前各种因素影响之下的司法体制改革前景

在简要分析上述十种影响司法体制改革的因素的基础上，我们再对近期的司法体制改革进程作一分析。

第一，法院的外部体制改革之“十月怀胎，一朝分娩”。司法体制改革是我国政治、经济、社会发展的必然要求，是司法客观规律的体现，是建立完善的社会主义司法制度必不可少的一部分，也是建立科学的司法制度理论的实践基础。至于何时是外部体制改革的成熟时机，则需要结合所有影响因素综合分析、判断。

第二，建立完善的法院内部组织形式和运行机制的改革不可省略。我国的现代司法制度包括多个组成部分。外部体制固然重要，但如果缺少了科学、完善的内部机制，其也只能是一个框架而已。假设司法的外部体制明天就改，但如果没有相应的内部工作机制相配套，仍然不能称其为完善的司法制度。“体制一改解千愁”的想法是盲目和简单的。

第三,法官职业化建设与相应的法院管理制度改革是当前的难点。法官职业化建设近年来已经取得了重大进展,但真正的职业化的实现必须以法官管理制度的改革为前提。否则,即使把所有的法学研究生都调到法院来,但继续运用现行的制度进行管理,仍然不能期望建立现代司法制度。

第四,除体制改革之外的其他维护法制统一和司法权威的改革措施,应当全面研究和实施。在外部体制改革之前,人民法院应当积极探索有助于维护法制统一和司法权威的其他有效措施,以便与改革之后的科学的司法体制共同形成完整的法制统一保障体系。这些措施包括典型案例指导制度、跨区案件管辖制度、司法解释制度、法官培训制度等。

第五,程序制度的完善是当前司法体制改革的重要内容。虽然程序制度基本上不涉及体制问题,但程序的改革也不只是法院内部的事情,而是涉及立法程序。人民法院可以在法律规定范围内自主改良一些程序制度,以期最大限度地实现公正。

第六,建立和完善审判管理与司法行政管理制度。管理是所有机构、所有职能都会涉及的问题,司法活动也不例外。由于审判工作的特点和单一性,法院管理一直没有成为法院建设和法院改革的重点。而现在看来,法院管理的改革空间十分广泛,探索适合司法权运行规律、能保障司法权力正常发挥作用的法院管理体制是当前的另一项重要任务。

二、法院产生体制与法院设置改革

(一)改革法院产生的体制

法院产生体制,即人民法院由国家设立,还是由地方设立而形成的制度,是我国司法体制改革中的核心内容,也是讨论最热烈、方向最趋一致、改革呼声最高的一个领域。同时,由于法院的产生体制与国家结构理论、国家政体、中央与地方关系等一系列基本理论问题相关,因此又是一个十分复杂的问题。而且,由于法院产生体制的改革涉及范围比较广,与党的领导、人民代表大会制度都有直接关系,所以也是实践中操作最为困难的课题。因此,本文并不是真正提出一种确定的改革方案,而是将几种可能的方案都列举出来,并对其中的核心问题进行分析。至于哪种方案属于最佳方案,目前尚难下结论。

1. 法院体制改革设想方案种种。法院体制改革主要涉及法院与其他机关在纵向或横向上的权力分配。通常说来,能够纳入法院体制改革的事项主要有以下四种:一是法院由谁产生或设置;二是法官由谁来任免;三是法院经费由谁来保障;四是法院司法行政事务如何管理(即由谁管理及管理机制)。现将国内专家对法院体制改革提出的种种不同的改革方案设想经过归纳简略列举于后。

(1)改革方案之一:对所有地方法院实行国家化。有的专家严格按照单一制国家中司法权力结构和运行的一般规律,提出了将目前的所有"地方法院"改造为"国家法院"的改革方案。这一改革设想完全贯彻司法权由国家而不是地方统一行使的理论,试图建立全国统一的法院体制,将司法权从各级地方政府中完全剥离出来,取消各级地方政府对司法的影响和控制。根据这一改革设想,全国各级人民法院均产生于最高国家权力机关,所有法官原则上由最高国家权力机关选举或任免,所有司法经费由中央财政予以保障,法院的司法行政工作由全国集中管理并根据分级负责的原则由各级法院在法定权限范围内管理。

由于法院产生和设置改革的核心在于明确司法机关的权力来源,强化司法机关的人民性和法律正当性,所以,这项改革设想的政治意义尤其突出。由全国人民代表大会产生全国各级人民法院,重点在于对法院的性质、地位的确认,解决的是各级法院在法律上作为国家法院的

“户口”问题,并不必然与另外几项体制内容绝对一致。因此,明确规定全国的法院均由全国人大产生和设置,在实践操作方面无实际困难,在理论方面也不存在大的障碍。

在法官任免方面,这种改革设想采取最为典型的单一制国家司法制度的模式,把所有法官的任免权集中于最高国家权力机关,以便从体制上保障法官对法律意图的遵从,进而实现单一制国家在法制上的统一。同时出于可行性方面的考虑,这种改革设想又提供了一套备选的“授权”方案,以便使改革后的法官任免制度真正发挥作用。

这一改革设想以其彻底性而获得广泛肯定,但又由于其绝对性而受到一些批评,即使提供了一些变通措施也难以取得共识。

(2)改革方案之二:两级产生体制。与改革方案之一相比,这种设想在最大程度地重视各级法院作为“国家法院”的前提下,承认省级人大在司法权力来源和运行方面的一定自治权。根据这一设想,全国四级法院分别由全国人大和省级人大两级国家权力机关产生。这种方案实际上是第一种改革设想的改进型(亦有人称之为“妥协型”)。所谓“改进型”,即将第一种改革设想中由最高国家权力机关产生全国所有法院,改造为全国人大产生两级法院(即最高人民法院和高级人民法院),而省级人大产生另外两级法院(即中级人民法院和基层人民法院)。这样,最高国家权力机关的负担(包括法官任免工作负担和财政负担)有较大减轻,但省级人大对司法仍保持较大影响。关于法院的司法行政管理,由于法院的产生层次发生了变化,所以管理的统一性也会受到一定削弱,中级法院和基层法院的司法行政事务由高级法院管理,但仍然保持全国法院司法行政的统一管理体制。

(3)改革方案之三:两级产生体制,以省级地方为独立单元。这种改革方案是在改革设想之二的基础上,仍然采取两级产生体制,但方案的重心偏向了省一级地方权力机关。根据这种设想,省级人大不仅产生本省内的所有中级法院、基层法院，而且产生自己的高级法院。全国人大的权限保持不变，即只产生最高人民法院。

根据这一改革设想，最高人民法院除了增加统一的司法行政管理职责外，其他方面仍然保持不变。省（自治区、直辖市）成为司法权力发挥作用的基本板块。省级国家权力机关产生本地区的高级人民法院、中级人民法院、基层人民法院，任免全省三级法院所有法官，为全省法院提供司法经费，管理全省法院的司法行政工作。这种改革设想中的省级以下的法院体制，除了继续执行全国统一的法律外，从其他各个方面来看，更像联邦国家中州的法院体制。

（4）改革方案之四：两套法院体系。根据这种改革方案，在中国建立中央和地方两套司法审判系统。中央法院系统设最高人民法院、上诉法院和初审法院，其经费由中央财政拨付，行政事务统一由最高人民法院管理。地方法院系统由高级人民法院、上诉法院和初审法院组成，其经费由省级财政统一拨付，司法行政事务由高级人民法院统一管理。两个独立的法院系统分别管辖不同类型的案件。例如，中央法院系统主要管辖重大的职务犯罪案件、跨司法管辖区的民事纠纷案件、行政案件，而其他案件由地方法院系统管辖。

这种改革设想可以打破司法与行政混在一起的体制，使司法管辖与行政管辖脱钩，保证法院的独立。同时，设立中央法院处理跨地区的民事案件和重大复杂案件，有利于解决地方保护主义问题，提高审判工作质量，同时也能较好地处理中央与地方的关系。

（5）其他类似的改革方案。上述四种改革设想已经为很多人所知。每当人们说起法院体制改革，不约而同地会指向这四种方案中的某一种。实际上，理论界和实务界关于法院体制改革的探索远不止这三种。虽然其他设想不够系统，甚至显得不够彻底，但其中也包含了丰富的实践智慧。

第一,“下管一级”式。即最高国家权力机关除了产生最高人民法院外,还应当产生和设置各高级人民法院。省级国家权力机关则产生和设置辖区内的各中级人民法院,市级国家权力机关则产生和设置辖区内的各基层人民法院。其中关于法官的任免、法院经费来源以及司法行政管理等,也按照这一模式进行改革。

第二,“干部协管”式。即地方各级人民法院的法官由上级法院和与上级法院同级的国家权力机关或其他管理机关共同管理,以上级法院管理为主。这其中既包括法官的任免,也包括其他干部的管理。

第三,“部分重要职位”上收任免和管理的模式。即人民法院的院长、副院长、审判委员会委员等重要职位交由上级国家权力机关任免,而其他法官的任免和管理仍维持现状。

2. 基本分析。上述各种改革设想均涉及了法院体制的四个核心因素,其具体内容虽有区别,但其中蕴含着许多共同的价值追求。下面对这些设想的共同点略作分析。

(1)法院的性质更加国家化(中央化)。这几种设想均提高了地方法院的产生和设置的层次,即地方法院由全国人大、省级人大或者法院的上级人大产生或设置,从而改变目前由同级人大产生同级法院的模式。这种追求的方向是十分明显的,即强化地方各级人民法院作为国家法院的性质,削弱其与地方权力机关的联系,进而排除地方保护主义介入之可能。

也有一种观点认为,地方各级人民法院本身就是国家的,具有完全的国家性,因为地方三级法院都是根据《人民法院组织法》的规定而设立的,而该法律是国家的法律。但是,这种观点的说服力十分微弱。一方面是因为《人民法院组织法》只规定了法院设立的要求和标准,并没有在法律中具体规定每一个地方法院的设立和组织;另一方面是因为其他体制因素(如法官任免、经费来源、司法行政管理等)的地方性已经有力地印证了现行法院体制下各级地方法院尚未真正成为国家的法院这一现实。

(2)法官任命权由最高国家权力机关或者由较高层次的权力机关行使。与法院产生体制相对应,法官任命权由同级权力机关行使也受到各界的批评。其弊病主要在于,在当前法官保障机制尚不健全的情况下,法官的"命运"在很大程度上掌握在任命者或管理者手里。因此,各种改革设想都提出了"提高任免机关的级别"的基本要求。

由于我国各级国家权力机关的人事任免权限是由《宪法》和《全国人民代表大会组织法》(以下简称《全国人大组织法》)、《人民法院组织法》、《法官法》等法律规定的,所以关于法官任免权限上交的改革设想将引起宪法或法律的修改,同时也会涉及法院人事管理制度的变化。不过,由于其改革内容只会导致一部分法官的任免权从较低层次国家权力机关转移给较高层次的国家权力机关或者最高国家权力机关,因此对于人民代表大会制度并没有实质性的影响。

(3)司法经费由中央财政或者产生该法院的地方财政予以保证。司法经费问题虽然与法院的产生、法官的任免有一定关系,但从各国的实践来看,司法经费保障机制又有其独立性。即使对于国家统一设立的各级法院,既有由地方承担司法经费的情况,也有由中央承担司法经费的情况,甚至还有中央和地方分担经费的情况。当然,在绝大多数情况下,中央财政会负担国家所设法院的全部经费。

上述改革设想中既有地方(主要是省级财政)负担司法经费的建议,也有中央财政负担全部司法经费的建议。但无论具体内容如何,一个共同的方向是提高经费保障的财政级别,即不再由县级、市级财政负担司法经费,而是由省财政或国家财政负担司法经费。那些关于省级地方财政负担司法经费的建议主要考虑到了中国各地区经济发展的不平衡,照顾到各地方的自主性,但这种设想可能无法从根本上解决目前的司法经费不足的问题。如果对于法院的经费需求不给予特殊保障，由省级地方财政负担司法经费的改革措施仍然会留有经费保障不足、司法保护不平等、正义质量不均的隐患，并最终影响当事人平等的法律权利。不过有一点是明确的：由上级财政或中央财政保障司法经费，其原因并不是（至少不全是）上级权力机关的财政资源更加丰富（因为有的地方财政比中央财政或上级财政资源更为丰富），而是为了确保司法机关的意志不受地方的控制。

（4）司法行政权力统一化、集中化。这几种改革设想的最大的共同点莫过于司法行政管理权力的统一化、集中化。一个完整的司法制度，除了所依据的程序法、实体法要统一外，该体系管理的统一性也是一项基本要求。只有将管理体制统一起来，这才成其为一项完整、统一的司法制度。这也是美国20世纪70年代“法院统一化”运动的主要目的之一。因此，国家要建立统一的法制，司法行政管理的统一是重要组成部分。

但是，这一目标的实现在很大程度上取决于另外几项体制因素。因为司法行政管理的主要内容包括了审判事务、行政事务的管理，而其中很多都与机构产生（设置）、人事、经费等直接相关。所以，在当前同级人大产生同级法院的体制下，司法行政的统一也有很大困难（当然并不是说毫无统一的可能），尽管目前有些司法行政管理事务已经实行了统一管理。

3. 理论难点及出路。在研究、分析上述各种改革设想的过程中，我们发现其中涉及很多十分重要的政治理论和法律理论问题，而且这些理论问题在某种程度上已经成为进一步深化法院体制改革研究与实践的障碍。因此，厘清和解决这些理论难点成为当前推进司法体制改革进程中必须完成的一项重要任务。

（1）国家结构理论方面的难点。研究法院体制改革所遇到的第一个重大理论问题便是国家结构。国家结构是各国宪法中的一项必不可少的内容,旨在调整国家与国家的各个构成部分之间的关系,并在两者之间确立相互地位、分配政治权力。因此,又有人称国家结构理论为"纵向分权理论"。

根据传统的国家结构理论,国家分为单一制国家和联邦制国家两种。通常情况下,单一制国家设立单一的法院体系,即所有法院(限权法院可以例外)均由国家的最高政权(中央政权)设立,而且这些法院适用统一的国家法律,维护国家的法制统一。联邦制国家则设有联邦法院和地方法院两套体系。地方法院负责执行地方法律(多数也执行联邦法律),而联邦法院作为地方法院的上诉法院负责全国法律的统一执行,或者执行特定的联邦法律。美国式的联邦法院体系与地方法院体系严格分野的情况是罕见的。

我国是单一制国家。根据《宪法》,国家除了在中央政权层次上设立各种国家机构外,还要求在各级地方权力机关设立与中央政权结构基本相同的机构体系。但是,各级地方政府机构的建立基本上依靠本地方民主选举产生的地方权力机关,而国家(中央政权)的意志并没有直接注入其中。这对于实现地方民主、发挥地方积极性是必要的,但也对某些属于国家专有权力的顺利实现造成了困难。具体到法院的产生与设置上,根据《宪法》《人民法院组织法》的规定,我国法院系统的内部结构、审级关系等完全符合单一制国家的基本要求。但是,由于在新中国成立后特定的历史背景下形成的前述特点,虽然各级人民法院均依照国家法律统一设置,但其产生方式和权力来源并非依靠中央政权,而是依靠同级地方人民代表大会。由于中国的三千多个法院产生于三千多个县级以上人民代表大会,这就对保证地方各级人民法院严格执行国家法律、维护法制统一提出了挑战。统一的权力来源、统一的意志体现是各级人民法院统一执行国家法律的基本保证,而特定历史背景下形成的我国单一制国家结构现状与传统的国家结构理论之间的矛盾，使改革设想的实施遇到了更大困难。

那么，这种矛盾的出路何在？我们认为，必须坚持我国《宪法》确立的国家结构，即中国是一个统一的多民族社会主义单一制国家。一个人口大国在特定历史背景下特别是计划经济时期形成的与《宪法》确立的国家结构理论的精神不尽一致的做法，应当根据新的政治、经济形势的要求进行改革和完善，特别是一些关系到国家法制统一的体制，应当适时加以改革、调整。因此，改变当前的司法权力结构现状，使之符合统一的社会主义国家的基本要求，在新形势下进一步发展和完善单一制国家结构理论，将司法权作为维护国家统一的一项结构性权力统一起来，将为当前的司法体制改革提供重要的理论基础。

(2)国家政体理论方面的难点。通常情况下，国家政体与法院体制并无直接关系。但是，由于普遍将"一切权力来自于人民"这一民主政治格言置于机构设置层次上理解和应用，所以各级国家司法机关便与我国的人民代表大会结下了不解之缘。其结果是：各级地方都有作为国家权力机关的人民代表大会，而每一级人民代表大会都有权依法设立自己的政府、审判机关、检察机关。这种"人民意志"的多层次性、立法体系的多样性、司法权力的分散性对于发展和完善社会主义市场经济体制、健全社会主义民主政治已经产生了一些消极的影响。在研究司法体制改革的过程中，专家学者们对于具有50年历史的同级法院产生于同级权力机关的模式提出了质疑：是不是说只有每一级人大、每一个人大都有权产生和设置自己的法院，才是真正贯彻"人民代表大会制度"？而由全国人民代表大会或者省级人民代表大会产生所有法院的做法就背离了人民代表大会制度的政体呢？

我国的政治制度是人民代表大会制度，这也是《宪法》确立的我国的政体。政治制度所要解决的问题是人民意志如何得到表达和实现，其基本单位是国家，而不是国家之内的某一个小单元(如市、县)。我们通常会讨论一个国家的政治制度是什么，而不会讨论一个市、县的政治制度是什么。一个国家内部的各个单元、区域的民主，在联邦制国家可以称为州的政治制度，但在单一制国家只能作为自主性或自治性事务的民主决策和实施的组织形式，是实施国家层次上的“人民意志”的方式与手段。

根据这一基本理论要求，就法院产生和设置问题而言，由地方权力机关产生和设置自己的法院作为地方审判机关，并不是人民代表大会制度的必然要求。同时，地方权力机关在处理自治性事务或执行国家法律时，还必须尊重各项相关事务、权力的自身性质和规律。例如，本来就属于中央权力的内容，地方政府便不应当触及，或者只能是创造条件辅助有关国家机关实现这一权力。即使对于属于自治范围的事项，也应当按照国家法律确定的标准和要求进行处理，而不应当自己另创一套。在单一制国家，司法权就是一项完全属于中央范围的权力。只要这项权力出自全国人民的意志，就应当说与我国的政体是相符的，而不必然由各级地方权力机关产生和控制自己的司法权。

(3)司法权力的归属性问题：中央事权还是地方事权。在国家理论中，将一项权力留给国家还是交给地方也要经历两“关”：第一关是搞清楚这项权力从性质上讲应当归属于谁；第二关是决定在特定条件下将这项权力交给谁行使最为合适。国家司法权力的归属和运转也同样面临这两“关”。

国家的司法权是国家专设机构适用法律解决争议的权力。判断这一权力是国家的权力，还是地方的权力，首先要看它所司之法是谁的法，或者说司法机构的职责是适用哪一级权力机关以及哪一个机关的法律，以及谁的法律在它所适用的法律规范中具有最高效力。如果一项权力运行的依据主要是地方的法律规范，在权力运行过程中几乎不涉及国家(中央)的法律,那么这项权力在性质上便属于地方权力;如果一项权力的运行以国家法律为其依据,而只有在地方法律与国家法律不相抵触时才将地方法律规范纳入其运行的依据,这项权力便属于国家权力。

根据我国《宪法》和《立法法》、《行政诉讼法》等一系列法律规定,审判权是国家的权力,各级人民法院是国家的审判机关,裁判所适用的依据是国家的法律,而地方的法规、规章只有在与法律不相抵触时才能作为裁判依据。从这点上来看,审判权是国家(中央)的权力,而非地方的权力。这在逻辑上并不复杂。但联系我国的实践与现状,另有一点需要特别说明:

传统观点认为,从我国现行法院体制可以推导出,目前的审判权是一种地方权力而不是中央权力。一方面,法院解决的绝大多数案件都是地方的当事人之间的争议,而不是由国家作为主体;另一方面,由同级地方人大产生同级法院、任免同级法院的法官,这本身就表明了审判机关的地方性。同时,地方法院还有适用本地方的法律规范的职责。这种观点虽然看似有理,但在新中国成立初期的特殊的历史背景下,司法权在名义上属于国家还是属于地方并不十分重要,因为法治在当时并不是主要治国方略,而意识形态和政治制度方面的控制对国家的统一至关重要。在当前,国家的政治形势、经济形势都已经发生了根本变化。市场经济、民主政治和法治国家已成为国家建设的基本政策,利益的多元化也把地方与中央的权力划分和相互关系带到了新的阶段。司法权力的归属必须根据新的形势要求和理论发展并结合国家结构理论的要求,重新考虑。在中国的单一制国家结构之下,在宪法、法律、地方规范的法律层级效力结构下,目前由各级地方国家机关行使的审判权只能是中央"事权"。

(4)国家司法权在地方的实现方式。司法权是国家的权力,其作用也遍及全国。但是,这一权力的实现不可能只局限于中央一级。司法制度的合理结构要求建立不同审级的法院，分别行使初审权、上诉权、终审权等。在一些比较小的国家，国家设立一个最高法院、一个上诉法院、几个初审法院便形成了一个健全的法院体系，管理也相对比较简单。但在中国这样一个大国，由国家建立一套完全由中央政权管理的法院体系，有些不太现实。那么，研究在一个单一制的大国如何使国家权力特别是国家司法权在地方得以实现，便成为当前的一个重要理论课题。

根据我国《宪法》和有关组织法，中央权力在地方基本上是靠地方的机关实现的，或者说国家法律在各地是依靠各地的机关实施的。因此，根据我国的法律规定，所有地方机关的性质均有双重性：一方面作为本地方的地方机关，另一方面又是国家设在本地方的国家机关，故称为“地方国家机关”，而不单纯是地方机关或者国家机关。据此，地方各级人民法院便是地方的“国家审判机关”，是各地方的权力机关根据国家法律产生和设置的，负责履行国家的审判权力，实施法律的司法机关。由于地方各级人民法院是由本地方的人民代表大会产生的，自然受地方人民代表大会意志的左右，因此又有明显的地方性。可以说，这些机关既代表国家，又代表地方。正是由于地方各级人民法院的这种“双重性”，这些地方法院在遇到地方政府干预独立审判，或者面临地方利益与国家利益发生冲突时将作何选择，便成为所有地方法院面临的难题。

据传统的理论要求，国家权力在地方的实现是国家的事情，自应由国家通过设立机构、提供资源、建立机制来保证。我国则根据国家政体和大国的实际情况，选择了建立具有“双重性”的地方国家权力机关实现国家权力的途径。这种体制的弊端在新中国成立后的特定历史时期并没有表现出来。所以，前者所面临的操作上的困难以及后者在新形势下所产生的体制上的弊端，都增加了我们寻找理论出路的困难。前述各种改革设想中提出的两级产生体制、“授权式”体制作为解决方式不失为有益的探索,但在理论上总显得不够圆满。

如何才能解决这一理论的困境呢?我们也可以从国家结构理论在各国的新发展中汲取一些营养。关于国家结构理论和实践的讨论表明,一个国家的法院体制构成在很大程度上取决于国家结构,但这一因素并不是绝对的。如果考虑到历史背景、其他机制的共同作用程度,联邦制和单一制之间也可以相互借鉴。也就是说,不仅联邦制国家可以建立单一的法院体系(例如,德国就被称为典型的“单一制联邦国家”,表明其名为联邦制国家,但实际上与单一制国家没有区别),而且单一制国家(特别是较大的国家)也可以灵活地将一部分权力(包括司法权)委托给地方行使,但这种委托须以不影响国家(法制)的统一性为前提。

因此,这里不妨提出一种参考意见,即借鉴某些联邦制国家治理大国的方式方法,由国家(中央)设置最高法院、高级法院、中级法院三个重要的审级,并且法官任免、经费保障、制度建设等直接由国家控制。对于基层人民法院,国家可以在确立标准的前提下,交给省级权力机关经管。这样,由于基层人民法院属于“限权”性质的法院,虽然在社会生活中十分重要,但就国家的法制统一性而言只是最初级的法院,没有最终决定权。这样,既避免了国家统管全国的司法机关的复杂性(不现实性),又基本上维护了司法机关的国家性质,不失为一种有益的探索。

(5)法院体系的单一式与复合式。这里所说的单一式或复合式法院体系,不是指普通法院与专门法院的关系,而是指国家法院与地方法院之间的关系。一个国家应当建立单一的法律体系(即只有一套国家法院),还是建立复合的法院体系(即除了国家法院体系外,还有地方、特区等其他独立的法院体系),通常取决于两个因素。

第一个因素是国家结构。在单一制国家,通常只设有与之适应的单一国家法院体系,而不再建立与国家法院体系并列的地方法院体系。

但在有特区的国家,可能会有特区自己的法院体系。这一点在前面已有阐述,这里不再重复。

第二个因素是法律体系。如果一个国家内部有一套统一的法律制度(即有一部宪法并有以该宪法为核心建立起来的统一的法律规范体系),国家则通常设立一元的法院体系;如果一个国家有多套法律制度(典型的是联邦国家中的联邦法制与州法制),则可能建立复合的法院体系分别执行这些法律制度。当然,后一种情况并不绝对。即使国家有多套法律制度,仍然可以建立单一的法院体系执行这些法律。而实际上美国式的具有完整的两套法院体系的在世界上也只有极少数几个国家。

根据这一分析,我国建立复合型法院体系看起来缺乏相应的理论基础,难以在理论上找到相应的依据。国家结构方面也缺乏依据自不待言。关于法律体系问题,我国《宪法》第 5 条规定的"法制统一"原则以及《立法法》规定的不同层次的法律规范之间的关系,已经充分表明国家法律体系的单一性。况且,如果建立中央和地方两套法院体系,两者的管辖权划分标准也难以确立,结果只会增加诉讼的复杂性。

(二)设立最高人民法院分院

1. 基本考虑。我国幅员辽阔,人口众多,诉讼案件数量大。最高人民法院除了受理部分二审、再审案件外,还承担着总结审判经验,制定司法政策和司法解释,监督、指导全国法院审判工作的任务。1983 年以来,由于种种原因不得不将其行使的死刑核准权授予各高级法院行使,在国内外引起了十分强烈的反应。如果修改现行审级制度,对部分案件实行三审终审,跨省、自治区、直辖市且诉讼标的大的民商事案件由中级法院一审,由最高人民法院终审,其工作量还会增加,现有力量无法承受。特别是如果将授权给各高级人民法院行使的死刑复核权收归最高人民法院本院行使,则更缺乏现实可行性。因此,最高人民法院设立分院便成为改革中研究的热点问题。

我们认为，为适应死刑复核权收归由最高人民法院行使的需要，也为以后的诉讼程序改革作好机构方面的准备，应当设立5个至6个最高人民法院分院，分布在全国各地，以办理本辖区内应当由最高人民法院管辖的案件。

2. 主要理由。

第一，有利于维护法律的严肃性，确保死刑案件核准权的统一行使。死刑是剥夺犯罪分子生命的最严厉的刑罚方法。死刑核准权是国家最重要的司法权力，应当由国家最高司法机关直接掌握，统一适用。在我国历史上，历朝历代都把死刑决定权掌握在朝廷手上，很多情况下还由皇帝亲自勾决。在当今世界保留死刑的70多个国家中，死刑的最后决定权均由最高法院行使。修改后的《刑法》和《刑事诉讼法》都规定，死刑核准权由最高人民法院行使。但是，从1983年最高人民法院依据有关规定把部分死刑案件的核准权下放给各高级人民法院后，一直仍难以收回。20年来，绝大多数死刑案件是由各高级法院核准的。这一现状弊端明显：一是违反修改后的《刑法》《刑事诉讼法》的有关规定。修改后的《刑法》《刑事诉讼法》重申死刑核准权由最高人民法院行使后，最高人民法院再根据1983年《人民法院组织法》继续授权高级法院核准死刑，高级法院死刑复核程序与二审程序合二为一，实际上取消了死刑复核程序，直接违背《刑法》《刑事诉讼法》的规定。二是造成死刑标准掌握不统一。总的来看，各地对死刑标准的掌握较最高人民法院为宽。三是不利于我国在国际人权领域的斗争。全国执行死刑标准不统一，国际上影响不好，经常受到国际人权组织的责难，甚至成为西方敌对势力攻击我国法制的口实。设立若干最高人民法院分院，能较好地落实《刑法》《刑事诉讼法》的规定，统一把好死刑案件的核准关，正确、公正地适用死刑刑罚。

第二,有利于贯彻中央“严打”方针。设立分院,可以解决最高人民法院办案力量不足的问题,而且分院设在各地,可以及时办理死刑复核案件,提高办案效率。更重要的是,提高了死刑案件的审判质量,更有利于稳、准、狠地打击犯罪分子,保证“严打”法律效果与社会效果的有机统一。

第三,有利于适应入世后新形势的要求,维护国家法制的统一。随着我国加入 WTO 和经济全球化以及国内统一市场的形成,涉外案件和跨省、自治区、直辖市的民商事案件、行政案件不断增多。此类案件往往涉及面广、影响大,管辖争议和审理中的地方保护主义突出,不少国外、境外当事人不愿在我国进行诉讼,国内的当事人都愿在本地诉讼、申请本地法院执行,严重影响我国的国际形象、司法的公信度和国家法制的统一。设立最高人民法院分院,将有重大影响的涉外案件和容易产生地方保护主义的跨省、自治区、直辖市民商事、行政案件的终审权掌握在最高人民法院,可以弥补这一不足。

第四,有利于强化并更好地发挥最高人民法院的职能,加强最高人民法院对下级法院审判工作的监督、指导。随着各类案件数量增多,诉讼标的额增大,上诉到最高人民法院的案件也不断上升,致使最高人民法院将主要精力都放在这些具体案件的审判上,如果部分案件改为三审终审制,审判案件的压力会更大。这种现状已经并且将更加严重影响最高人民法院对具有重要法律意义案件的审理、司法解释的制定和对全国各级法院的监督、指导。设立分院后,具体案件的审判主要由各分院承担,最高人民法院则可将精力集中在具有重大法律意义案件的审判、司法政策研究、总结审判经验、进行司法解释、监督并指导全国法院审判工作等方面,使全国法院掌握统一的司法政策和司法标准,提高司法水平。

第五,有利于方便群众诉讼和维护首都的社会稳定。我国疆域辽阔,许多地方交通不便,上诉、申诉到最高人民法院的案件,当事人都要反复往北京跑,不仅造成了当事人诉讼的不方便,而且导致大量的上访人员涌入首都,不利于首都的社会稳定。仅在 2002 年,最高人民法院就接待上访 1.5 万人次,处理人民群众来信、申诉 10 万余件。最高人民法院分院的设立,可以在很大程度上方便当事人诉讼,并且有利于解决大量的进京上访问题,将矛盾化解在地方。

3. 另一种选择及存在的问题。为解决最高人民法院统一行使死刑复核权问题,在研究过程中,有的专家还提出了另外一种改革方案,即在最高人民法院增设数个"刑事审判庭",并为最高人民法院增加若干个编制,办理死刑复核案件。这样就不必设立最高人民法院分院,从而减轻国家的财政负担。

我们认为,最高人民法院设立专门办理死刑复核案件的刑事审判庭,对于我国加强公民生命权利保护、统一法律适用标准具有积极作用。但是,死刑案件都集中到北京审理,如前所述,最高人民法院需要增加大量机构和一大批法官办理死刑复核案件,对我国的法制形象和北京的社会稳定都可能产生负面影响:

第一,将全国的死刑案件集中到最高人民法院所在地——北京复核,势必给首都稳定带来极大压力。我国人民群众在上访申诉方面长久以来形成的传统,必然会导致大量被告人家属、被害人及其家属到北京上访、申诉,有时甚至会发生许多过激行为。这种状况无论对首都的稳定还是对首都的形象都会带来不利影响。现在最高人民法院接待上访平均每年 1.5 万人次,处理人民群众来信、申诉 10 万余件,预计死刑复核案件上收后,来信来访人数可能会成倍甚至数倍增加。

第二,所有死刑案件都集中在最高人民法院本院审理,使本院的多数法官、多数审判庭都在办理死刑案件,而且最高人民法院办理的绝大多数案件都是死刑案件,这对于最高人民法院乃至国家在国际上的形象都会产生负面影响。

（三）改革专门人民法院的设置

1. 基本考虑

随着我国社会主义经济建设和法制建设的不断发展，新类型案件大量出现，审判工作的专业化程度越来越高，一些案件需要专门法院审理。同时由于经验不足加之其他方面的原因，以前在专门法院和特殊法院的设置上也不够规范化、科学化，有必要进行整合完善。

因此，我们建议，在青少年犯罪案件和侵犯青少年合法权益案件比较集中的大中城市设立基层少年法院；改革现行劳动仲裁与劳动案件诉讼制度，建立劳动法院体系。

保留审理案件较多且地方法院管辖此类案件相对比较困难的铁路运输、林业、油田、矿区、农垦法院的建制，并将其人、财、物纳入国家司法管理序列；撤销案件量较少的铁路运输、林业、油田、矿区、农垦法院，同时适当增加相应地方法院的编制，将其管辖的案件交由地方法院审理。

2. 设立基层少年法院的主要理由

第一，审判对象特殊。适应未成年人生理、心理发育不成熟，接受教育、改造可塑性大的特点，采取与成年人不同的特别审理程序和审判方式，可以更有效地贯彻以教育、感化、挽救的方针和教育为主、以罚为辅的原则，有利于对未成年人合法权益的特殊保护。

第二，审判程序特殊。根据我国《刑事诉讼法》和《预防未成年人犯罪法》的有关规定，最高人民法院已制定并公布了关于审理未成年人刑事案件的特别程序，目前正在起草对此类刑事案件适用法律的特殊规定。

第三，树立国际形象。设立少年法院是我国社会文明发展到一定程度和司法制度不断完善的产物，是进一步完善和改革我国未成年人司法保护机制，提高未成年人司法保护水平的表现，也是向世界展示我国未成年人人权保障成果的需要。

第四，有一定立法基础和实践基础。除《宪法》《婚姻法》《劳动法》《未成年人保护法》《预防未成年人犯罪法》等法律外，各地制定了不少地方性青少年保护条例，最高人民法院也制定了审理未成年人刑事案件的司法解释。上海、江苏、河南、黑龙江等地的法院已经对未成年犯罪案件实行集中指定管辖，涌现出了以尚秀云为代表的一大批热心少年审判的优秀法官，为设立少年法院积累了经验。

第五，有先例可循。许多国家都设有少年法院，而且在审理少年刑事案件、保护少年权益案件方面发挥了重要作用，值得我国借鉴。

3. 设立劳动法院的主要理由

第一，市场经济条件下劳动关系将成为社会关系中的一个基本构成部分。劳动力是生产力的基本要素，是市场经济中首先进入市场的内容。因此，劳动关系在社会主义市场经济体系中将占有基本的地位。

第二，劳动争议有其特有的性质。国内外劳动法理论与实践表明，劳动法作为一个独立的法律部门，却很难纳入某一个法律大类之中。很难将其归入行政法类，但作为民法的一部分也十分牵强，这主要是因为劳动法具有特殊的性质，例如，人身性、不平等性、政府介入性、基本权利性等。

第三，劳动争议案件的审理程序有其特别性。合议庭的组成，可以吸收劳资双方的代表作为陪审员参加审理。而在建立劳动法院后，则可以建立固定的制度，由劳资双方的代表作为非职业法官，在职业法官的主持下审理劳动争议案件。

第四，劳动争议案件的数量逐年增加。1998 年至 2002 年，全国法院共审结各类劳动争议案件 424,205 件，比前 5 年增加 169.37%，年递增19.32%。

第五,当前完备的劳动仲裁委员会制度可以作为建立专门劳动法院的基础。目前,全国各级劳动行政部门建立了具有中国特色的劳动争议仲裁委员会制度,处理了大量劳动争议案件。将目前的劳动争议仲裁制度与劳动诉讼制度加以整合,建立新型的专门劳动法院及诉讼程序制度,是加强对劳动权利的司法保护、完善国家司法制度的重要措施。

4. 理顺铁路、农垦、石油等法院体制的理由

第一,企业办法院违反宪法原则。《宪法》第131条规定:"人民法院依照法律规定独立行使审判权,不受行政机关、社会团体和个人的干涉。"人民法院是由人民代表大会产生的依法独立行使审判权的国家机关,除对人民代表大会及其常委会负责外,应当依法独立于任何机构和部门。但是由于目前这些法院隶属于企业,由企业出经费、派干部,实际上法院已经成为企业的一个部门。法院作为国家的审判机关,却成为企业的一个部门,这违反了宪法的原则,既不利于维护人民法院的权威,也有损法治国家的尊严。

第二,理顺铁路运输、林业、油田、矿区、农垦法院的体制,有利于维护司法公正,树立人民法院的司法权威。铁路运输、林业、油田、矿区、农垦法院作为企业的一个部门,不能不令人怀疑它要保护企业的利益,从而动摇司法的权威性。理顺铁路运输、林业、油田、矿区、农垦法院的体制,使法院脱离企业的辖制,对维护公正司法形象有积极意义。

第三,理顺铁路运输、林业、油田、矿区、农垦法院的体制,有利于提高人民法院干部队伍的整体素质。这些法院隶属于企业,使用的不是国家的政法编制,其编制基本上是企业自行解决的企业编制,部分法官的身份还是企、事业聘用(合同)制干部。因此,这种状况不利于法院干部整体素质的提高。如果继续维持这些法院体制不变,这种状况很难改观。

第四，理顺铁路运输、林业、油田、矿区、农垦法院的体制，有利于这些法院的经费保障。企业法院的经费来源于企业，企业根据其效益情况给法院拨付经费。近年来，有些企业经济效益不好，许多法院经费紧张，装备落后，已经不能适应审判工作的需要，由国家统一拨付经费有利于保证法院依法独立审判案件。

三、诉讼程序制度改革和完善

（一）对部分案件实行有限三审，建立多元化审级制度

1. 基本考虑

自1954年《人民法院组织法》公布以来，我国一直实行四级二审终审的审级制度。即当事人以及刑事案件中的检察机关只有一次上诉或抗诉的机会。第二审法院的判决和裁定即为生效的判决和裁定。在计划经济时期，两审终审制是合乎实际的，它对减少当事人诉累、及时解决纠纷、维持社会稳定起了积极作用。但是，在市场经济条件下，一方面，案件的复杂程度明显增加，诉讼标的额成倍增长，新类型案件大量产生，影响公正裁判的因素增多；另一方面，随着人们法治意识不断提高，寻求司法途径解决纠纷的越来越多，简单案件的数量也在大幅度上升。因此，所有案件不分简单复杂一律实行两审终审，已经不符合具体情况具体分析和合理配置司法资源的原则，尤其不利于保障公民及法人的合法权益。对部分案件实行三审终审，有利于维护社会稳定，有利于提高审判质量，有利于保护人权。

经过研究，我们建议，建立以二审终审为基础，三审终审和一审终审为补充的多元审级制度。一般的案件实行二审终审制；在法律适用上有普遍意义的刑事案件、行政案件、民商事案件，以及跨省、自治区、直辖市并涉及地方利益的民商事、行政案件，实行三审终审，第三审为法律审；案情简单、权利义务关系明确、标的额较小的案件可由当事人

选择实行一审终审。

2. 主要理由

第一,有利于国家法制统一,排除地方保护主义的干扰。部分案件实行三审终审,意义非常重大:一是对在法律适用上有普遍意义的案件实行三审终审,可以充分发挥最高人民法院指导、监督全国法院审判工作的作用,有利于法律适用的统一,避免同类案件不同地方法院出现不同终审结果的情形;二是对跨省、自治区、直辖市并涉及地方利益的民商事、行政案件实行三审终审,把这类案件的终审权交由最高人民法院及其分院行使,能够有效排除地方或部门保护主义对下级法院公正审判的干扰,确保司法权的公正、统一行使。

第二,有利于减少错案,保护当事人的合法权益。现行两审终审制只给当事人一次上诉机会,对于重大、复杂案件而言,因出现错误的概率较大,当事人权利保障不够充分。三审终审的设置,将一些疑难复杂的案件上诉到最高人民法院及其分院审理,可以有效地纠正因法律适用错误而引发错判的情形,进一步提高审判质量,维护人权,符合最广大人民的利益。

第三,有利于合理配置司法资源,方便当事人依法诉讼。在市场经济条件下,各类案件的重要性和疑难复杂程度千差万别,必须进行繁简分流,对不同类型和性质的案件实行不同的审级制度:多数案件仍然实行二审终审,可以为绝大多数当事人参与诉讼提供便利,减少诉讼成本,节约司法资源;重大案件实行三审终审可以充分保障司法公正的实现;特别简单的案件由当事人选择实行一审终审,既体现当事人的意思自治,又可以降低成本,提高诉讼效率和效益,适应以简易快速的诉讼程序维护合法权益的要求。

第四,国外相关制度可资借鉴。当代法治国家基本上都是依据繁简分流的原则实行多元制审级制度。

第五,三审终审具有现实可行性。我国社会经济不断发展,交通和通信日渐便利,以及最高人民法院分院的设置,为部分案件实行三审终审提供了必要的物质条件、组织条件和信息便利。

第六,实行三审终审制有助于解决申诉难以及无限申诉问题。由于审级提高而使案件审理的质量有更好的保证,降低了裁判错误的概率,从而在源头上使申诉案件的数量下降。同时,通过增加第三审并建立再审之诉,将人民群众申诉难、无限申诉的问题纳入正规的法律渠道解决,避免受到关系、人情左右。当然,造成申诉难、无限申诉的原因十分复杂,只有依靠改革审级制度和其他相关措施共同发挥作用,才能解决这一问题。

(二)改革审判监督制度,建立法定再审之诉制度

1. 基本考虑

我国"三大诉讼法"设置的审判监督制度,为纠正法院错误的生效裁判提供了法律救济渠道,也曾为伸张正义、维护法制发挥了积极作用。但是,随着形势的变化,审判监督制度的一些弊端日益显现出来。一方面,现行的审判监督制度效率低、不透明、不规范,难以满足当事人的申诉要求。另一方面,由于申诉主体、时间、次数、理由等不受限制,致使对同一生效裁判提出重复申诉与再审,既严重浪费司法资源,也不利于对人民群众合法权益的及时保护,还影响社会稳定。因此,应当从解决人民群众反映强烈的问题着手,将申诉改革为再审之诉,从制度上切实解决群众申诉难问题。1999 年至 2003 年,全国法院受理再审案件 393,407 件,每年平均近 80,000 件。

在研究过程中,我们建议取消法院对民事、行政案件自行决定再审的权力;废除申诉复查程序,并建立独立的"再审之诉"程序。具体包括:

第一,明确再审之诉程序(或称再审程序)的性质。再审之诉程序

是在正常审级救济渠道不能发挥作用或者用尽之后的一种特别救济，取代现行的“审判监督制度”。它是在裁判的权威性与裁判的正确性以及当事人正当权利之间妥协的结果。

第二，再审之诉提起理由的法定化。将现行“裁判确有错误”等含糊不清的再审理由具体化，按照程序与实体并重的原则，只把无管辖权、出现新证据、当事人错误、法律冲突等作为再审理由，有效地协调司法既判力与依法纠错、司法权威与当事人合法权益保护之间的关系。同时，也可以避免当事人盲目提出诉请。

第三，明确规定不得提起再审之诉的情形。例如，对双方当事人可以上诉而未提出上诉的案件、调解结案的案件以及三审终审的案件可以考虑规定不得提起再审之诉。这样既尊重了当事人处分自己诉讼权利的自由，又能有效地利用司法资源。

第四，规定提起再审之诉的时间限制。为解决目前无限申诉、无限复查的问题，当事人提起再审之诉的时间应当加以限制，以一年为宜。

第五，明确规定再审之诉的审理程序。例如，提出再审之诉的时间限制、审理时限、审理方式、审理范围、审理次数等，都可以根据再审之诉程序的目的另行设计。再审期间，除申请人提供充分有效担保外，不得中止原判执行。

第六，赋予案外人申请再审的权利。案外人在已有生效裁判（包括法院调解书）损害其利益情形时，无法通过另行起诉而改变原有生效裁判，只有通过赋予案外人提起再审之诉的权利，让案外人直接介入原生效裁判的再审之中，才能有效维护其合法权益。

2. 主要理由

第一，有利于平等保护当事人的申诉权利，维护社会稳定。再审之诉意在将申诉“诉权化”、程序化、法定化。当事人的再审申请只要符合法定条件，人民法院就必须启动再审程序，以此促使人民法院必须以公正透明的正当程序受理每一起符合条件的再审申请。这不仅有利于克服当前审判监督程序的不规范、不透明以及不平等的问题，而且可以疏通当事人向法院申诉的渠道，扩大群众对司法的参与权和监督权，有效解决人民群众告状难问题，还可以避免因当事人不断上访带给社会的负面影响，有利于社会稳定。

第二，有利于强化审级监督，提高审判质量。设立再审之诉，辅之以必要的违法责任追究制度，既可以避免各级法院生效裁判中所可能出现的错误；也为上级法院依法及时纠正下级法院错误的生效裁判提供了规范的程序，进一步强化法院审级监督的力度，促使下级法院不断提高审判质量，进一步实现司法公正。

第三，有利于维护司法权威。鉴于我国目前司法权威不高甚至被普遍漠视的现状，有必要通过制度改革，不断树立司法权威。设立再审之诉，明确再审发起期间、再审理由、再审管辖、再审不随意中止原判执行、再审不重复原则等，使申诉得以制度化、规范化，以此促使当事人及时、依法行使申诉权力，避免多次申诉、重复再审、终审不终的现象，切实维护司法权威。同时，再审之诉申请的规范化可以避免以往的“申请再审”“申诉”随意化的问题。申诉的随意化以及申诉复查等处理方式的随意化，在很大程度上是社会对人民法院产生“申诉难”“打官司难”印象的原因。而再审之诉可以彻底改变“随意化”印象，把一切再审之诉纳入法律轨道，并能够解决人民法院申诉渠道不畅以及当事人滥用申诉权的问题。

第四，设立再审之诉具有可行性。设立再审之诉，对再审的发起时间、理由以及不随意中止原判执行等方面进行规范，将使大量毫无意义的或者无法律救济必要的以及试图通过申诉达到拒不执行生效裁判目的的各类非正常申诉自行终止。再审之诉设立后，将真正疏通当事人申诉的渠道，为当事人的正当申诉大开方便之门，当事人将不再需要为了申诉立案而费尽周折，当事人对于再审之诉定会给予最大限度的理解与支持，而这也正是当前乃至今后能够体现司法为民的重要举措。凡此得民心的改革，便具备了最大的可行性。同时，根据我们的研究，再审之诉制度建立后，并不会引发再审案件的大量上升。据不完全统计，近年来全国每年新增的申诉复查案件在10万件以上，其中进入再审程序的在2万件以上，通过再审改判的达1万件以上。再审之诉设立后，由于有关再审发起时间、再审理由、再审次数、再审不随意中止原判执行以及不得申请再审等方面的明确法律规定，大量毫无意义的或并无法律救济必要的以及试图通过申诉达到拒不执行生效裁判目的的各类非正当申诉以及缠诉等现象必将自行终止。加之有限三审终审制的实行，亦可消化一部分争议较大的案件，减少再审之诉案件的来源。

第五，与国际通行做法相吻合。现行的审判监督制度，赋予法院自行决定再审的权力，有违司法中立以及司法被动的现代司法理念。就世界范围而言，尤其是大陆法系，除了刑事冤案的平反等特定情形外，法院一般不具有自行决定再审的权力，均以当事人申请再审之诉为法律救济渠道。我国设立再审之诉制度后，只有当事人才有权通过提起再审之诉启动再审程序，这种做法更符合现代司法的特点和规律。

(三)劳动教养程序的司法化[1]

1. 基本考虑

据统计，全国每年被决定劳动教养的人数，2000年为284,544人，2001年为327,408人，2002年为321,782人。劳动教养制度在社会治安管理方面起过重要的作用，但其弊端特别是适用程序的不合理性日益突出。例如，劳动教养的适用名义上由多家单位组成的劳动教养管

---

〔1〕 2013年12月28日，全国人大常委会通过了关于废止有关劳动教养法律规定的决定。为保持文章的原貌，此处未作变动。

理委员会负责,实际由公安部门一家决定,致使有限的制约机制也不能起作用;劳动教养对象被不断扩大,甚至成为延长刑事侦查期限的替代措施;劳动教养的适用程序由行政机关负责,当事人的合法权益被侵犯往往得不到有效的司法救济;劳动教养的严厉程度超过缓刑、管制、拘役等刑罚方法,劳动教养场所的管理也类似于监狱;等等。通过立法对劳动教养进行根本改革,将其纳入司法程序,十分必要。

劳动教养立法已列入十届人大的五年立法计划。最近,全国人大法工委启动了相关工作,并与公安部、最高人民检察院、司法部、国务院法制办和最高人民法院等部门初步交换了意见,计划于 2004 年年底将立法草案提交全国人大常委会。目前,有关部门开始了研究工作,法律草案名称暂定为《违法行为矫治法》,内容包括劳动教养的性质、对象、期限、执行方式和审理方式等问题。

在这种情况下,我们对劳动教养制度与诉讼程序的衔接问题进行了深入研究,认为,实行劳动教养制度的司法化将是我国劳动教养制度改革的必然方向。改革的具体问题包括劳动教养(或违法行为矫治)的范围、法院审理范围、决定方式、审理决定程序、救济渠道、审理决定机构的设置等。

第一,审理程序的设计。程序的设计应尽可能简捷。由于法院审理决定程序不同于现行的“三大诉讼法”所规定的程序,因此应当比诉讼程序更简捷,但是要公开,不能搞成行政式审批。法官应当面对当事人,听取当事人的意见,应当允许律师介入并发表意见,确保公正。

第二,救济途径。当事人对法官的裁定可申请复议或复核,确保当事人有救济的渠道。

第三,期限。由于其性质主要是司法审查,程序又简捷,因此,期限应尽可能短。法工委的初步意见是 3 个月以上 1 年以下,对吸毒、未成年犯可考虑适当延长。

第四,审理决定机构。目前劳动教养的案件每年约30万件,考虑其实践中的实际数量以及劳动教养改革后的性质,我们建议应当在全国各基层人民法院内增加机构、人员编制,单独设立一个庭,专门办理此类案件的审理工作。

2. 主要理由

第一,现行劳动教养制度立法依据不充分。《立法法》规定:“对公民政治权利的剥夺、限制人身自由的强制措施和处罚,只能通过制定法律”;《行政处罚法》也规定:“限制人身自由的行政处罚,只能由法律设定。”而现行的劳动教养制度的法律依据是由国务院公布、经全国人大常委会批准的《关于劳动教养问题的决定》以及《关于劳动教养的补充规定》,没有专门的全国人大立法。

第二,有利于保护被劳动教养人的合法权利。目前实际适用劳动教养的公安机关既是申请者又是裁决者,缺乏有效的外部制约与监督。被劳动教养人不服而提出行政复议的,复议机关又是本系统的上级机关。被劳动教养人唯一的外部救济渠道——提起行政诉讼,因多种原因也难以发挥作用。劳动教养制度经改造后纳入司法审查范围,既可改变目前作为行政处罚的劳动教养比缓刑、管制、拘役等刑罚方法更严厉的状况,实现责罚相适应原则,又能维护当事人的合法权利。

第三,有利于维护社会稳定。劳动教养纳入司法审查范围,仍然保留这一制度,可以继续发挥其在维护社会治安方面的积极作用。同时,法院对劳动教养可以适用简易程序审理,保证办案的高效,实现坚持法治、保障人权与维护社会治安的有机统一。

第四,有利于我国在国际人权领域的斗争。国际人权组织和有些国家对我国的人权状况指责不断,其中一个重要的口实就是不经司法程序随意剥夺公民的人身自由。劳动教养制度经常被人借题发挥来攻击我国人权状况。上述方案的实施,使此种指责失去依据,有利于树立我国的人权保障形象。

第五,国外的刑事立法例(包括保安处分立法例)中类似制度的设计值得借鉴。世界上有些国家将刑罚与保安处分一并规定在刑法典,例如,德国、意大利、奥地利、瑞士、泰国、罗马尼亚、法国、瑞典、波兰、捷克、南斯拉夫、苏联等;有的国家单独制定保安处分法,例如,英国1907年制定的《保护观察法》和《少年法》、1913年制定的《精神病法》。《公民权利和政治权利国际公约》《司法独立世界宣言》等国际法律文件均规定,“除非依照法律所规定的根据和程序,任何人不得被剥夺自由”,“除依据合格法庭命令等几种特定情形外,禁止强迫劳动”等。

(四)执行体制改革

刑罚的执行和民事、行政裁判的执行,都是我国相关诉讼法的一个组成部分。因此,这里也将执行改革作为诉讼程序改革的一部分。下面分两个方面阐述我们的一些改革意见。

1. 改革刑罚执行体制

(1)基本考虑

目前,刑罚执行权由人民法院、公安机关和司法行政机关分别行使。其中,死刑、罚金刑、没收财产刑的执行由人民法院负责;管制、拘役、缓刑和余刑在1年以下的有期徒刑的执行由公安机关负责;死刑缓期2年执行、无期徒刑、余刑在1年以上的有期徒刑的执行由司法行政机关负责。这种“多头执行”的状况既不利于对刑罚执行的统一管理和监督,也不利于司法机关在刑事诉讼中的分工负责、各司其职职能的发挥,同时也使我国刑罚执行的成本不必要地增加,一定程度上影响了刑罚在惩罚犯罪和预防犯罪方面的作用。

在这种背景下,我们建议刑罚的执行统一由司法行政机关负责。

(2)主要理由

第一,有利于刑事司法权的科学划分。在刑事诉讼中,刑事案件的侦查、起诉、审判和执行，分别由不同的机关负责，这是对司法机关在刑事诉讼中各自所承担的职权进行科学划分的必然要求，也是在刑事诉讼中坚持分工负责、各司其职的重要内容。刑罚的执行权统一由司法行政机关行使，是我国宪法和法律已经确立的刑事司法制度的重要体现。

第二，有利于降低刑罚的执行成本。我国是一个发展中国家，经济并不发达。同一性质的工作由一个机关管辖，国家的投入相对集中，可以降低社会成本。如果刑罚的执行权由若干个机关分别行使，刑罚的执行成本必然增加。而且，在一个国家内，对刑罚的执行由不同的机关负责，无论是从监管效果还是社会效果上看，都会产生许多副作用。

第三，具有现实可行性。据统计，每年70余万犯罪分子被各级人民法院判处各类刑罚，其中除死刑立即执行、罚金、没收财产刑由人民法院执行，拘役、管制、缓刑以及余刑在一年以下的有期徒刑由公安机关执行外，其余占80%以上的刑罚都是由司法行政机关主管的监狱执行的，因此，将其他为数不多的刑罚一并交给司法行政机关主管的监狱，并不会带来多大的负担，更有利于对监管工作的统一管理。

第四，符合国际上刑罚执行大多由独立于侦查、起诉、审判以外的专门机构负责的通例。

2. 改革民事执行体制

(1)基本考虑

近年来，“执行难”一直是困扰人民法院执行工作乃至全局工作的突出问题。执行难的原因非常复杂，既有市场经济秩序失范无序、市场经济主体缺乏风险意识和诚信观念导致许多案件确无财产可供执行的原因，也有被执行人恶意逃避执行，导致执行财产难寻、协助执行人难求、应执行财产难动的原因，还有地方保护主义和部门保护主义干扰执行、暴力抗法阻挠执行的原因，以及少数执行人员素质不高，执行行为不规范、不文明甚至滥用执行权力的问题。因此，解决执行难，绝不是仅仅换个执行主体就能解决那样简单，而必须从实际出发，厘清问题的症结，对症下药，选准突破口，并以如何能最大限度地实现党的“十六大”提出的“切实解决执行难问题”为出发点和归宿。只要有利于解决执行难的问题，民事执行权由哪个机构行使，可以进一步研究。但根据我国的国情，我们认为，切实解决执行难的问题，关键是落实中发〔1999〕11号文件精神，并且通过立法，建立省级法院执行机构统一领导、管理、协调本辖区内执行工作的体制，克服和抵制各方面对执行工作的干扰；同时在法院内部实行执行裁决权与执行实施权的分离，加强对执行工作的监督，规范执行工作秩序。

我们认为，目前存在的执行难已经使执行体制改革成为当务之急，改革的内容具体包括：

第一，各级人民法院设立民事执行机构，负责对发生法律效力的民事、行政裁判文书和其他法律文书的执行。执行中需要作出裁决的事项，由人民法院审判组织负责。

第二，最高人民法院设执行总局，地方各级人民法院设执行局。

第三，最高人民法院执行机构监督、协调跨省、自治区、直辖市民商事案件的执行工作，高级人民法院的执行机构统一领导、管理、监督、协调所辖区域内人民法院的执行工作。

第四，执行过程中遇到需要裁决的法律问题时，应当由执行员提请有裁决权的审判庭进行裁决。

第五，抓紧制定“民事强制执行法”。

(2)主要理由

第一，民事裁判执行与刑罚执行具有不同的特点。尽管从执行权的性质看，民事裁判执行与刑罚执行都主要表现为一种行政权。但从执行实践来看，民事裁判执行中常常会发生对被执行人主体的变更、执行财产的具体分割、案外人异议的审查等事项，需要审判机关及时作出裁决,这种情形在刑罚的执行中基本上是不存在的。执行权与裁判权的这种紧密关系,表明执行权必须以裁判权为依托,民事裁判的执行机构与审判机构不能截然分开。由人民法院行使民事裁判的执行权,更有利于这项权力的有效行使。

第二,有利于裁判的执行,切实保护当事人的合法权益。据统计,在人民法院每年执行的 200 多万件案件中,属于人民法院发生法律效力的判决、裁定通常占 80% 左右。人民法院在坚持"立审分立、审执分立"的前提下,立案和审判部门为了保证判决、裁定得到有效的执行,往往在立案和审判阶段即根据当事人的申请或者依照职权,及时采取"诉讼保全"或"诉前保全"措施,或者在判决和调解时就考虑到裁判后的执行问题而采取相应的措施,为裁判生效后的执行奠定基础。如果把执行权剥离出法院后,实践中很难避免"我判我的,你执行你的"的不利于执行的现象,使本来存在的执行难问题不仅无法得到有效解决,还可能增加新的困难因素。

第三,法院负责执行对克服地方和部门保护主义干扰更为有利。当前,执行工作中的地方和部门保护主义是产生执行难的一大顽症,民事执行体制改革必须以有效攻克这一顽症为突破口。人民法院是独立于政府之外直接由人大产生并向人大负责的司法机关,其独立性是宪法和法律明确规定并由制度保障的。这种独立性,尤其是人民法院依法享有的对拒不执行判决、裁定者有权采取司法拘留等民事强制措施直至追究刑事责任的权力,是行政机关所不具备的。依法独立行使职权的法院行使执行权尚且受到地方和部门保护主义的严重干扰,如果将执行权交由其他行政机关行使,由于行政机关多是按照行政区划设置且受地方政府直接领导的,地方保护主义对执行的干扰可能更加严重,甚至会为地方保护主义干扰提供更为方便的条件。如涉及政府主管的企业或者重点保护的企业为被执行人的案件,其他行政机关如何执行,这是不得不考虑的问题。

第四,有利于降低执行成本,提高执行效率。从执行实践看,通常会出现原判决、裁定确有错误和公证债权文书、仲裁裁决等法律文书确有问题以及被执行人逃避执行等问题,由人民法院负责执行,即可及时依法裁定不予执行或者予以撤销、变更执行等,环节较少,成本较低。如将执行工作划归其他行政机关,这些问题的解决将因须通过新的诉讼程序而变得复杂,必然会增大执行成本,降低执行效率,增加当事人的负担。

第五,香港、澳门特别行政区和台湾地区执行权由法院行使的做法值得重视。我国港澳台地区民事裁判的执行均由法院负责或者由法院主导行使。如我国台湾地区"强制执行法"第1条规定:"民事强制执行事务,于地方法院及其分院设民事执行处办理之。"澳门《民事诉讼法》把执行作为"执行之诉"对待,实际上以法官为主进行。香港负责法院裁判执行的执行机构设在法院内部,执行机构专门负责法院判决的执行工作。港澳台属于我国领土,执行权由法院行使或由法院主导行使,这种模式有其存在的现实基础,值得借鉴。在"一国两制"的体制下,内地与港澳及大陆与台湾间的法律协调和司法协作的事项越来越多,因此,执行权由法院行使,有利于开展海峡两岸暨香港、澳门的司法协助与合作。

第六,国外的相关做法可以借鉴。世界各国把民事裁判的执行权赋予法院行使的不在少数。有的在法院设立专门的执行机构负责执行,如意大利、西班牙、秘鲁、奥地利、葡萄牙、南非等;有的由法院的执行官负责执行,如澳大利亚;有的由执行法官和执行官分工负责执行,实际上法官仍处于最终的支配地位,如德国、法国、日本等;还有的由专门的执行法院负责执行,如冰岛等。这些做法说明,执行权是由法院行使还是由其他部门行使,并无定制。我们应从实际情况出发,从有利于解决执行难问题的角度考虑。

（五）改革检察机关对民事、行政案件的法律监督程序

1. 基本考虑

近年来，一些地方出现了由检察机关提起公益民事、行政诉讼的案例。我们认为，这种尝试有积极意义，它为检察机关依法对民事、行政案件行使法律监督权力开辟了有效途径。但同时，人民检察院也不断强化对民事、行政生效裁判的抗诉监督。这项工作虽然也能纠正一些错判，但也产生了不少弊端，甚至发生了以抗诉权对抗裁判权的不正当做法。如辽宁省某检察机关甚至到法院门口贴“广告”，宣称对法院裁决不服的可以到检察院申诉，影响不好。从司法实践来看，检察院抗诉案件得到法院支持的比例并不高。1998 年至 2002 年，全国法院共审结各类案件 2962 万件，检察机关依照审判监督程序提出抗诉的案件为 66,757件，其中抗诉成立依法予以改判的14,956件，仅占全部审结案数的万分之五左右。社会各界尤其是法学界，对检察院以国家赋予的抗诉权介入民、行纠纷，越来越持怀疑和批评的态度，认为有损其法律监督地位和公权行使，为追求个案公正而牺牲司法的整体公正和司法权威，确实得不偿失。

因此，我们认为可以在总结一些地方经验的基础上，探索建立检察机关对涉及社会公共利益的民商事案件、行政案件可以提起公诉（即公益诉讼的一种）的制度，同时取消检察机关对民事、行政生效裁判的抗诉制度。

2. 主要理由

第一，检察机关有权提起公益诉讼，符合其代表国家和公共利益的法律地位，且有国外司法实践可资借鉴。在社会主义市场经济的建立和发展过程中，关涉公共利益的案件日益增加。有的案件，原告与被告甚至恶意串通，损害公共利益或国家利益。这类案件如果由公民或法人提起诉讼，不利于维护司法公正。由检察机关提起民事诉讼、行政诉

讼,既可以有效维护社会公共利益,也可以强化检察机关的法律监督职能。而且,无论是大陆法系国家如法国、德国、日本,还是英美法系国家如英国、美国,均有关于检察机关提起民事诉讼的法律规定和司法实践。

第二,检察机关的民、行抗诉存在诸多弊端。民事、行政案件多为涉及私权争执的案件,检察机关没有参与诉讼,仅凭借抗诉权介入私权纠纷,不仅有违其公权代表人和法律监督机关的地位,而且在抗诉案件中事实上成了一方当事人,破坏了当事人之间原本平等的法律关系,直接干涉了当事人对案件实体问题的处分权。而且,申请抗诉的一方当事人,既可通过抗诉逃避交纳上诉费用,规避申请再审和申请执行的时限,亦可通过抗诉调查取证致使对方处于不利境地,甚至通过抗诉拖延或者逃避裁判义务的履行,严重扰乱了诉讼秩序,加大了执行的难度。更须注意的是,抗诉导致各级法院包括最高人民法院审结的案件处于"终审不终"的状态,这种制度不仅使抗诉权凌驾于审判权之上,连最高人民法院的裁判也无法终审,而且有损我国司法的权威和国际形象。同时,有的还利用抗诉权与当事人拉关系,容易滋生司法腐败。

第三,检察机关抗诉民、行案件实难操作。实践中,检察机关介入民、行抗诉产生了很多难以解决的问题。如检察官的出庭身份问题,究竟是一方当事人的代表还是国家的代表;检察机关调查获取的证据,是为一方当事人举证,还是为双方当事人举证,检察机关获取的证据如何质证,应否受举证时限等证据规则的约束;检察机关出庭为谁发表何种性质的意见,申请抗诉方有无更改抗诉意见的权利,对方当事人有无与检察机关针锋相对的抗辩权利;在检察机关抗诉的情形下,双方当事人却不到庭应诉甚至私下和解,致使检察机关进退两难。凡此种种,皆系司法实践中的难题。

第四,三审终审以及再审之诉的设立,将使检察院的抗诉失去存在的必要。现行审判监督制度下，由于当事人的申诉或者申请再审不能直接启动再审程序，故当事人多求助于检察机关的抗诉监督，因为抗诉不仅可以直接引发案件再审，而且可以当然中止原判的执行。但设立再审之诉制度后，当事人对生效裁判不服的，可以直接向人民法院申请启动再审程序，没有必要再去求助检察院抗诉权力的帮助。加之三审终审的设立，人民法院可以有效提高案件审判的质量，充分实现司法公正，继续保留检察机关的民、行抗诉权力已无必要。

第五，检察机关介入民、行抗诉与国际通行做法不符。无论是英美法系国家还是大陆法系国家，无论是审检合署还是审检分立，绝大多数国家的检察机关均无民、行案件的抗诉权。检察机关不能对民、行生效裁判提起抗诉，已经成为现代各国的通例。

四、法院的司法行政管理体制改革

法院的司法行政管理是国家管理职能的一部分。但由于它与对独立性、中立性要求特别高的审判权连在一起，所以法院的司法行政管理又与普通的公共行政管理有很大区别。无论是权力的归属，还是行使方式，无论是人事的管理，还是经费的管理，都体现了自己的特色。长期以来，我国有关法院的司法行政工作的特殊性的理论研究不够发达，这方面的实践也不发达，这就为目前的法院司法行政管理体制改革带来了更大困难。尽管如此，我们还是对这个问题进行了一些初步研究，下面分别就几个主要问题阐述我们的观点。

（一）重新考量我国法院的司法行政管理体制

1. 基本考虑

法院管理权的归属在不同国家有不同模式。我们认为，确立法院管理模式，必须从本国的实际出发，充分考虑法院管理工作的特殊性，不可脱离审判独立原则的实现程度。在我国的现实情况下，我们认为，人民法院司法行政工作在现阶段仍应由人民法院自行管理，而不应交给行政机关管理。人民法院应在机构、人事、职能、经费等方面进一步实行审判工作与司法行政工作相分离，并突出司法行政为审判服务的特点。

2. 主要理由

第一，法院自行管理司法行政事务，符合党的“十六大”精神。党的“十六大”报告提出：“改革司法机关的工作机制和人财物管理体制，逐步实现司法审判和检察同司法行政事务相分离。”我们理解，中央提出这一要求的根本目的就是要使审判、检察不受经费等方面的制约，从制度上保证审判机关和检察机关依法独立公正地行使审判权和检察权，改革的方向应当是进一步减少司法机关对行政机关在人财物等方面的依赖。在司法机关人财物管理体制尚未理顺的前提下，将法院的司法行政事务交给其他行政部门来管，这会使“两院”受到更多的行政制约。而且行政部门具体行使行政权时，可能成为行政诉讼的被告，由其管理法院的司法行政事务，不利于人民法院独立公正地行使审判权。在我国司法机关经费以及行政机关经费普遍还很紧张的情况下，由其他行政部门管理法、检两院司法行政事务，不仅可能导致司法行政经费被挤占、挪用，还可能导致分配不公，产生新的矛盾。因此，根据党的“十六大”精神，要实现审判工作与司法行政事务的分离，应当在理顺法院人、财、物管理体制的基础上，从法院内部进行恰当的职能划分来实现、保持法院法官和其他工作人员职责相区分。

第二，人民法院司法行政事务具有特殊性。主要表现在：司法行政事务非常繁杂，工作任务繁重；专业性很强，不少司法行政事务具有司法与行政的双重属性；司法行政事务必须以审判工作为中心，服务于审判工作；等等。其他行政机关很难深入、透彻地了解法院在司法行政方面的需求，难以有效、及时地发挥司法行政事务为审判工作服务的作用。由其他行政部门管理,势必增加环节,增加管理成本,降低司法效率。

第三,由人民法院自行管理司法行政事务,是历史经验的总结。人民法院的司法行政工作曾有过由司法行政机关管理的历史,在实践中产生了很多弊端。正是为了解决这些弊端,由司法部主动提出,中央才决定由人民法院、人民检察院自行管理其司法行政事务。司法行政事务自 1982 年从司法部移交到法院自行管理以来,已经有了 20 多年的发展历程,积累了许多宝贵的经验。人民法院已经在机构设置、人员管理、职能行使等方面实现了审判工作与司法行政事务的分离,建立了符合司法工作特点和规律、适应审判工作需要的司法行政事务管理制度。

第四,国外的经验值得借鉴。目前世界各国法院司法行政事务有三种管理模式:其一是法院自行管理,如日本、英国、美国等;其二是由政府的司法部管理,如法国、德国等;其三是由最高法院首席大法官担任主席的独立的司法委员会管理,如瑞典、意大利等。值得注意的是,在一些国家的司法改革中出现了一种趋势,即由过去司法部管理司法行政事务改为最高法院自行管理或者由一个独立于政府的中立机构管理,前者如俄罗斯,后者如丹麦、荷兰、爱尔兰等,目的主要也是排除行政机关对司法工作的制约。

(二)改革和完善法官管理制度

1. 完善法官选任制度

(1)基本考虑。我国法院的审判人员在很长一段时期内未区别于其他公职人员,甚至未将审判职业作为需要专业知识的职业对待,因此形成了我国目前特有的"来源五花八门、素质参差不齐"的法官队伍。因此,必须改革和完善法官的选任制度,提高法官准入的门槛,从法官的来源上保障法官整体的高素质。因此,我们建议,在确定法官编制员额的基础上,对通过国家司法考试、符合《法官法》规定的法官任职条件的人员，经过法官任职培训并考核合格后，充实到基层人民法院和中级人民法院任职。上级人民法院的法官应当从下级人民法院法官中选任。各级人民法院也可以直接从法学专家、优秀律师等法律人才中选任一定比例的法官。

(2)主要理由。

第一，有利于加快法官职业化进程，提高法官队伍的整体素质。人民法院代表国家依法独立行使的审判权，实际上是由法官具体行使的，因此，要求法官必须具有很高的道德修养和职业素质。但由于历史的原因，我国对法官职业的特殊性和专业性要求不够重视，导致长期以来在法官选任等方面存在很大的随意性，造成法官队伍专业水平参差不齐、整体素质不高等问题。解决问题的关键就是要从制度上保证基层法院法官的素质，并实行法官的层层选拔制度，走法官职业化道路。从目前司法考试情况来看，平均每年只有7%左右的人能够通过司法考试，从中选择优秀者进入法官队伍，基本上可以实现法官的专业化和职业化要求。

第二，符合审判工作的特点，有利于保证法官，特别是上级法院法官的职业素质。由于我国实行的是二审终审制，因此上级法院相对于下级法院就是终审法院，随着审级的提高，对法官的要求也应当越来越高。基层法院的法官从大学本科毕业，并通过国家司法考试的人员中产生，上级法院法官从下级法院优秀法官中产生，有利于提高法官队伍的整体素质，特别是有利于提高上级法院法官的职业素质。

第三，可以解决经济欠发达地区的基层法院法官人选不足的问题。与法官晋升制度相配套，实行高级法院招录、派遣初任法官的制度。高级法院招录法官人选后，根据各基层法院审判工作的实际需要和初任法官本人的志愿以及司法考试、法院招录考试、考核的总评成绩，派遣到基层法院任职。这样可以有效改变法律人才大部分挤在大中城市而不愿到偏远地区基层法院任职的状况。

第四,从其他优秀法律人才中选任法官是拓展法官来源的一个重要方面。各级人民法院可以直接从法学专家和优秀律师等优秀法律人才中选任一定比例的法官,其目的在于为法院系统提供新鲜血液;保证法官了解社会现实,防止法官发展成为一个完全脱离社会、自我封闭的群体。如日本正在进行的司法改革,其主要内容就是按照这一思路改革法官选任制度。

第五,上级法院法官主要从下级法院法官中产生是大陆法系国家的通行做法。大陆法系国家如德国、法国等普遍实行职业法官从下级法院到上级法院晋升的制度。

2. 实行以确定法官编制员额为核心的人员分类管理制度

(1)基本考虑。人民法院现有工作人员约 30 万人,其中法官约 20 万人,法官的管理与公务员基本相同。为了提高法院工作人员的职级,一些没有从事审判工作的行政人员和一些不具备法官任命条件的人员被任命了法官;初到法院工作、在其他国家实际上是属于法官助理的人也被《法官法》规定为法官,造成法官队伍过于庞大。要通过确定法官员额制度,精简法官队伍,同时建立与法官制度相适应的人民法院工作人员分类管理制度。

因此,我们认为,应当在综合考虑中国国情、审判工作量、辖区面积和人口、经济发展水平各种因素的基础上,尽早合理确定各级人民法院法官员额,建立审判工作辅助性人员——法官助理制度,实行书记员单独序列管理。

(2)主要理由。

第一,有利于提高法官队伍的整体素质,实现法官队伍的职业化。人民法院法官人数众多,但是整体素质不高,不适应审判工作的专业性要求,如果通过自然淘汰的方式,至少还要经过 20 年左右的时间。只有通过确定法官员额，精简法官队伍，才能达到尽快提高法官队伍整体素质的目的。

第二，建立法官助理制度有利于合理配置司法资源。首先，建立法官助理制度，将接待、调查取证、庭前准备、庭前调解等工作交给法官助理完成，有利于减少法官的工作量，从而精简法官队伍；其次，可以使法官从繁杂的事务性工作中解脱出来，专司审判；最后，将庭前事务性的工作交给法官助理去做，可以尽量减少法官与当事人接触的机会，有利于保证法官居中裁判。

第三，取消助理审判员符合现代法官制度的基本要求。《人民法院组织法》规定，助理审判员协助审判员进行工作。助理审判员，由本院院长提出，经审判委员会通过，可以临时代行审判员职务。司法实践中，助理审判员实际在行使审判权，与审判员没有任何区别，违背了法律设立这一职务的初衷。而且助理审判员由法院院长直接任命，也违反了审判权由国家权力机关授予这一基本制度。

第四，有利于建立一支稳定的、专业化的书记员队伍。根据书记员的工作职责，实现书记员编制单列、职务序列单列和聘任制管理，建立书记员与法官相分离的科学管理体系，体现了审判人力资源的优化配置和诉讼经济的原则，为建立一支稳定的、专业化的书记员队伍提供了制度保障。

第五，实行法官与辅助人员的分类管理是各国法院管理的成熟制度。无论是大陆法系国家还是英美法系国家都实现了法官与法官辅助人员的分类管理。

3. 完善法官职业保障制度

（1）基本考虑。长期以来，法官被认为是一般的公务人员，职业保障也无从谈起，导致法官队伍整体素质较差。建立法官的身份保障机制和经济保障机制，是法官依法、独立、公正审判的基本前提，对保证司法公正，提高司法权威，树立司法形象具有决定性的意义。

因此，我们建议建立法官职务豁免制度，未经任免机关同意，不得对法官采取拘留、逮捕和其他限制人身自由的措施；落实《法官法》关于建立单独的法官工资序列的规定，提高法官待遇；落实《法官法》中建立法官退休制度的规定，资深法官的退休年龄可以适当延长。

（2）主要理由。

第一，落实法官身份保障制度是人民法院依法独立行使审判权，维护司法公正的需要。法官是国家审判权的具体承担者。落实《宪法》规定的独立审判原则，必须建立起与之配套的法官保障制度。目前，一些部门和个人为了本地区或个人的利益，干扰人民法院的审判工作，有的甚至对坚持依法办案的法官打击报复，使《法官法》“非因法定事由和法定程序，法官不得被免职”的规定形成虚设；有的法官因为秉公办案，甚至被有关部门以种种理由非法拘禁。上述现象，导致一些法官，特别是法院的领导，无法安心工作，不敢依法独立公正审判。建立法官职务豁免制度，既有利于保证法官依法独立公正地行使审判权，也是维护权力机关权威的需要。

第二，落实法官的经济保障制度是增加法官职业自豪感和尊荣感，稳定法官队伍的需要。长期以来，我国法官的工资待遇不高，法官职业难以吸引高素质的人才，法官整体素质不高，这是造成审判质量不高、司法不公的重要原因。最高人民法院曾两次面向社会公开招聘高级法官，计划每次招 10 名，但报名应聘者寥寥，两次只招进 3 人。给予法官良好的任职和待遇保障，有利于稳定目前的法官队伍，防止法官人才流失；有利于提高法官职业的尊荣，吸引更多的法律优秀人才参与审判工作，最终形成法院良性的人才流动体制。另外，法官员额确定之后，法官人数会有一定下降，适当提高法官的待遇不会给财政带来太大压力。

第三，适当延长资深法官的退休年龄，是充分利用审判资源的需要。世界各国司法实践表明，法官既需要法律专业知识，又要有丰富的审判实践经验,而且往往是审判经验越丰富,审判水平越高。因此,经验丰富的资深法官是社会的宝贵审判资源,过早退休实际上是审判资源的浪费。实行法官助理制度以后,法官避免了事务性工作,主要任务就是裁判案件,适当延长法官退休的年龄,是必要和可行的。

第四,制定单独的法官工资制度和退休制度是落实《法官法》相关规定的需要。早在1995年,《法官法》就规定:"法官的工资制度和工资标准,根据审判工作特点,由国家规定","法官的退休制度,根据审判工作特点,由国家另行规定",但时至今日,《法官法》的规定还没有落实。因此,应当尽快落实《法官法》的规定,加强法官职业的保障。

第五,世界上大部分国家,包括发展中国家如印度、越南等,都建立了法官职务保障机制和法官经济保障机制。绝大多数国家法官的工资都高于公务员,并且实行了法官终身制或者法官的退休年龄高于公务员的制度。如越南最近进行的司法改革,一个重要内容就是提高司法人员的待遇,制定合理的工资、补贴和奖励制度,使司法人员安心工作。

(三)司法经费保障体制改革

司法经费是国家应予支付的正当司法成本,是实现司法公正的重要物质保证。现行的司法经费保障体制存在诸多问题:一是司法经费与行政经费不分,司法经费从属于行政经费,不符合我国《宪法》关于行政机关与司法机关权力配置的规定;二是由同级地方政府负担法院的经费,使法院在客观上依附于地方财政,法院不得不将维护地方利益放在重要位置,导致司法中难以克服地方保护主义;三是一些地方法院办案经费不足,直接影响了审判工作的正常开展;四是导致一些地方,尤其是贫困、边远地区,法官的工资不能足额发放或者长期拖欠,医药费、差旅费长期不能报销,甚至出现贷款发工资的现象,严重影响了法官工作的积极性,给法官队伍建设也带来一定隐患。

1. 改革司法经费预算体制

（1）基本考虑。长期以来，人民法院的司法经费一直列在国家的“政法经费”预算中，是国家行政经费的一部分，没有单独分列项目。这种情况不利于审判活动的经费保障，因此，我们建议改变目前司法经费与行政经费不分的状况，从财政体制上把司法经费从行政经费中分离出来，直接纳入国家财政预算，经国家权力机关审议通过后执行。

（2）主要理由。

第一，这种经费单列符合我国的国体和政体，有利于司法机关依法独立公正行使审判权。我国实行的是人民代表大会制度下的“一府两院”体制。司法机关与行政机关不仅在机构设置上是分立、平行的，在经费保障上也应当是分立、平行的。司法经费作为行政经费的组成部分，使司法机关实际附属于行政机关，在体制上不符合国家权力组合的性质和要求。将司法经费从行政经费中分离出来，有利于克服地方保护主义和部门保护主义。

第二，有利于司法经费切实得到保障。实行司法经费单列，并直接纳入国家财政预算，将从制度和机制上保证司法机关必需的各种经费，有效防止司法经费被行政经费挤占、挪用，为人民法院依法开展工作提供物质保障。

第三，国外的制度可作借鉴。世界绝大多数国家，均实行司法经费单独预算制度。情况表明，这种制度对保证司法权的独立、公正行使具有积极作用。

2. 改革司法经费管理体制

关于人民法院的经费管理体制，我们在本文的“法院产生体制改革”部分已经对各种模式作了分析。其中的一些基本理论问题这里不再重复，而只是就我们倾向的一种方案略作论述。

我们认为，法院的经费实行两级管理体制较为科学，即最高人民法院及其分院经费由中央财政预算管理,全国人民代表大会审议通过后执行;地方各级人民法院的经费由省级财政预算管理,省、自治区、直辖市人民代表大会审议通过后执行。

提出这种选择方案的主要理由是:

第一,统一的司法权应当有统一的经费保障。在所有的单一制国家,司法机关均实行统一的经费保障。我国是单一制国家,除香港、澳门特别行政区外,实行统一的法律体系和司法体制。为防止司法权力地方化和克服地方保护主义,各级法院的经费本应实行由中央统一拨付的制度,由中央财政统一保障,但鉴于目前各地经济发展差异较大,且实行中央和地方财政分灶吃饭的体制,可先实行中央和省两级司法经费管理体制。

第二,司法经费与行政经费性质不同,应当采用不同的管理方式。人民法院是国家审判机关,与国家行政机关在权力性质、职能分工、机构体制和管理方式等方面均有不同,因此,在经费管理体制方面也应当采用不同于行政机关的管理方式,减少法院在经费管理方面的行政化色彩。

第三,有利于人民法院依法全面履行法定职责。改革开放以来,虽然各级政府都比较重视保障司法经费,但由于我国各地区经济发展不平衡,沿海经济发达地区法院经费情况比较好,不发达地区法院经费仍然得不到足够的保障。据统计,2002 年全国 3323 个地方法院中,办案经费不足的法院达 2727 个,占 82% 。一些法院甚至连基本工资都难以保证。这种状况严重影响了法院正常工作的开展。由于经费困难,一些法院出现了有案不能立、立后不能审、审后不能及时执行的状况;一些法院发生乱收费和与当事人搞“三同”(同吃、同住、同行)等违纪现象,人民群众对此很有意见。而改革人民法院经费管理体制后,这种状况将在一定程度上得到改变。

第四,具有现实可行性。实行法院经费两级预算,总体上没有打破中央与地方分灶吃饭的财政体制,省级财政总的支出在现有基础上不会有大的增加,一些法院特别是基层法院办案经费严重不足的状况将会得到缓解。因为地方各级法院的经费直接纳入省级财政集中统一管理,各级法院依法收取的诉讼费用也由省级财政统一管理;按照事权统一原则,原由各级财政支付的司法经费通过财政转移支付,由省级财政统筹管理,不会过多增加省级财政负担。如广东省法院系统2002年的经费支出为21.5亿元,其中各级财政拨款为14.3亿元,用诉讼费补充为7.2亿元,如果将这笔资金全部纳入省级财政统一管理,基本上能够满足该省法院每年的正常经费需要。再如甘肃省,2002年全省法院实际支出经费约2.28亿元,其中各级财政拨款约1.74亿元,诉讼费补充约0.56亿元,如果将全省法院经费改由省级财政统一管理,也不会过多增加省级财政的负担。

研究过程中也有专家提出另一种方案,即实行法院业务经费省级统管,其他经费分级负担的体制,地方各级法院业务经费(包括办案费和装备费)由省级财政预算管理,中央财政逐步加大转移支付力度;人员经费、行政经费由同级财政预算管理;基础设施建设纳入地方经济与社会发展计划,以地方财政解决为主,中央和上级财政补助为辅。这种建议方案在一定程度上也能有利于保障法院依法独立公正行使审判权,解决法院的办案经费不足这一迫切问题,而且这种方案只是本省财政安排上的局部调整,没有改变"分级管理、分级负担"的现行财政体制;人员和行政经费同本地经济发展水平相关,业务经费与审判职能活动密切相关,分级分类负担的办法既体现了各类经费的不同特点又兼顾了方方面面的利益,容易为各方所接受。

(四)改革诉讼收费制度

1.基本考虑

诉讼收费是人民群众普遍关心的重点问题之一。现行的《人民法院诉讼收费办法》(以下简称《收费办法》)是1989年由最高人民法院根据《民事诉讼法》的授权制定的。1999 年,最高人民法院根据审判工作发展的实际需要,又制定了《〈人民法院诉讼收费办法〉补充规定》(以下简称《补充规定》),2000 年最高人民法院制定了《关于对经济确有困难的当事人予以司法救助的规定》。上述规定为人民法院统一诉讼收费标准、规范收费程序和切实发挥诉讼收费制度的作用提供了依据,基本达到了在审判活动中限制滥诉、降低诉讼成本、公平使用公共资源的目的。但是,随着我国社会主义市场经济的发展和诉讼制度的逐步完善,现行诉讼收费制度存在的一些问题也逐渐暴露出来。一是收费标准不尽合理,如财产案件收费标准过高,而婚姻等非财产案件收费标准又过低;二是有些规定存在漏洞,导致部分法院超范围、超标准乱收费;三是司法救助的范围仍然过窄,救助的具体措施不够明确。

为此,我们考虑,应当对我国的诉讼收费制度进行全面检讨,按照上述原则进行改革。其主要内容应当涉及以下几个方面:

第一,将一次性收费修改为按照诉讼的进程分阶段收费。即根据诉讼程序中审前阶段、审理阶段和执行阶段等不同阶段的特点,按照当事人的诉讼请求进行收费。

第二,审判前调解结案的,不再按照当事人的诉讼请求收费;审判中调解结案的,减半收取诉讼费。

第三,取消申请执行法院生效判决、裁定和调解书的“申请执行费”。

第四,再审案件,除当事人提出新的证据,足以推翻原裁判的以外,均不再收取立案费和案件受理费。

第五,适当扩大司法救助的范围,依法减缓免诉讼费用。

2. 主要理由

第一,改一次性收费为按诉讼程序分阶段收费,可以减轻当事人的诉累和经济负担,促进当事人和解或接受调解结案,节约司法资源。

第二,执行收费改革有利于维护执行申请人的权益。利用强制手段执行生效的法院裁判文书,其目的是切实落实法院的裁判结果,维护国家司法的权威,因此对这种行为不应当向当事人收取申请费。

第三,再审收费改革有利于再审制度的完善。按照《民事诉讼法》第200条第1款第1项的规定提起再审的案件,是因当事人在原审时没有提出对自己有利的或支持自己诉讼主张的证据,法院依据原有的证据作出判决,而当事人在判决生效后又提出了新的证据足以推翻原判决引起再审,其责任不在法院,当事人因未尽到及时提供有利证据的责任,所以应当交纳再审案件的立案费和案件受理费。除此之外提起的再审案件,其责任都不在当事人,因此,当事人不应再支付再审案件的立案费和案件受理费。

第四,有利于解决人民群众告状难的问题。虽然现行的《收费办法》中包含有对经济确有困难的当事人实行缓收、减收和免收诉讼费用的规定,但在实践中,司法救助的范围仍然过窄,救助的具体措施不够明确,有些应当实行的司法救助却因缺乏具体的规定而得不到落实。因此需要加大司法救助的力度,适当扩大司法救助的范围,应商请财政部制定相应的实施细则,从申请、受理、审查、批准到执行等各个环节,规定具体的操作程序,切实将司法救助制度落到实处。

以上对与人民法院有关的司法体制改革问题进行了简要分析和阐述。建设社会主义法治国家的宪法原则和党的"十六大"提出的建设社会主义政治文明的目标,都为我国的司法体制改革提供了长远的目标,指明了正确的方向。上述各项改革方案的论证、探讨都力图遵循我国的宪法原则和政治文明的要求,但其中难免有不尽正确之处。随着国家法治水平的提高和司法体制改革的不断深化,各项具体的改革措施将更加科学、合理,更加适合中国的实际情况。

(本文节选自《司法改革报告中的检察院、法院改革》,
法律出版社2004年版)

未来司法体制改革面临的具体问题

十八届三中全会作出的《中共中央关于全面深化改革若干重大问题的决定》(以下简称《决定》)对司法改革作了全面部署。从此,关于司法改革的各种猜测与传言尘埃落定,包括“司法管理体制”在内的若干项司法改革措施赢得了各界赞许。

2013 年 11 月 25 日,孟建柱在《人民日报》上发表的《深化司法体制改革》一文对《决定》精神作了深度解读,又特别对今后司法改革的各项任务作了概要阐释。

本文无意重复各项司法改革部署,也无力对于各项司法改革任务的具体方案作出设计。但是,对于这些改革措施的研究讨论过程中提出的一些问题,以及一些已经明确的设计方案,本文将略加介绍,以便为今后研究设计具体方案作一些提示,使大家了解以后具体制定改革措施时应当关注的问题。

限于篇幅,这里只选择《决定》所确定的司法改革任务中的十项重大措施略加分析。

由于这十项改革措施都属于长期项目，特别是司法管理体制改革更是涉及面广、影响巨大，所以本文以今后15年作为时间节点，论述当前司法改革措施的制定与实施。

其实，有些措施从设计到确定，再到呈现效果，可能需要比15年更长的时间。

一、"法检省级统管"：司法管理体制改革

《决定》指出，要"推动省以下地方法院、检察院人财物统一管理"，即所谓"省级统管"。孟建柱书记的文章认为，由于"将司法机关的人财物完全由中央统一管理，尚有一定困难"，所以"先将省以下地方人民法院、检察院人财物由省一级统一管理"。

中央的这一司改决策为司法界内外盼望已久。学界在司法管理体制改革的研究和讨论过程中，也曾提出过多种方案：一是中央统管，但就目前情况来看可以作为法院统一管理的最终目标。二是在中央不能实现全国统一管理的情况下，争取由中央统一管理最高人民法院和高级法院两个层级，省级统一管理中级法院、基层法院两个层级。这一方案可以防止各省形成省内自控的体系。三是各级法院的管理权限"上提一级"，即由上一级法院管理下一级法院的司法行政。这种方案可以将引起震动的程度降到最低，力求改革的保险系数。

本文并不准备比较各种方案之优劣，因为各有各的长处，也各有各的困难。既然目前中央选定的方案是"省级统管"，那就应当努力设计一套"省级统管"的方案出来，并继续保持最高人民法院通过政策指导、规则制定、诉讼程序等实现全国法院法律适用标准统一的功能。

在研究司法体制改革的具体方案时，需要讨论很多重大问题。

一是省级统管的“人财物”是不是仅指人事、经费两项？或者省级统管是指法院所有司法行政事务的统管，即包括法院的各项管理事务，而不仅限于人事和经费？可能占主导地位的理解是把它作为司法行政管理事务的总称，并不仅指字面上的“人”和“钱”的问题。

二是“人财物”的省级统管，是由高级法院直接行使，还是由本地区的三级法院代表共同组成的委员会行使，或者是成立专门的法院管理局，仍需要进一步研究。

三是省级统管是由司法主导，还是行政主导？中国共产党的十六大报告中曾提出过要将审判、检察工作与相关的行政管理工作分开，当时的一种解释是将法院、检察院的司法行政管理权交给其他部门或者由专门成立的司法委员会（或者法院检察院事务管理局）承担。由于种种原因，此项解释并没有得到普遍认可。同时，其中的理论问题也没有得到解决。今天，这个问题又一次摆到了我们面前。

四是省级统管是否仍然会允许一些事务的层级分权？中国很多省的人口比较多、地域比较大，因此法院也比较多，如江苏省共有 124 家法院，湖南省有 140 家法院。如果由省一级的法院管理机构统一管理辖区内所有法院，则可能因为过于“扁平化”而导致管理效率低下。因此，即使实行统一管理，仍然可以研究是否需要在市一级设立分支机构负责法院事务管理，或者委托中级法院管理本辖区法院的部分行政事务。

五是法院的所有司法行政事务是否都应当实行省级统管？是否可以根据各类事务自身的不同性质而采用不同的“统管”形式？如法官任免、法官纪律约束、重大事务管理、机关内务管理等。有些行政事务应当高度集中，有些则可以放权；有的需要通过民主的方式进行管理，有的则需要通过集中的方式进行管理。这在改革方案制定过程中应当认真研究、分类处理，而不是一概而论。

二、“司法预算独立”：法院经费的省级保障

法院“人财物”的省级统管中，经费保障是重要内容。根据中央的决定，地方各级法院、检察院的经费由省级财政统筹，中央财政保障部分经费。这虽然还不能说是完整的“预算独立”，但至少为司法预算独立提供了基本条件。

完整的“司法预算独立”包括几部分：一是法院的预算在国家的整体预算中单独编制和执行；二是编制法院预算的决定权在权力机关，行政部门在汇总、呈报司法预算时不得修改或减少；三是法院的预算比例在宪法或法律中应当有所规定，如1%或者其他适当的比例。

同时，司法预算独立也可以有不同的表现形式。对于作为中央事权的司法权来说，司法工作需要的经费理应由中央预算保障。但是，由于中国目前尚未具备这一条件，所以《决定》要求仍然以省级保障为主，中央的经费作为补充来源。因此，在某种程度上，目前的司法预算机制具有一定的过渡性，并不是理论意义上完全独立的机制。

至于如何平衡省级财政和市（县）级财政的经费负担问题，司法改革方案中也应当有所涉及。改变以往由同级财政负担司法经费的模式为省级财政负担，尽管绝对数量不大，但看起来也会或多或少地增加省级财政的压力。那么，是由各地方按照原来承担的司法预算数量缴省财政统一支配，还是由省级财政承担全部费用而不从地方收缴，或者是调整某些财政收入分配比例以增加省级财政的收入，这还需要在今后的方案中具体确定。

由于中国城乡差别、地区差异的客观存在，还应当考虑一些城市“收入高、消费高”的实际情况，采取一些变通的措施。可以将一些副省级城市、特区城市、计划单列城市等从省级统管的预算模式中独立出来，以照顾实际存在的不平衡现状。美国纽约州的纽约市就采取了这

种模式,实行与全州其他地方不同的"市级统管模式"。

三、"法官统一任免":司法人事制度改革的关键

法官管理权乃至整个司法人事管理权的范围十分广泛,其中"任免权"是核心内容。因此,在"省级统管"的人事管理模式中,法官的任免首当其冲。法院依法独立行使审判权受到宪法保障,因此法官一旦接受任命即可终身任职,非因法定事由并依法定程序不得免职。也正是因此,法官的任命和免职的权力便显得十分关键。

但是,这项权力由省级行使必须设计具体的管理方式,并应当考虑多项因素:一是法官、检察官数量较大。虽然有个别省区的法官不到2000人,但绝大多数高级人民法院所辖司法区的法官有几千人甚至上万人,另外还有几千名检察官。二是法官、检察官任免所涉及的相关事项较多,包括法院和检察院的推荐提名、组织人事部门的考核考察、权力机关的任命免职,以及法官和检察官的职前训练等。三是法官、检察官任命程序相对复杂,管理方式也不同于普通公务员,因此方案设计应当更加谨慎。

在理论界和实务界研究具体的管理机制时,也曾有过不同的方案设计。有的观点认为应当成立法官管理委员会,由来自法院、检察院、组织部门、人大、社会团体等领域的代表组成,负责法官提名之前的审查工作以及法官任职期间的管理工作。有观点认为,可以在省级人大建立司法委员会(或依托目前的内务司法委员会),负责法官、检察官任免事项。还有观点认为,可以按照法官等级分配任命权限,例如,高级法官由省级人大常委会任免,而高级法官以下的法官授权省高级法院任免或各中级法院任免。具体的管理工作由高级法院或者由专门设立的省级法检事务管理局负责。这些观点都有一定的合理性,需要在设计时综合考虑。

四、“两区适当分离”：探索与行政区划适当分离的司法管辖区制度

对于国计民生和区域发展来说，行政区划涉及人民生活、资源分配、财政收入及治安管理等因素，有其特别的意义。但司法管辖区与上述因素的关系没有那么密切。司法管辖区划分直接影响的主要因素是司法资源的合理使用、当事人的诉讼方便与法院的审判效率（方便）等。

由于人们习惯把一个行政区划内有一套完整、齐全的功能（包括司法功能）当作一种传统的模式对待，因此倾向于各种机构的管辖区域范围完全一致。实际上，不同事务的管理（管辖）范围和方式会有所不同，涉及的区域也不必然甚至不可能与行政区划完全一致。例如，航空或铁路系统事务的管辖区域通常以航线或站线为基础，难以与行政区划吻合。

对于司法案件的管辖来说，一般情况下与行政区划不会发生大的矛盾，但如果完全按照行政区划与司法管辖区相吻合的方式划分，也会出现司法资源配置、诉讼便利、司法效率等问题。例如，有的地方法院案件数量不多，有的则过多，造成忙闲不均，浪费司法资源；有的地方法院管辖区域过大，有的则过小，也会造成上述问题。有的地方法院办公地点距离某些居民居住点比较远，其他地方法院的办公地点反而离案件发生的地区较近，这样便可能产生不方便法院审理和不方便当事人诉讼的问题。因此，确立一定的标准，重新考虑某些地方的司法管辖区调整问题，与行政区划适当分离，标志着司法制度更加成熟。

当然，司法管辖区的确定与“人财物”管理体制直接相关。在研究制定“两区适当分离”改革方案时，必须考虑法官的任免机构与管辖区域之间的关系。如果是一个行政区划内的权力机关任命的法官去管辖其他行政区划内的案件，难免会引发授权冲突。虽然中国在海事法院、

开发区法院的管辖方面已经有所突破，但对于常态的地方法院司法管辖区的调整并不能当然适用。

因此，司法管辖区与行政区划的适当分离，还应当以法检省级统管的实现为前提，这样在一个省范围内的“两区适当分离”便不再存在授权冲突的障碍。

五、“法官区别于普通公务员”：司法人员的分类管理改革

法官、检察官以及整个司法人员的分类管理已经推动多年。一方面，法官、检察官要与法院、检察院的其他工作人员分别对待，如书记员、辅助人员、助理、法警等；另一方面，也是最重要的方面，便是法官、检察官与普通公务员的分类管理的实现。

《公务员法》将法官、检察官作为公务员对待，同时又在第3条中规定：“法律对公务员中领导成员的产生、任免、监督以及法官、检察官等的义务、权利和管理另有规定的，从其规定。”因此，《法官法》《检察官法》对法官、检察官的特别规定，应当优先适用。不过，尽管法律上已经确定了这一特殊管理的原则，但社会上的共识度仍然不高，推动这一改革措施的难度依然较大，最终导致《法官法》的落实不够到位。当前，法官管理应当区别于普通公务员管理这一改革措施，成为当前司法人事制度改革的重中之重，相关的研究讨论一直都在进行中。

真正实现法官与普通公务员的分类管理，重点应当考虑以下因素：一是履行职务的依据有根本区别。法官履行审判职责的唯一依据是法律，并加之以职业道德的引领，普通公务员履行职责必先以权力来源的指令为依据。二是履行职责的组织形式有根本区别。法官履行审判职责依独任庭或合议庭以及审委会的组织形式进行，审判组织所作裁判就是法院的裁判。普通公务员则需要遵循首长负责制的原则履行职

责，层层负责，上下一体，最终由代表行政机关的首长以机关的名义活动。三是法官的等级和职级不影响法官行使审判权的效力，普通公务员的职务和职级代表着决策与服从的关系。

由此产生的法官与普通公务员的区别主要体现在招录、培养、遴选、任免、监督、惩戒、薪俸、退休等各个方面。《法官法》已经基本体现了这些区别，同时也还有一些需要明确和完善的地方，更有需要新增的内容。

因此，落实好《法官法》的现行规定并在此基础上修改和完善《法官法》的相关内容，将是改革法官制度、实现分类管理的重要手段。

六、“法官职业养成”：法官的招录和培养制度改革

在司法领域，实现正义的保障可以分为动态的制度保障和静态的队伍保障，两者缺一不可。因此，如何培养合格的法官便成为司法改革的基础性任务。近年来，中国在法官职业化建设方面付出了很大努力，取得了一定成效，但仍有很大改革空间。记得20年前搞审判方式改革时，圈里圈外热议的就是法官素质不适应的问题。今天在研究审判权运行机制改革方案时，大家仍然在谈法官素质不适应的问题。虽然问题已有“螺旋式上升”，但这的确让我们不得不反思中国法官养成机制的成功与否。这里将重点研究一下中央提出的将“预备法官职前训练”作为法官法定任职条件的问题。

每一个法官都有其各自的成长背景和模式。但在体制层面上，世界各国法官的养成模式大概分两种：一是从优秀律师中选任法官；二是通过法律教育直接培养法官。采用第二种模式的主要是传统的大陆法系国家和地区，其一般做法是：法律系的大学毕业生通过难度颇高的司法考试之后，须经一年半到两年的职前职业训练，或者一段时间的法律实践，再通过考试之后，方可进入法官队伍，从助理法官或候补法官开

始其法官的职业生涯。这一年半到两年的职前训练绝非高等法律教育的简单重复,也不同于研究生教育中对研究能力的培养。

职前训练至少可以发挥四个方面的作用:一是吸纳最顶尖的法律人才;二是集中训练法律思维和司法行为模式;三是升华高等法律教育中所接受的知识;四是为法官区别于普通公务员的分类管理提供正当性基础,特别是薪资待遇方面的区别对待。

虽然两年职前训练并不能完全满足作为一个法官的所有职业要求,但与未经训练的人相比,受训者可以获得层次上的提高。再经过五年至十年的助理法官或候补法官磨炼,一个道德高尚、心智健全的法律人便能基本承担起作为公平正义最后一道防线的职责。

观察中国当前的法官养成机制,在一定程度上已被抛弃的"学徒式"培养模式(书记员—助理审判员—审判员)有其合理性,法律实践经验的要求也属正常,先作为法官助理的经历也能帮助法官成才。但比起许多国家采用的两年职前职业训练制度,所有上述做法在规范性、规模性、开放性、全面性、针对性等方面与职前训练还有相当的距离。而且由于通过司法考试后、担任法官职务前在司法辅助岗位上的经验积累并没有纳入法官职业培养的正规框架,所以在提高政治待遇、经济待遇方面所发挥的作用并不大。因此,目前理论界呼吁引进大陆法系国家和地区普遍采用的职前职业训练模式的声音较高,应当在制定方案时认真研究吸收。

七、"健全法官职业保障":突出法律职业特点的改革

从职业特点看,法官既要精通法律专业知识,又要有一定的工作经验和社会阅历,更重要的是必须以法律作为其行动的唯一依据。因此,如果没有充分的职业保障,法官便不可能完全实现其在法治过程中的角色,国家的法治大厦则会动摇。

根据法官职业保障的理论，职业保障主要包括几项内容：一是身份保障（又称职务保障），即法官依法独立审判，非因法定事实并循法定程序不得免降调职；二是经济保障，即法官应当获得与其所承担职责和职业特点相匹配的经济待遇；三是安全保障，即法官不因履行职责而受到安全威胁。

有关法官职业保障的理论研究已有很多，但社会上对于加强法官职业保障的共识仍然不高。人们通常会不由自主地以目前法官队伍的现状来抵制职业保障的提高，而不是把职业保障放在更高层次的循环中和更大的平台上考虑。对此，法官职业保障改革应当多管齐下、同时用力，正如孟建柱所说，“按照责权利相统一的原则，在严格司法人员任职条件、强化司法人员办案责任的同时，要为法官……依法公正履职提供必要的职业保障”。

关于法官薪资待遇的提高是健全职业保障的热点话题。仅以台湾地区为例，20 世纪 80 年代初决定为法官提升“专业加给工资”时，社会上也有反对声音，来自普通公务员队伍的抗议更为强烈。但是，为适应法治建设的需要，打造台湾地区民主法治的实力，决策层最终还是为法官、检察官提供了比普通公务员高 1 倍至 3 倍的工资。根据台湾地区“法官法”的规定，法官按照等级确定薪酬待遇，并与行政职级相分离。据专家讲，台湾地区目前的司法公正度与当年这一项改革措施直接相关。目前，大陆也在经历着类似的过程，也已经走到了“必由之路”的路口。

八、“审者裁判、判者负责”：审判权运行机制改革

审判权运行机制改革是一个老话题，而目前正在经历着一个新的“轮回”。在 20 多年前的审判方式改革时期，“还权于合议庭”的目标十分清晰，而且成果十分显著。有些法院目前所宣称的“90% 的案件”由

合议庭或独任法官独立裁判的成果，即应归功于当时的改革措施。

但不可否认的是，法院内部的层级管理和呈报审批制度，导致司法裁判责任不清、效率不高的问题一直存在。即使在一些看似合议庭独立裁判的案件中，审判长实际上仍拥有较大的、明显的影响力。在审判委员会运行机制中，审判委员会通过会议制的讨论对一些法律问题作出裁判，而没有听取当事人的辩论意见。审判委员会除讨论法律适用问题，也讨论案件事实问题的现象比较普遍。这些做法都受到广泛批评。

为解决这些问题，根据中央部署，最高人民法院于 2013 年 10 月发布了《关于审判权运行机制改革试点方案》，部署了部分法院的改革试点。如果试点成功，则向全国推广。根据这一方案，改革的内容主要包括：

第一，一个审判庭内设有多个合议庭的，将副院长、审判委员会委员、庭长、副庭长直接编入合议庭并担任审判长。其他合议庭的审判长应当从优秀资深法官中选任。条件成熟的试点法院也可以探索建立一个合议庭，即为一个审判庭的模式。这就把法院内最优质的司法资源从办公室搬回法庭，从审核把关转移到直接审判。减少管理层级，将审判组织扁平化。

第二，审判员独任审理的案件，裁判文书由独任审判员直接签署。合议庭审理案件的裁判文书，由案件承办法官、合议庭其他法官、审判长依次签署。院长、庭长不得签发未参加合议审理案件的裁判文书。

第三，院长、庭长的审判管理职责不得超越界限，不得涉及案件的实体裁判事项。

第四，在赋予法官独立裁判权的同时，要求法官接受严格的职业道德、纪律、法律、业绩考评、案件评查、上级法院评价、外部评价等方面的监督和约束。

第五，严格要求审判委员会委员的条件，大大压缩讨论案件范围，建立委员组成的合议庭审理重大复杂案件，建立案件提交审判委员会的过滤机制等。

九、"事实审、法律审各有侧重"：改革四级法院职能定位

四级法院的职能定位改革是上一轮司法改革中"规范上下级法院关系"项目的一个延伸性子项目，最高人民法院已经做了深入调研。但因这项改革涉及审级制度、上诉制度、再审制度、证据制度、司法解释制度、法院内部组织制度等一系列问题，内容庞杂、理论性强，需要开展深入研究，审慎改革。

在新一轮司法改革中，孟建柱再次强调要"明确四级法院职能定位"，"探索充分发挥一审法院明断是非定分止争、二审法院案结事了、再审法院有错必究、最高人民法院保证法律统一正确实施的职能"。同时，要进一步规范和落实上下级法院的审级监督，确保审级独立。

其中，关于基层法院"明断是非定分止争"的职能定位，除了突出法院在化解纠纷方面的功能外，还要强化基层法院"事实审"的作用，力争通过第一审程序将案件事实进行"法律固定"，从而减少甚至消除上诉审中对事实的纠葛。另外，基层法院派出法庭的功能也应当加以改造，基层法院法官任职资格也应当与基层法院的职能定位相适应。

关于二审法院"案结事了"的职能定位，则是对案件的事实问题和法律问题的终审裁判，法院在做好说理、说服工作的前提下，更应当注重以裁判的法律效力来息事宁人。

再审法院"有错必究"的职能定位看起来包括对事实问题和法律问题两方面的错误都要予以纠正，但从四级法院功能的系统观点来看，再审法院应当侧重于甚至仅限于纠正法律方面的错误，否则一审、二审的事实确定功能将因再审环节定位不准而遭废弃或削弱，最终会影响司法制度的整体功能。

最高人民法院"法律统一适用"的职能定位则更是突出了它的法律功能和指导功能,对最高人民法院的职责、程序、工作方式等提出了相应的要求。

十、"促进司法民主":改革司法公开与陪审员制度

司法公开是15年以来每一轮司法改革都要推动的改革项目。在新的形势下,司法公开工作仍有一些不适应新需求的地方。

例如,受陈旧、落后的权力观念的影响,法院仍存在选择性公开、许可性公开的问题;由于程序正义观念不强,庭审公开这一核心环节依然没有完全畅通的渠道;随着新媒体运用范围的扩大,媒体报道与司法公开原则的落实之间存在某些冲突;由于公民权利意识诉求的增强,司法公开与个人信息和名誉权利保护之间的关系不容易平衡等。

鉴于司法公开对民主与法治的重要意义,中国共产党的十八大报告将司法公开与党务公开、政务公开相提并论,《决定》具体要求"推进审判公开,录制并保留全程庭审资料。增强法律文书说理性,推动公开法院生效裁判文书"。

在文章中,孟建柱也十分敏锐地将庭审公开作为司法公开的首要任务。他认为,"庭审是审判的中心环节,是诉讼双方通过举证、质证、辩论主张权利的平台。庭审全程应该同步录音录像,并入卷存档。庭审全程录音录像,有利于约束审判人员的审判活动,促进诉讼参与人员依法行使权利,有利于为上诉审、监督审评判案件是否公正审理提供原始资料和客观依据"。如果能够实现庭审的自由旁听,方显司法权的民主属性,展现司法的自信。

裁判文书上网公开也一直是司法公开中的重要内容。目前,中国裁判文书网已经与各高级法院联通,这将成为中国法院裁判文书公开的一个最权威、最综合的平台。最近,最高人民法院发布了《关于推进

司法公开三大平台建设的若干意见》和《关于人民法院在互联网公布裁判文书的规定》。这些都是新一轮司法改革中的亮点。

人民陪审员制度在前十年的司法改革中已经获得立法层面和操作层面的突破性进展，这一轮司法改革还会把它作为扩大司法民主的基本方式继续推进。“要扩大人民陪审员的数量和来源，建立随机抽选的机制，保障人民陪审员参审权利，提高陪审案件比例，切实发挥人民陪审员制度的作用。”

目前，全国共有人民陪审员8.7万人，而今年上半年全国法院审理的一审普通程序案件陪审率达71.7%，比2006年提高52%。

按照以往的惯例，十八大之后，中央将根据《决定》的要求对新一轮司法改革进行全面部署，然后针对每一项措施制定具体的改革方案。

在这一过程中，将会广泛听取各方面的意见，深入开展研究论证，力争制定出遵循司法规律、符合中国国情的改革方案。

（《财经》2013年12月1日）

司法改革主体工程之认识

路边一座高大的建筑物封顶之后,该建筑的设计师兴奋地想象着建筑内的音乐厅里正在演奏壮丽的乐章。但对于一位普通路人来说,他心里只是觉得这仍然是一个无法使用的工程。如果他已经知道这里将建成一个商厦,那么他关心的也只是何时才能进去购物的问题。

将我国当前正在进行的司法改革比作这样一座尚未竣工的宏大工程,或者说只是完成了“主体工程”的大厦,尽管设计师早已心中有数,但旁观者对它的观察只是一个大概而已。为建设公正高效权威的司法制度,中央部署了数十项的司改措施。这些措施从体制到机制,从人员到经费,从内部到外部,可谓立体式、多层次、全方位的司法改革。那么,它的主体工程是什么呢?根据中央司改办的权威解释,建设现代司法制度主体工程的“基础性制度性改革措施”有以下四项:

一、措施之一：建立“省级统管”的司法人财物管理体制

为适应市场经济的发展和公平正义的追求，我国从基本国情出发，确定了司法机关人财物省级统管的司法管理体制。综合审视二十多年来理论界和实务界对司法改革的种种企盼，司法管理体制改革可能是其中最迫切、最根本、最重大的改革了。它甚至成了判断是司法体制改革还是工作机制完善的唯一标准。

根据中央部署，“省级统管”的司法人财物管理体制主要是指市、县、区的法院、检察院的司法人员不再由该地方管理，而是收归省一级有关部门统一管理；市、县、区的法院、检察院的司法经费和物质装备主要由省一级财政统一保障。不过，由于一个省内的法院、检察院数量多，预算单位多、人员多，所以需要一个逐步摸索、逐步实现的过程。换句话说，由省级管理的人员可能要从试点到推广，由少到多，由高到低，由法官检察官到其他司法工作人员，逐步扩大。在经费管理方面，也要考虑既要防止地方通过经费预算影响审判、检察独立，又要发挥地方的积极性，发挥中央的统一协调平衡作用。

当然，在一个单一制的多民族国家搞司法人财物的省级统管，即使现在还在分步实施过程中，但最终会更加突显司法权力的中央事权性质，因为这是国家法制统一的根本要求。

就这一重大改革所进行的步骤而言，经过两年多的准备和试点，省级统管的体制改革已经迈出了第一步，但其整体效果还远未得以全面展现。也正是在这个时候，有一些人一反过去的批判态度，声称本地的司法环境良好，地方干扰很少，对省级统管不以为然。其中既有对司法规律认识不深的原因，更有看重眼前实际利益、不肯放弃既得利益的侥幸。但是，违反国家权力的科学配置，过分依赖于地方权力的自觉，忽视审判独立的基本规律要求，必然难以走远。各国经验教训也表明，除

非历史上已经形成了其他可以冲抵“地方化”弊端的其他保障机制，否则同级权力机关管理同级法院的体制最终都会成为审判独立的根本约束。尽管地方资源也应当利用，但必须是在科学体制的保障之下。

二、措施之二：建立“区别于普通公务员”的法官检察官管理体制

中央的司法改革方案要求，建立符合职业特点的司法人员管理制度，健全法官、检察官、人民警察统一招录、有序交流、逐级遴选机制，完善司法人员分类管理制度。这一改革的核心就是法官、检察官的“去公务员化”，意即虽然法官、检察官是广义上的国家公务员，但其职业特点又在很大程度上区别于普通公务员。一是在使命方面，普通公务员以实现公务为己任，而法官、检察官以维护法治为己任；二是在履职依据方面，普通公务员以法律和上级命令为工作依据，而法官、检察官以宪法和法律为工作依据；三是在履职方式方面，普通公务员以行政程序履行职责，而法官、检察官以诉讼程序履行职责；四是在行为效力方面，普通公务员的职务行为受到行政监督，不产生最终效力，而法官、检察官的职务行为独立实施，并按层级不同而产生相应的法律效力。因此，这项改革又称为司法人员分类管理改革，所追求的是对法官、检察官的“职业化”管理。

从当前的改革进程来看，无论是法官、检察官的准入制度、职前训练制度、遴选委员会制度，还是其单独职务序列制度、任职交流制度、业绩评价制度、惩戒委员会制度、退休制度，国家都已经出台或正在研拟相关改革方案，初步勾勒出了独立的法官、检察官管理制度的轮廓。但是，目前这项改革还远未完成，各项具体制度的设计还不成熟，相互之间的协调尚不顺畅，将法官、检察官当作普通公务员管理的传统还有巨大惯性。这在一定程度上影响了广大法官、检察官参与改革的积极性和信心。

三、措施之三：建立职责明确、权责统一的司法责任制

党的十八届三中全会提出要改革司法权力运行机制，“改革审判委员会制度，完善主审法官、合议庭办案责任制，让审理者裁判、由裁判者负责”，进而形成了目前正在大力推进的“司法责任制”。这项改革具有一定的技术性，但相对于长期以来形成的“行政化”的司法权力运行机制来说，把这项改革视为“基础性”的主体工程丝毫没有夸大其作用。由于司法责任制改革成功与否在很大程度上取决于司法人员分类管理改革的推进，所以实践中的司法责任制的科学性和完整性还受到一些制约。

根据中央部署，法院系统的司法责任制改革包括两层含义：一是对于案件审判工作来说，法官依照诉讼法的规定承担审判职责，并有义务独立自主地完成这些职责，不得推诿，不得把自己应当决定的事项交给他人代为决定，他人也不得超越法律程序干扰法官独立履行审判职责；二是法官在法定职责范围内独立审判的行为，因法定事由而产生的责任由自己承担，而不应当由其他人承担。法官承担责任的方式与普通公务员有所不同，而且法官受到责任追究时，必须依照法定程序进行。前者即通常所说的审判权力运行机制改革，后者则是法官的约束、监督、追责机制。

由此可见，司法责任制改革这个“牛鼻子”必须牵牢，更要牵准，否则它的主体工程作用就难以发挥出来，甚至影响司法制度大厦的质量。从某种程度上说，司法责任制是在其他条件具备的情况下，按照司法属性对法官独立审判在一定前提下的排他性保护，而非以追责为主导的监督机制。

四、措施之四：建立符合职业特点的司法职业保障体系

按照传统观点，国家工作人员主要依靠对公共事务的责任心与对

政府的忠诚来完成各项工作,相关的保障体系无关紧要。随着对社会分工和职业规律认识的提升,社会保障不仅成为每一个社会成员享有的基本权利,而且国家根据不同职业的特点逐步建立起了相应的职业保障体系。保障已经不再是可有可无的附属品,而是成为履行职责、发挥功能的前提条件,公开谈论保障问题也不应当受到指责。因此,建立符合法官、检察官职业特点的司法职业保障体系成为这一轮司法改革的“基础性”工程。

法官、检察官的职业保障是一个完整的体系,包括职务保障、履职保障、物质保障、安全保障等。关于建立法官、检察官独立工资序列的改革方案、关于对过问说情干扰独立审判的记录通报追责制度、对藐视法庭行为的处理程序制度等,都是当前司法职业保障的重大改革措施。当然,任何职业保障体系的建立并非只为这些职业人士自身谋利益,而是为了这个职业的社会功能更好地实现,否则社会便无法享受到这个职业带来的收益,最终伤及的必将是所有社会成员。

虽然中央确定的司法职业保障体系建设的目标高远,但限于条件,仍需逐步推进。不太乐观的是,对于法官对职业保障的最低期待仍然基于社会对法官职业的大众式苛求。其中固然有公正、廉洁、效率问题,但服判息诉、信访稳控、维护稳定、质效考核、案多人少、权威不彰等方面的压力让一些法官难以承受,甚至有人认为法官是“高危职业”,存在“生存危机”。这与保障体系确实有关,但实际上这些问题的出现主要是因为现行法官管理制度不适应法官职业特点,诉讼程序没有成为法官审判案件的排他性依据所致。同时,建立司法职业保障体系还受到对司法职业特点的理解与接受程度、与其他行业或职业的平衡、国家财力等多方面条件的影响。由此可见,建立司法职业保障体系道路还很漫长而艰难,但如果没有这一保障体系,现代司法制度大厦的主体工程便无法形成。

以上便是中央所确定的我国司法制度建设的四大主体工程。其他各项司法改革措施固然也十分重要,但对司法制度的长远希望还是来自主体工程。同时,尽管主体工程的核心和基础地位已众所周知,但我们仍然不得不继续与这组尚未产生实用价值的主体工程相伴若干年,甘愿在路人无视、同行无奈的环境中,以对法治理念的坚定信仰和对司法事业的忠诚,去完成主体工程以外的副楼建设、功能分区、内外装修、门窗安装、水电工程、网络系统、设施配置等无数细致的工作,最终让这座现代司法大厦发挥出预期的所有功能。

(《法制日报》2016 年 1 月 13 日)

全面深化司法体制综合配套改革

我国司法体制的基本框架是在1954年《宪法》基础上建立的。十八大以来,中央通过四项基础改革和一系列配套改革措施对已不适应新形势的内容作了调整,并围绕主体制度框架进行配套衔接。2017年7月,习近平总书记对中央政法委在贵阳召开的司法体制改革推进会作出重要指示,要求推动司法改革综合配套改革试点,提升司法的整体效能。2017年8月29日,中央深改组批准《关于上海市开展司法体制综合配套改革试点的框架意见》,分别就权力机制、治理机制、人事机制、环境机制方面的配套改革等作出部署。在党的十九大报告中,习近平总书记进一步提出了“深化司法体制综合配套改革”的要求。11月2日,上海正式发布了司法体制综合配套改革的136项细化改革措施。从此,综合配套改革试点工作正式铺开。

在经历了十八大以来那样一个波澜壮阔的司法

体制改革“立柱架梁”阶段之后,我们进入了一个新的时代。就司法改革而言,在这个新时代里更需要在主体框架基础上对法治大厦进行精装修,对改革成果进行深加工,一直坚持到大功告成之日。

对于要完成的配套工程,根据不同标准可以分为五项、六项或者十项等。经过重新梳理、归类,现提出需要做好配套改革的十一个领域如下。

第一,进一步优化司法职权配置。这在某种程度上就像是建筑物的功能分区、职责定位,明确哪里是会议室,哪里是茶歇处,哪里是休息室等。这项工作的具体内容有很多,如审判权与管理权、执行权分离问题,不同机构之间职责划分,上下级法院功能定位等。其中有一些在上一轮改革已经做了初步尝试,但是要真正推行下去还有赖于深化改革。

第二,健全司法事务管理机制。作一个不恰当的比喻:司法行政事务管理就像一个建筑的物业管理,目的是保证这个建筑大厦正常运转。运转机制方面的内容也有很多,有的是已经着手解决的,有的则是还没有解决的,如法院司法行政事务归谁管理的问题。如果归法院自行管理的话,法院到底以何种方式管理?是由最高人民法院直接管理,还是由各级法院建立民主化的会议管理?关于司法行政事务管理机制问题,其他国家也有不同的实践模式,也可以去研究借鉴。

第三,完善司法人事管理制度。十八大以来的四项基础性改革几乎都涉及“人”的因素。分类管理,职业保障,司法责任制,法官省级统管……这些改革重新构建了司法人事制度的大格局,实现了历史性的变革。但是,建立符合司法规律的司法人事管理制度是一个既需要胆略、又需要智慧的系统工程,也是司法体制综合配套改革的一个关键问题。做过组织人事工作的同志都知道,司法人事制度改革同样要解决法官遴选、轮岗调遣、纪律惩戒、晋级晋职、退休退职、教育培训、编制管理、组织构建、内设机构等诸多问题。

第四,改革法官养成机制。因为法官是未来执掌司法大权的人,所以培养机制关涉正义质量,关涉法治水平。无论是以往采取的从内部人员中培养的模式,还是改革之后从法官助理中培养法官的模式,在系统性、针对性、效能性、深入性等方面都存在一些问题。十八届四中全会提出的"职前培训"是一条好出路,也吸收借鉴了其他大陆法系国家和地区的通常做法。因此,可以考虑建立两年制的专门训练制度,而不是依赖法官助理在岗积累经验但缺乏系统训练的方式。当然,我们还要改善入职后的进阶培养、"传帮带"模式、在职培训等机制,从律师学者等优秀人才中遴选法官的试点工作也应当坚持。

第五,完善司法监督考核评估机制。这项配套工程的关键是如何把好出口的问题。无论前端如何运作,最后的"标尺"一定要符合司法规律,一定要发挥衡量、校正的作用。我国对司法的监督机制不可谓不多,但有些做法与司法规律相去甚远。目前一些学术机构已经发布了多套评估指数,做了不少很好的尝试。所以,监督考核评估也应当成为司法改革的重要配套工程。

第六,深化科技在司法中的应用。随着现代科技日新月异的发展,这项配套工程再也不是可有可无了。无论是司法大数据应用,还是司法人工智能开发;无论是电子卷宗的深度应用,还是电子诉讼程序覆盖范围的扩大,都为中国司法制度又好又快地发展提供了历史的大好机遇。

第七,完善诉讼程序机制。诉讼程序制度改革和机制完善过程其实从未间断过。在最近完成了三大诉讼法的修改之后,特别是实施了建立以审判为中心的刑事诉讼制度改革之后,相关的配套机制显得更加重要。审级制度改革,审前程序完善,证据制度强化,诉访分离改造,审判组织重构,人民陪审制度的再造……还有每一个环节的细化操作规程,都是下一步司法体制改革中的"精细活儿"。

第八,完善多元化纠纷解决机制。司法资源的有限性,决定了司法体制综合配套改革要“眼光向外”，要加大对其他国家资源、社会资源、市场资源的使用力度。当矛盾发生时，司法只能作为最终的、最权威的解决机制。而只有其他纠纷解决机制都发展成熟起来，才可能保证资源的均衡利用，让各类纠纷进入最合适的解决渠道。因此，多元化纠纷解决机制是对“解纷资源”的重新配置，是国家治理体系和治理能力现代化的必由之路，也是司法改革的一项重要配套工程。

第九，加快法律职业建设。建立统一法律职业是十八大以来最具配套意义的改革。实践证明，一个国家要实现法治，不可能脱离一个强大的法律职业。在司法改革中，法律职业建设当然也不能缺位。法律职业改革会带动法学院教育制度、考试制度、一体化模式等一系列改革，是一项更为长期和艰巨的改革。

第十，建设法治文化和环境。文化是精神的结晶。中国从普及法律常识到树立法治理念，十九大又提到“建设法治文化”的高度，必将带来法治观念增强、法治环境改善、法治文化深入人心的变化。而只有在这种法治氛围之中，司法体制改革的各项目标才能最终实现，人民群众才能从日常生活中感受到正义的力量，在具体案件中感受到公平正义。

第十一，全面改革司法行政制度。十八大以来的司法改革涉及法院、检察院的内容最多，但作为司法权力“大后方”的司法行政不可能被忽视，而只是改革轻重缓急的安排而已。我国政府司法行政的服务理念、功能定位、职责范围、组织构造、行权方式、职业发展、文化培育、法律服务、立法起草、刑事执行等都将成为配套改革的研究重点。

以上十一个配套改革的领域未必全面，但大致可以描绘出今后一个时期中国司法改革的路线图。随着综合配套改革的进一步深化，这些领域还会根据需要有所增减或调整。

（《法制日报》2017 年 12 月 6 日）

综合性司法改革示范法院的十项标准

习近平总书记在前海考察时曾提出，要把前海建设成为中国特色社会主义法治示范区。首席大法官周强在为前海合作区法院挂牌时，对前海法院提出了打造“综合性司法改革示范法院”的要求。在提出这样的要求时，恐怕很少有人对这种“示范法院”的标准有清晰的认识，因为当时四中全会作出的司法改革决定只是初见端倪，多数司改方案都没有出台，出台的措施尚未完全落地。

几年后，时任中央政法委书记孟建柱郑重宣布，经过艰苦努力，中央领导的司法体制改革的主体框架已基本确立。习近平总书记再次指示要“开展综合配套改革试点，提升改革整体效能”。今天再来看“综合性司法改革示范法院”的标准，我们心里便有了一个大体的轮廓。根据当前司法改革推进的程度，我们尝试提出一套综合性司法改革示范法院的评估标准，也为开展“综合配套改革试点”提供一定的理论支持。

第一,司法责任制全面落实。司法责任制是司法体制改革的重点,对提高司法质量、效率和司法公信力具有决定性影响。法院内部人员科学分类、合理配置、各尽其职;确立法官办案主体地位,做到由审理者裁判、由裁判者负责;担任院庭长职务的优秀法官在履行审判职责的同时,依法进行监督管理,实现了从微观的个案审批、文书签发向宏观的案件质效监管的转变……司法责任制的全面落实同时引发了法院内部工作方式的根本改变。这应当是一个示范法院最基本的条件了。

第二,审判中心立规定矩。法律的确定性是一项公认的法治基本原则,而审判机关承担着实现法律确定性的最终使命。中央发布关于建设以审判为中心的刑事诉讼制度改革方案后,对审判权在法治过程中的中心地位加以确立和巩固,掀起了中国诉讼程序改革的新高潮,标志着我国的诉讼制度朝着法治中国的方向迈进了一大步。只有做到这一点,司法裁判才有权威性,法治也才能发挥其应有的治理作用。目前,各地政法机关在现行诉讼法框架下细化规范,校正此前不符合法治精神的做法,推动了中国特色现代司法制度的建立。

第三,程序正义无可挑剔。法官、代理律师、当事人乃至公众对一个案件的实体结果可以有不同的评论。这是由法律的复杂性和认识的多元性决定的,对于高度关注自身权利的当事人来说更可能有不同意见。但是,对于程序正义的实现标准来说,各个方面都有趋于一致的认识。人民法院的一套审判程序进行下来,即使是那些对裁判结果持批判态度的人也不得不承认:虽然我不同意裁判结果,但我认为审判程序对我是公正的。这种结果便是程序正义“无可挑剔”的标准,而通过司法改革使自己的工作达到这种标准的法院,完全可以成为一种示范。

第四,诉调对接完善健全。评价一个法院能不能成为综合性司法改革示范法院,除了看它对司法资源的配置和使用是否科学外,还要看它是否发挥了法院在国家治理体系中特有的作用,是否有效利用了诉讼外的解纷资源,是否建立了体系完整、运行有效的多元化纠纷解决机制。各地法院在落实中央和最高人民法院发布的改革方案时,具体情况各不相同。实践证明,凡是各方面工作业绩突出的法院,无一例外地是推进多元化纠纷解决机制改革出色的法院。

第五,法官管理遵循规律。法官是国家公务员队伍的组成部分,但司法职业的属性决定了应当对法官采取区别于普通公务员的管理办法。虽然中央已制定了关于法官遴选、职务序列、薪酬制度、职业保障、惩戒程序等问题的一系列区别于普通公务员的管理制度,但各地的落实程度不尽相同,一些地方还处于磨合、接受阶段。对于那些已经基本上实现了法官与普通公务员在管理上相区分的法院,可以说这些法院至少在这方面已经具备了成为示范的条件。

第六,法官"三化"基本实现。如果一个法院的法官未能达到正规化、专业化、职业化的水平,无论在其他改革措施和制度建设方面取得多大的成就,都难以确保公平正义的质量,也很难提升司法的公信力。所以,法官"三化"建设是一项基础性、前提性和关键性的改革。一些法院往往把法官能力建设当作一项常规性的工作来对待,认为这只是提高法院工作水平的"软措施",而没有将其纳入司法改革的框架之中。但是,中央所提出的包括法官遴选、职前培训、养成机制在内的一系列改革方案都与提高法官"三化"水平直接相当。尽管"三化"建设非短期可以做到,但缺少了这一要素的法院是难以为其他法院提供示范的。

第七,职业保障根本改善。无论是职业地位、职业尊荣的落实,还是工资待遇、人身安全的保障,都应当列入示范法院的标准。根据法官职业特点和审判工作规律,中央在司法职业保障方面出台了一系列改革方案。如果法官的尊荣与待遇达到了与法官所承担的神圣职责相匹配的程度,这样的法院便能为其他法院提供很好的示范作用。当然,司法职业保障机制的落实需要一个周期,与各地的条件是否具备也有直接关系。

第八,智慧法院提升效能。在当今大数据、云计算、移动互联网时代,传统司法运行模式已不适应信息社会发展趋势,而必须借助科技力量进行变革。现代科技已成为为人民群众提供高品质、高效率司法服务的基本手段,是其他改革举措和工作制度发挥作用的基础。没有信息化就没有人民法院工作的现代化,没有信息化就难以实现审判体系和审判能力现代化。智慧法院建设水平直接体现了司法发展的力量,显现出司法发展的潜力。因此,一个综合性司法改革示范法院必须是一个司法与科技深度融合的智慧法院。

第九,内部结构科学合理。法院内部审判团队的构成很难以统一的标准来衡量,但应当符合公平、效率、独立、胜任等基本要求。关于法院内设机构改革,应当以机构精简和职能优化为目标,综合考虑专业划分、法官数量、人员编制、案件数量等因素,整合职能交叉、业务相近的非审判业务机构,正确处理内设机构和办案组织建设的关系。内设机构改革的成功与否直接关系到司法管理集中化、审判团队精英化、监督评价科学化的实现。传统内部组织模式的合理之处应当保留,但不适应新的司法方式的模式必须打破。在这轮司法改革中,新设立的法院(如知识产权法院、跨行政区划法院)以及最高人民法院巡回法庭都采取了全新的内部结构,实践证明是基本成功的。

第十,诉讼服务优质高效。司法机关通过审判案件来分配正义,这是"司法为民"最重要的表现形式。与此同时,如何能让人民群众方便地获得司法救济,也是世界各国最为关注的"畅通司法救济渠道"(access to justice)的改革,成为检验诉讼服务质量的一个显性标准。最高人民法院发布了相关的改革方案,各地法院也采取了一系列司法便民利民的措施。尽管这些工作看上去不会产生轰动效应,但它反映了人民的主体地位，关系到司法民主的程度，最终影响司法的公信与权威。

当然，评判综合性司法改革示范法院的条件还有很多，但上述十项应当是最基本、最重要、最具标志性的标准。如果说我国现代司法制度的主体框架已基本确立的话，这十项标准或许应当是一个中国特色现代化法院的雏形了。

（《法制日报》2017年7月12日）

上下级法院关系改革的思路

《人民法院第三个五年改革纲要(2009－2013)》对新时期改革上下级人民法院关系提出了具体目标,要在审判工作方面建立科学的审级关系,要在管理工作方面构建科学的服务和保障体系。但是,在我国司法制度中,上下级法院的关系一直是一个悬而未决的问题。说它悬而未决,既包括立法上缺乏明确、系统的界定,也包括实践中存在有违司法规律的做法和现象,但最重要的还是理论基础尚不扎实,理论指导不够及时。本文将对这项司法改革所涉及的几个重要理论问题进行简要梳理,以期为改革提供科学的理论指导。

一、理论基础薄弱的体现

上下级法院关系的理论基础薄弱,已经成为深化这项改革的一个重要障碍。这一障碍主要体现在以下几个方面:

第一,上下级法院之间存在的不同种类、不同性质的关系没有得到科学划分。上下级法院之间的关系比较复杂,有审判工作关系,有行政管理关系;有独立审判的平等关系,有上诉的审级关系;有平等关系,有命令服从关系;有抽象问题的协商式关系,也有具体问题的隔绝式关系……由于缺乏科学的理论指导,现实中各种关系经常混同在一起,相互影响,你中有我,我中有你,不该有层级服从关系的实行了行政化,而该强化行政管理的又显得缺乏力量。

第二,单一制国家的理论在实践中远远未能得到体现。我国虽然是单一制国家,但法制实践中并没有明确地、系统地将国家事务(中央事务)与地方事务分开。根据《宪法》,几乎国家所有的事务在名义上都属于国家事务,但实际上又与地方事务一样交给地方管理。地方除了没有自己的军队、外交之外,几乎拥有司法、警察、税收、财政等全套的国家机器。这种矛盾体现在司法领域则把司法置于一种不可思议而又不可调和的地位,其双重属性成为对单一制国家结构的严重挑战,也导致司法职责难以完整地实现。

第三,法制统一理论未能重建上下级法院关系。20世纪90年代,我国通过修改《宪法》明确了法制统一的宪法原则。这既是一个政治目标,同时也要求在具体法律制度上作相应的调整。尽管法制统一理论在大部分领域已经有了制度建设,如立法的全国统一、对行政立法和地方立法的监督机制、司法解释制度、上诉制度等,但在上下级法院关系方面并没有建立保障法制统一适用的新机制,也没有对以往的做法进行清理,致使这一理论的作用大打折扣。

第四,法院管理理论的不发达导致法院管理混同于普通行政事务的管理。在权力归属方面,我国法院的管理权,特别是那些重要的、核心的管理权仍由法院之外的其他部门行使,而法院只行使有限的内部管理权,因此法院管理在体系上显得支离破碎,司法管理的自治性难以体现,而且法院管理方式缺乏对司法规律的敏感性。

第五，由于长期缺乏正确的理论指导，司法机关自身运行过程中体现的上下级关系趋于行政化。法院的内部管理方式更多地体现行政的特点，而且管理制度越来越严格、越来越多，并影响审判职能履行方式。案件裁判结果的审批制度，案件请示制度，案件质量评查制度，审判和管理的绩效评估制度等，都在一定程度上体现着上下级法院之间的不正常关系。

第六，上下级法院关系立法缺位。虽然《宪法》和法律规定了法院之间在审判工作方面的监督关系，但对于具体的监督形式以及操作规则，法律未作明确规定。对于司法行政管理问题，法律既未规定权力归属，更未规定上下级法院在这方面的关系。对于实践中出现的各种做法，法律也没有及时予以肯定或纠正。

要解决上述因理论基础缺陷而导致的问题，必须要对症下药，从打实理论基础上着手。下面简要阐述与解决上下级法院关系问题直接相关的几个重要理论问题。

二、单一制的国家结构理论

《宪法》规定，中国是一个单一制国家。根据这一国家结构理论，全国实行统一的法律制度，在尊重民族自治和地方分权的前提下，国家的各个组成部分在统一的领导之下。这种“领导”包括两种含义：一是在最高级别的政府即中央政府的领导之下；二是在最高级别的法律即《宪法》和中央法律的统一规范之下。任何地方的意志必须与《宪法》和中央立法保持一致。体现在上下级法院关系方面，主要是指：

第一，在单一制国家只有一套法院系统（不是指专门法院与普通法院，而是指国家法院和地方的法院）。上级法院对下级法院的所有案件都有管辖权（上诉管辖权、提级管辖权、其他形式的管辖权），最高人民法院对所有地方法院的案件都有管辖权。在法院的内部构成上，上下级法院都应当基本保持一致。虽然并不排除不同地区的法院会有自己的特别之处，但基本框架、模式应当是相同的。

第二，在单一制国家中，所有法院都是贯彻中央层面上的意志（指中央立法）的一个整体，而不能分属于国家的各个组成部分（指地方）的政权。这些法院虽然在级别、层次上不同，但其执行的意志是相同的。至于地方立法的补充性、解决性在地方法院法律适用中的作用可以作为一个法律适用问题进行研究，但并不从根本上影响上下级法院之间的关系。同时，各级法院的司法行政管理权应当由中央统一行使，而不应当掌握在该法院所在的地方政府手中。如果司法行政管理权（其他管理权也是一样）被地方“瓜分”，单一制国家结构也就受到了破坏。

三、法制统一理论

在不同国家，法制统一理论的适用方式不尽相同。在联邦制国家，法制统一的范围和程度严格按照联邦与地方的权限划分来确定。联邦宪法是法制统一的根本。任何法院的判决都应当以联邦宪法为依据。在单一的联邦制国家，大部分权力属于联邦，地方虽然以邦的名义存在，但由于绝大多数法律都是联邦制定的，所以地方适用法律的统一只能集中在联邦（中央）的法律上。而在单一制国家，宪法和所有法律都是单一的中央层面的意志，地方只在宪法和法律规定的范围内有一定的自治管理权，其自主立法权也是相当有限的。

就司法机关而言，单一制国家所有层级的法院执行相同的法律，即中央立法，并根据法律效力等级理论和相关制度决定所适用的法律（含地方立法）。体现在上下级法院之间关系方面，法制统一理论要求上下级法院对所有法律事项都适用相同的法律标准，而且上级法院对下级法院适用法律的活动进行统一性方面的监督。这一理论还要求，所有法律事项都可以上诉到最高法院（或通过审判监督或其他方式完成这一过程)。

四、审级理论

司法机关的审级理论与行政系统的分级负责制度在形式上有相似之处,但实际上有本质区别。审级理论的内容是,对于下级法院的裁判不服,可以请求上级法院对全案或法律规定的部分进行重新审理,最终以上级法院的裁判为准。各级法院之间没有决定过程中的命令服从关系,而只存在裁判之后的重新审理关系。

审级理论有三大功用:一是纠正下级法院的错误;二是给当事人再一次诉讼的机会;三是维护法律适用标准的统一。所以,审级理论是决定上下级法院在审判工作方面关系的重要和直接的理论基础。按照审级理论,当事人对下级法院的裁判不服,可以上诉到上级法院。而且从理论上讲,只要是法律适用问题,当事人均有权请求最高法院作出最终的裁判,无论这种渠道是正常上诉、非常上诉、特别上诉还是普通法的令状等。但是,实际上各国对此都有所限制,即通过限制审理范围、诉讼费用、律师代理、重要程度等,把最高法院的受理案件范围和数量限制在适当的程度。

多数国家并不笼统地限制上诉机会,如二审终审、三审终审,而是给予当事人最多的上诉机会,但又根据实际情况作出诸多限制。例如,小额诉讼的一审终审,上诉实行许可制度,只有法律问题可以上诉,宪法问题或法律统一适用问题优先受理等。

五、职权分工

“权力分立”“职能分工”,都是对不同部门行使不同职权的具体描述。不论其政体属于哪种模式,现代国家绝大多数都采纳这样的职权配置模式。

对于审判案件这一权力性质的理解，各国都认为它属于纯粹司法权，应当由司法机关按照司法权的规律行使。但是，对于保障和服务于审判权的司法行政管理权，各国则有不同认识，对于这项权力的归属也有不同实践，并相应地对于行使这种权力的制度和体系又采取了不同的结构。有的国家规定由政府的司法部或专设的部门行使，有的国家建立了独立的司法委员会，有的国家由法院和政府分别行使，有的国家则由法院系统自行管理。

采取不同的模式，会形成不同的上下级法院关系。司法行政权所管理的对象是法院的行政事务，所以更侧重以指挥和领导方式进行管理。但是，由于这种管理的目的是保障司法权的公正、独立依法行使，而司法权的实现过程对"指挥""服从"相当敏感，所以司法管理权的行使机构、行使方式一直是司法热点问题。如果这一职权由政府行使，司法机关则无权插手司法行政，上下级法院之间也就只有审判工作方面的审级关系，而没有司法行政方面的上下级关系，虽然省事但又容易引发司法独立方面的顾虑；如果这一职权由法院自主行使，上下级法院之间则存在两种完全并列的关系，即审判工作方面的审级关系与管理方面的指挥关系，这为司法职能的实现增加了难度；如果司法行政管理权由政府和法院分别行使，法院之间则没有完全的司法行政关系，使很多关系处于不确定状态，而所引发的顾虑也有很多。

对于上级法院或最高法院自主管理司法行政事务的情况，各国法院通常采取一些措施以尽可能淡化上下级法院之间指挥与服从的关系，如建立法官代表机构行使司法行政决策权，吸收其他部门如政府、议会、律师界、公众代表参加，而不是完全由上级法院独享管理权等。

六、管理职能的附属性

任何一个组织都有其设立的根本目标，而为实现这个目标所产生的行政事务管理具有天生的附属性。也就是说,没有根本目标,则不存在组织;而要实现根本目标,也离不开管理活动。例如,一个企业以生产、销售为根本目标,但为实现这一根本目标而实行分组、质量控制、奖惩、福利保障等。这些管理措施自身没有独立的价值,但业务活动离开了这些管理也难以进行。

司法机关的根本目标是司法,是审判案件,而为保障司法目标的实现必须进行管理。外在的、重要的司法行政管理权的归属已经在上面阐明,但与法院的日常运转、案件的流程等直接相关的事务,由于它与司法的密不可分的关系而通常交给法院自行管理。而且,这些事务的管理通常在上下级法院之间又形成了另外一种特别的指导关系,有的则逐步演化成了领导关系,如案件流程管理制度。因此,管辖职能的附属性在一定程度上决定着上下级法院在某些特殊领域中的关系。

七、结论与展望

影响上下级法院关系的基本理论还不止这些。一个国家的传统政治文化与法律文化,在塑造历史的过程中一些不测因素的介入,都可能影响司法制度的形成,影响司法系统内部的关系。在进行上下级法院关系改革的过程中,我们必须深入研究这些基本理论问题,先认识和把握事物自身的规律,之后再根据中国的实际情况设计和改革具体的制度。

(《法律适用》2004 年第 8 期)

第三编

法院管理与运行机制改革

论法院的管理职能

作为国家的一项公务活动,法院管理与法院是同时产生的,因为任何机构的运转和特定职能的实现,都必然辅之以相应的管理工作。但长期以来,无论在法院还是在学术界,法院管理只是被视为一项理所当然的活动,并没有引起多少关注,也没有什么大的波澜。直到20世纪30年代,美国将联邦法院的管理权从司法部转移给联邦法院系统,并建立了适应法院审判职能特点的行政管理组织、制度,法院管理的重要性和复杂性才逐渐引起了人们的关注。在我国,法院的司法行政事务管理权在20世纪80年代初从人民政府的司法行政部门转移到人民法院自行行使,当时只被当作普通的国家机关之间的职权分并,也没有引起太大反响。但是,当党的十六大提出"改革司法机关的工作机制和人财物管理体制,逐步实现司法审判和检察同司法行政事务相分离"后,无论是理论界还是实务界,都开始把注意力集中到法院管理的基本理论问题和具体制度上来，开始研究法院管理工作的地位、性质、内容、组织、运行规律，在更大范围内探索法院管理的技术操作。一些地方法院根据审判工作的需要，开展了法院管理制度改革，积累了丰富的经验，为建立科学的法院管理理论提供了实践基础。本文将对法院管理的一些基本理论问题以及改革的方向，提出一些初步看法。

一、法院职能“两分法”与法院机构“双重性”

（一）对宪法的规定的理解

法院的职能是什么？这一问题在宪法中已经得到了回答。《宪法》规定：“中华人民共和国人民法院是国家的审判机关。”在国家权力构成理论中，法院居中裁判法律争议的职能则更明显。问题是，审判是不是法院的唯一职能呢？换句话说，审判工作的管理以及法院机关本身的管理是不是法院职能的一部分呢？

有关研究表明，在各国法院的设立之始，并没有哪个国家将法院管理作为法院同时承担的职责，而是通常将这部分职能交给政府机关行使。后来，各国纷纷通过立法规定这部分管理权的归属：有的收归法院行使，有的继续保留在政府行使，有的则成立了游离于法院和政府之外的独立的法院管理机构。即使将这一权力收归法院行使，也存在不同的操作模式。

1983 年之前，我国法院系统的管理职能由司法行政部门行使。这是当时的《人民法院组织法》所规定的。1983 年对该法律作重大修改时，这一条款被删除。自此开始，我国的人民法院既行使审判权，同时行使法院司法行政事务的管理权。尽管如此，我们还不能说法院既是审判机关，同时也是司法行政管理机关。因为法院是作为国家审判机关设立的，其司法管理职能是附属性的和辅助性的，而不是主导性的。而且，我国的法院目前并不是行使法院行政事务管理权的唯一机关（具体分析见后文)。即使成为统一管理司法行政事务的机关,管理的组织形式也可能并不采取机关首长制,而可能是采取代表会议制、委员会制。虽然法院的职能可以适用“两分法”,但并不能简单地说法院机构的性质具有“双重性”,除非宪法或法律明确规定最高人民法院管理全国法院的司法行政工作。

(二)关于权力归属的讨论

在研究司法体制改革的过程中,有一种观点认为,法院的行政管理权应当由政府的司法行政机关行使,而法院本身只需要履行单纯的审判职责即可。应当说,这种观点在新中国的司法发展史上曾经作为主导观点,在国际范围内也有先例可循。但是,理论界和实务界目前比较主流的观点还是认为应当由法院自己行使行政管理权。这是因为,法院的行政管理是一项特别的职能。虽然它在形式上与普通的行政管理没有根本不同,但它所服务的对象——审判职能与普通的执行法律职能有很大区别,特别是它对独立性、中立性、程序性、专业性方面的要求,使法院管理职能成为一个非常敏感的领域。稍有不慎,便可能伤及审判独立,进而涉及行政与司法两个部门之间的关系,容易引起权力和利益纷争。因此,尽管我国《宪法》没有规定法院的行政事务由法院自行管理,但1983年的《人民法院组织法》将“法院的行政事务由司法行政机关管理”删去,而且实践中也是把这部分权力交给了法院自己管理,从此司法部、各地的司法行政机关不再管理法院的司法行政事务。

二、审判职能与管理职能的区别与关系

法院的审判职能与管理职能的主要区别有以下四项:

(一)审判职能的主导性与管理职能的辅助性

设立法院的目标是对具体案件中的法律问题进行裁判。这是《宪法》《人民法院组织法》等一系列法律规定的,也是国家机构之间科学分

工、职能分立的要求,更是法律过程的必然要求。在这样一个机构中,一切制度的建立,一切人力的安排,一切财力的运用,一切资源的配置,都必须与审判活动的进行、审判职能的实现结合起来。脱离了审判活动,其他活动便是没有独立价值的。换句话说,法院的管理活动是为审判活动的实现和完成而存在的,都是辅助性的。再大的款项,级别再高的官员,再复杂的科学技术,都必须服务于审判职能的实现。

这里有一点需要说明。实践中,一些机构中常有辅助职能(在实际上)压倒基本职能的情况。在一个大学里,教学科研、学生教育应当是基本职能,居主导地位,但有时学校的行政人员比教授都"高一头"。这表明在学校管理上出现了方向性问题。在一些法院也有类似情况。普通的办案法官并没有多高的地位,而无数的行政部门的领导却拥有较高级别,甚至其办公条件也比法官好。这就是我们一直呼吁的"法官中心论",或者说"建立以法官为中心的法院",建立以审判为中心的法院的原因。

(二)审判职能的裁判性与管理职能的运转性

作为审判机关,法院的基本功能是对于起诉至法院的案件进行审理并作出裁决。如果没有对案件的裁判,或者说如果没有通过案件对其中的法律问题,依照法律进行裁判、解释,也就没有审判职能。

管理职能则完全不同。法院管理并不直接作用于案件的处理结果。尽管管理为案件的裁判服务,但管理是为了保证审判活动的运行,保证法官依照法律最终形成裁判结果。所以,管理职能重在其运转性和保障性。

(三)审判职能的职业化与管理职能的公务化

对于一起争议,任何人都可以作出自己的判断。但是,法院对案件的判断标准不是经济标准,不是政治标准,也不是道德标准,而是法律标准。也就是说,审判职能的实现必须以法律为准绳,而法律是一门具有较强专业性的学科，从事裁判的法官也必须具有较强的职业性。

法院的管理职能首先是国家行政管理总体中的一个组成部分，从事这一管理工作的人员都应当属于公务员，其管理活动在很大程度上属于普通的公务活动。司法行政管理从事务构成来说，与普通的行政管理是相匹配的，集中在人、财、物、事务等方面，而且应用于这些管理的原则是基本相同的。当然，法院的行政管理与普通的行政管理在服务的对象、管理方式等方面还有很大区别，主要是因为所服务的对象具有中立性、独立性、专业性等本质属性，所以必须作相应调整，尽管这并不能改变其基本的"公务性"。

（四）审判职能的独立性与管理职能的领导性

对司法独立的普遍接受已经使我们没有必要对此多作阐述，这里只概要提及。审判职能与其他国家职能之间是相互独立的，这是《宪法》的规定，更是法治原则的基本要求。每一个审判组织（可以是合议庭、独任法官、审委会、全员合议庭）对一个案件进行审判时，与其他组织是相互独立的。他们的决定就是本级法院的裁判。当事人如果不服，可以通过法定的上诉等途径进行救济。

而对于管理职能来说，司法机关作为国家审判机构是一个整体（必要时也分级管理），所以要确保管理的统一性。为确保行政管理的有效性，所有的行政管理都是一体的。上下级司法行政之间应当是领导关系，上令下从，上下一体。只有这样，才能保证管理标准的统一，使各项裁判活动在这个统一的框架中正常运行。

这里还要纠正一个观念。在司法改革研究过程中，有一种观点提出法院要"垂直管理"。这种观点的表述本身并没有错误，因为它只限于"管理"，而不包括"审判"。但是，还有一些人却将其误解为审判工作的垂直领导。这种理解是违反常理的，因为在当今法治发展的时期，在争取审判独立的成果基础上，不可能再退回到审判权一体化的时代。

三、法院管理职能的具体内容

法院管理职能内容十分丰富。除了法官主持进行的审判活动外，其他几乎都可以称之为“管理职能”，尽管其中也存在一些不太容易划分的情况。根据各地法院在管理方面的经验，下面把法院的管理职能分为三个层次。

（一）案件审理层次——审判管理

与人民法院办理案件的活动直接相关的管理活动，是法院管理中最常遇到的内容，各级法院通常称之为“审判管理”。具体内容包括两大类：

第一，审判流程管理。这部分内容与案件审理活动的进展结合在一起，形成对审判活动全过程的管理和控制。具体包括案件管理、审限管理等。

第二，审判质量管理。这是我国各级人民法院当前的一项重要管理制度，一些法院还建立了审判质量（或案件质量）评估体系，对法院、审判庭、合议庭乃至法官个人的工作质量进行监督管理。

另有两点需要作特别说明：

一是审判管理与诉讼活动的区别。有些诉讼活动看起来与审判管理密切联系，甚至难以区分，如审限问题、回避问题。但这里需要把握一个界线：凡是根据诉讼法（或相关的程序规则）的有关规定从事的活动，基本上都可以视为诉讼活动，适用诉讼法调整；凡是诉讼法没有规定的活动，虽然与诉讼法有关，但应视为管理行为。例如，审限的遵守、延长、中止属于诉讼活动，而超审限警示制度则属于审判管理的内容。

二是审判质量管理的合理性。有一种观点认为法院的审判质量管理在一定程度上影响了法官作出裁判的独立性，因此持反对态度。另外,很多国家并没有建立严格的审判质量控制体系,而是将其作为一种不确定的指标交给社会、律师、公众来评价,最终产生政治上的后果。就我国目前所处的发展阶段而言,审判质量管理还是有必要的。

(二)系统运转层次——外部管理

人民法院作为一个完整的系统,其整体上履行审判职能,需要一系列保障条件,这就形成了法院的外部管理制度,具体包括人事管理、经费管理、物质设施管理、信息管理等。除此之外,法院与其他公共机关的关系管理也属于外部管理的范围。

(三)机关运转层次——事务管理

一个法院要想正常、有效运转,必须具备相应的条件。在这个层次上产生的管理工作通常称为事务管理。这是法院管理中与法院审判职责关系较远的一种管理职能,主要包括机关的安全保卫、后勤服务、设施维护、印刷文秘、档案管理、车辆交通、信息通讯等。这类管理职能存在于任何一个机关中。

四、管理职能实现的两个体系:决策与实施

法院管理职能的性质和范围确定之后,便是管理职能如何实现的问题。根据各国的法院管理模式,通常从职能实现的阶段划分,分为两个体系,即决策体制和实施体系。

(一)为何区分两个体系

通常说来,任何活动都有两个阶段,即决策阶段和实施阶段。法院管理也不例外。同时,法院管理有一个重要的原则,就是法官自治管理。也就是说,法院司法行政事务的决策,应当由法官作出。同时,法院司法行政事务并不都需要法官去完成,或者说行政决策的实施可以交给专门的管理人员完成。当然,也不排除一部分法官直接从事行政管理的情况。这种设计最重要的考虑还是由法官决定自己的事,从而

保证审判独立原则的最终实现。

从我国和其他国家的法院管理实践来看，法院管理分为两个体系对合理使用资源确有好处。在我国，法院院长既是本法院级别最高、地位最重要的法官（首席），同时也是法院的行政首长。这两种身份合而为一的结构有其好处，但也有诸多问题，最为严重的就是首席法官无法将主要精力放在最重要的审判职责上，而且由于首席法官多为法律专家，由其直接从事行政决策和管理实际上并不见得是发挥了院长的长处。加之我国司法系统的构成和行为模式都有很强的行政化倾向，所以决策与实施不分无论对于审判职能的最佳实现，还是对法院管理的有效进行，都是不利的。

（二）决策系统基本模式

司法部门的重大行政事项，都应当由最高司法行政决策机构自行决定。这是审判独立的基本要求标准。但是，司法部门是一个庞大的系统，中国的法院系统目前有 30 万员之众，每年近 700 万起案件，巨大的诉讼标的，决策权力更显得重要。因此，科学的决策系统模式是科学的司法制度的重要组成部分。

从各国的情况来看，司法行政决策模式包括两种：

1. 最高法院作为司法系统的最高司法行政决策和管理组织

中国、日本等国家采取这种模式。我国台湾地区的司法行政决策模式也相类似，只是其“司法院”而不是“最高法院”作为最高司法行政决策机构。

这种模式的最大好处是直接、便捷。既然有了最高司法机构，则同时赋予其承担司法行政决策职责，方便快捷，从而无须再另立一套机制。而且，最高法院在司法裁判方面的权威也足以支持最高法院承担这一职责。

2. 法定的法官代表机构作为决策组织

司法职能的特点要求国家将司法部门内部划分为几个层次，作为审级监督的要件。那么,在决定事关审判职责有效实现的司法行政决策方面,有些国家则侧重于决策机构的代表性、民主性,从而组织特定的法官代表机构(有的是推选的,有的是法定的)作为决策者。例如,美国的最高司法行政决策机构是“美国司法会议”,美国首席大法官是司法会议的主席。其成员由各巡回法院的首席法官、国际贸易法院的首席法官和从各巡回区推选出的一名地区法官组成。地区法院法官代表由每个巡回区内的所有巡回法院和地区法院法官以多数票推选产生。

又如,俄罗斯司法系统的最高决策机构是代表整个司法总部门的“法官大会”。法官大会由各地区法官会议选举产生,并由大会选举出“法官理事会”,有100多名成员。理事会每年举行两到三次会议,讨论和起草有关司法改革和法院工作重要事宜的立法和规定,包括法官职业道德准则、法院财政、法院人事等。法官理事会还可以就法院如何解释法官地位法的各种规范发布准立法性质的“命令”和“建议”。由地区法官理事会从地区法官大会任命的法官名单中选举的司法资格委员会,是俄罗斯司法部门最重要的自治机关。它独自负责司法考试、发布向所有职位任命法官的决定、免去法官职务,并有权批准对法官的刑事犯罪侦察。当然,无论采取何种决策模式,分级管理的行政规律还是通行的,即各级法院都有相应的组织作为本司法管辖区内的司法行政决策组织,管理本地区法院的司法行政事务。如美国各巡回区上诉法院的“司法委员会”,俄罗斯地方法院的“地方法官大会”等。

(三)实施系统的模式

无论是最高法院作为司法行政决策机构,还是由法官代表机构作为决策机构,各国的司法行政实施系统比较相似。基本模式是:在最高决策之下,设立具体负责执行决策的办事机构,如美国司法会议下面的“美国法院行政管理局”(Administrative Office of the US Courts),俄罗斯法官大会(法官理事会)下面的“司法局”,日本最高法院下设的“事务总局”等。在各个司法管辖区的司法行政决策机构下面，也分别设有相应的办事机构，如日本各高等法院下设“事务局”，地方法院下设“事务科”等，但其地位、重要性、职责都弱得多，因为在司法统一的国家，中央层次的司法行政管理是最根本的。

五、改革的必要性和改革设想

在前述基本理论和实际问题分析的基础上，让我们来看一下我国应当如何改革。在设计改革方案时，应当遵循两项最为朴实的原则：一是要遵循科学的理论，至少是其中的精髓；二是要切合中国实际，能够解决现实中的问题。

（一）改革的必要性

应当说，我国的法院管理制度长期以来没有大的变化（除了权力移转外），这已经与我国迅速发展的社会经济状况，特别是社会主义法治国家建设的成就很不相称，其中的一些问题已经明确的表现出来，改革成为我们必须面对的选择。

第一，法院管理职能没有统一。根据我国的现行管理体制，在横向上，法院的经费预算、拨付和保障，都由政府（财政部门）负责，人民法院在其中并没有多大发言权；法院的人事管理也主要由其他部门决定，自己只有一小部分从属性的管理权；法院的内部事务目前多由法院自行管辖，但很多地方都要求法院的管理标准、制度与行政机关保持一致。在纵向上，各级人民法院本来作为一个司法部门，是一个整体，应当执行统一的管理标准（此处不涉及案件审判），但实际上我国的现行管理体制是各级权力机关管理本级的法院，而最高人民法院、上级法院在多数管理领域难以形成对下真正的领导。总之，涉及法院管理的相关职能分别由法院和其他部门行使，法院内部上下也没有形成统一的整体机制。

第二,整个法院系统的行政决策以最高人民法院为核心,单个法院的行政决策以院长为核心。正如前述,这种体制虽有好处,但问题也很大,主要是决策的民主性、代表性受到削弱,行政决策难以反映审判职能的最大需要。当然,在某种程度上说,现行的这种机制并不是必须改革,但如果顺应审判独立原则的发展和遵循现代司法制度的要求,对现行机制进行完善,必将取得更佳效果。

第三,行政管理活动与审判活动相互交织。由于院长、庭长同时承担行使审判权和管理权的"双重角色",而履行具体行政管理职责的工作人员又经常拥有法官身份,加之长期以来审判活动行政化的倾向比较严重,法院内部照搬行政主导的法院内部活动模式(无论是审判活动还是管理活动),所以管理活动与审判活动经常交织在一起,从而影响审判活动的中心地位和纯粹性。第四,法院系统内部或单个法院内部的行政管理实施机制比较松散,机构过多,职权交叉,缺乏科学性。法院内部的机构设置基本上按照行政机关的模式,即所谓庭、室、办、处等诸多机构,完全从组织构成理论出发考虑其级别、结构,而不是从审判中心、管理辅助的主从关系配置资源。简单地说,在一个法院内部"同级别"的机构中,管理机构可能比审判机构还要多,这就意味着法官和管理人员的级别待遇没有什么区别。同时,由于管理机构设置较多,互不隶属,所谓"分管院领导"也不止一人,因此影响了管理的统一性、集中性。

(二)改革的具体考虑

针对这些问题,笔者认为应当从以下几个方面研究具体的改革措施。

1. 统一法院行政管理权

国家在安排司法体制改革方案时,应当把法院行政管理权的统一与法院设置改革、法官任免体制改革、经费保障体制改革等"体制问题"一并考虑。实际上,法院行政管理职能的统一应当是上述体制问题得以解决的客观效果。如果没有法院设置、人事任免、经费保障等体制的改革,法院行政管理职能的统一便无从谈起。法院行政管理职能统一之后,全国法院系统的管理将执行统一的标准,接受统一的领导,法院系统自己可以根据审判职能的需要,全面管理自己的行政事务,以确保履行其审判职责达到最佳效果。

2. 建立统一领导、分级负责的法院管理体制,并着重建立代表广泛、程序民主的法院行政管理决策机制

这一改革涉及在法院系统内由谁来行使管理决策权的问题。法院是以审判职能为核心的司法机构,法官(审判组织)是实现审判职能的唯一主体,而法院管理又是处于从属地位、为审判职能服务的,所以,法院系统内的管理决策应当由法官作出。那么,决策的组织形式是首长决策,(代表)委员会决策,还是最高法院决策,则需要依据上述基本理论并结合我国国情来决定。笔者认为,我国可以考虑在"全国大法官会议"基础上适当扩大参加范围,形成一个真正决定全国法院行政管理政策和其他重大管理事项的最高司法委员会或全国法院管理最高委员会。这种组织形式既考虑了组成人员的权威性,又体现了组成人员的广泛代表性,能够获得全国法院的信任。在地方层次上,可以考虑在高级法院、中级法院设立类似的机构,就本辖区内重要的法院管理政策、事项作出决策,并落实全国法院管理最高委员会的决策。

当然,这一改革措施是在前一项改革措施实现的基础上的进一步的措施。但是,即使前项改革措施暂时不能实现,法院系统仍然可以在现有的框架下针对实际上已经形成的法院系统上下一体的管理机制(尽管管理职责十分有限),改革决策组织形式。这样还可以为以后进行的全面改革积累经验。

3. 建立统一的行政管理实施机构

针对目前法院管理过程中存在的"决策与执行界限不清"、机构多

而杂的问题,应当考虑将各个法院内部的行政管理机构进行整合,使之一体化,以适应建立以审判为中心的法院的需要。具体方案是:将各级法院内的所有行政机构合并成一个管理机构,称为法院行政管理局(总局),作为法院行政管理决策组织的执行机构,管理所辖区域内的法院行政事务以及本法院的行政事务。对于与审判职能实现有直接关系的行政事务,则实行集中管理,从而将各审判庭庭长从审判管理重负中解脱出来,真正发挥一个"庭长法官"的作用。

(《法律适用》2004 年第 8 期)

司法职权优化配置的七项任务

在中央关于司法改革综合配套的部署中，优化司法职权配置、规范权力运行是一个重要的组成部分。上海率先试点的综合配套改革方案，要求进一步优化司法职权配置，统筹推进内设机构改革和办案组织建设，推进以审判为中心的刑事审判制度改革，强化人权司法保障，提升办案质量，完善司法绩效考评，加强对司法活动的监督，完善对法律服务行业的监管工作。日前，上海正式发布了综合配套改革的实施意见，确立了136项具体改革任务，其中关于司法职权配置的内容占有相当分量。

优化司法职权配置类似于建筑物内的“功能分区”。如果各个分区界线清晰、大小适当、分布合理、功能齐全、相互协调，便能最好地实现建筑物的终极功能。在过去五年的司法改革中，我们已经采取了一些涉及司法职权配置的措施，如建立以审判为中心的刑事诉讼制度、国家监察制度改革、人民陪审制度改革、人财物省级统管等。但是，司法职权配置需要全局谋划、整体设计、注重制衡、成龙配套，要考虑不同层次、不同领域、不同类别司法职权的平衡协调，考虑司法职权与非司法职权之间的相互关系。

为此，在科学配置司法职权的配套改革中，至少要完成以下七项重要任务。

第一，审判权与司法行政管理权的配置。人民法院作为国家的审判机关行使审判权已在宪法上有明确的规定，但人民法院拥有与审判工作相关的司法行政管理权这一事实却难见法律上的依据。已经启动修改的《人民法院组织法》（草案）规定“最高人民法院……按照规定管理地方各级人民法院和专门人民法院的司法警务和司法行政工作，上级人民法院按照规定管理下级人民法院的司法警务和司法行政工作”，这将为审判权与司法行政管理权的配置提供基本依据。虽然我国的司法行政部门依法管理国家的司法行政工作，但那些与审判权行使直接相关的司法行政事务仍应由人民法院负责。一方面，这种模式早已是既成事实；另一方面，已经完成的改革对部分司法行政工作的管理体制作了调整，如法院领导干部任命时征求意见制度、法官遴选制度、法官惩戒制度、财政管理制度、法院信息化建设等。

第二，审判权与执行权的配置。在中央部署审判权与裁判的执行权分开的改革之后，理论界和实务界展开了热烈讨论。目前，人民法院已经按照“内分”的原则在法院内部进行了审判权与执行权的分离，具体表现为属性分开、职责分开、程序分开、机构分开、人员分开、管理分开等，充分体现了执行权的本质，尊重执行工作的自身规律。把执行裁决权与执行实施权分开的模式还兼顾了我国执行工作的历史发展与现实国情，特别是人民法院在履行“用2~3年时间基本解决执行难”承诺的过程中付出的艰辛努力和取得的明显成效。就目前看来，这样的“内分”模式比较切合实际。当然，理论界仍然存在不同争论，“外分”的声音也有一定分量。

第三,内设机构之间的职权配置。一个组织或系统的职权配置必然会通过外部的载体表现出来并加以固化,否则就会慢慢地回到改革前的初始状态。法院的内设机构就是职权配置的载体之一。在中央统筹推进内设机构改革和办案组织建设过程中,各地法院按照要求进行了大胆尝试,“大部制”、扁平化、集中化、团队组合等改革为司法职权科学配置提供了保障和支撑。以往的内部权力运行机制改革也有因缺乏内设机构改革的跟进而失败的教训。关于内设机构改革,中央已经确立了改革的方向和步骤,但改革任务还远没有完成。随着实践探索的丰富和理论研究的深入,内设机构改革作为一个技术性问题必将成为今后一段时间的热点之一。

第四,上下级法院功能的配置。在法院系统内部,不同审级承担着不同的法律功能。初审应当在事实调查和认定方面发挥其他审级不可替代的作用,上诉审应重点在事实认定和法律适用方面把关,再审则重在发现上诉审中存在的重大法律错误,统一法律适用标准。这与中央提出的“一审重在解决事实认定和法律适用,二审重在解决事实法律争议、实现二审终审,再审重在解决依法纠错、维护裁判权威”的要求是一致的。要特别重视研究最高人民法院的功能定位问题,研究建立“上诉许可”制度的可行性,发挥最高审判机关统一全国法律适用标准、确立权威裁判规则的作用。要研究在最基层建立小额法院、治安法院的可行性,由其管辖轻微案件,甚至可以考虑配备非法律职业人士担任法官,建立非常任法官岗位,吸收社会贤达,利用其经验、声誉化解纠纷。

第五,司法主体之间的权力配置。在我国刑事诉讼中,公安机关、国家安全机关、检察院、法院、司法行政部门等分别行使相应的司法职权。我国《宪法》第 140 条规定:“人民法院、人民检察院和公安机关办理刑事案件,应当分工负责,互相配合,互相制约,以保证准确有效地执行法律。”司法行政部门负责刑罚的执行和政府的各类法律事务。在建立以审判为中心的刑事审判制度过程中，侦查机关、检察机关、审判机关、刑罚执行机关之间应当合理划分职权，建立以审判机关确立的裁判规则为标准的行为规范体系。建立检察机关公益诉讼制度，发挥检察机关对行政机关、社会组织、企事业单位的监督作用。在合宪性审查制度改革中，应当研究建立相应的组织机构、审查程序、相关部门之间的工作衔接机制等问题。在诉讼程序中，应当合理配置审前程序、审理程序、审判监督程序、执行程序等不同程序的功能，发挥各自的作用，形成合力，实现司法的根本目标。

第六，纠纷解决资源的合理配置。从某种程度上说，司法职权是为解决纠纷而存在的，但其唯一根据是法律而非其他。同时，纠纷的种类很多，性质各不相同，解决纠纷的资源也来自各个方面，有政府的，有社会的，也有市场的。在当前的形势下，人民法院受理案件的数量逐年增长，工作压力越来越大，甚至在一定程度上影响了司法机关功能的正常发挥。所以，在多元化纠纷解决机制改革过程中，解纷资源得到了最大限度的开发。人民法院应当着力建设功能完备、形式多样、运行规范的诉调对接平台，畅通纠纷解决渠道，引导当事人选择适当的纠纷解决方式。同时，要合理配置纠纷解决的社会资源，完善和解、调解、仲裁、公证、行政裁决、行政复议与诉讼有机衔接、相互协调的多元化纠纷解决机制。从解纷资源合理配置角度来说，应当将宝贵的司法资源用在规则之治方面，把适于由其他解纷机制解决的纠纷留给调解、仲裁等机构。除此之外，还要发挥市场在配置资源方面的作用，把一些纠纷交给市场上的机制去解决。一些司法服务工作也可以使用外包的方式完成。

第七，司法权与监督权的配置。在审级监督方面，更高审级的法院通过对下级法院裁判的审查，解决当事人对裁判事项的争议，纠正下级法院的错误裁判,统一各级法院对法律的理解适用。在权力机关监督方面,要尊重司法规律,正确界定权力机关的监督权限,改善监督方式,规范监督效力。在检察监督方面,充分发挥检察机关的法律监督作用,把监督范围、监督方式、监督效力全部纳入诉讼程序加以规范,彰显程序正义。在社会监督和媒体监督方面,要正确处理司法与民意的关系,规范媒体对案件的报道,防止舆论影响司法公正。

司法职权科学配置是司法制度整体功效得以发挥的静态基础,有很多重要的课题需要进一步研究。而且,由于它与其他各项司法改革配套工程密切相关,这就提醒我们要更加注重司法职权配置改革的基础性和全局性。

(《法制日报》2017 年 11 月 15 日)

法院司法行政管理配套改革的七项任务

在党的十八大以来所采取的司法改革措施中,关于人民法院司法行政管理的内容占很大比例。人财物的省级统管是四项基础改革之一,法院内部事务实行集中化管理已有多个法院作了示范,内设机构改革已经部署,司法事务按人员构成正在分散化、专门化,法官遴选和惩戒委员会已成功吸收法院系统外人员参加……这些改革措施为司法事务管理制度的改革提供了前进的轨道,或者提供了典型示范。

但是,在这些框架性的改革措施中,很多改革只是刚刚开始,尚不能完整地发挥作用。因此,人民法院司法行政管理制度改革的任务还十分繁重且艰巨。根据十九大的安排,有关法院司法行政管理制度的配套改革措施,应当重点抓好以下七项:

一、明确司法行政管理制度的服务地位和保障作用

对于一个能称其为“职业”的系统或群体来说,它

的职业本身永远是它存在的核心价值之所在，否则便会失去其在国家治理体系中的应有地位。但是，由于长期以来我国司法制度中“行政化”占主导地位，使得司法行政管理职能在一定程度上牵制了法官职业功能的发挥，甚至有喧宾夺主之嫌。因此，在下一步司法行政管理制度的综合配套改革中，理念更新是首要任务；要让行政管理回归其服务、保障功能，让审判职能恢复其宪法地位。确保这一理念落地的最佳办法之一便是法院的行政管理事务的决策由法官组成的机构来作出，尽可能地反映大多数法官的意志，而不应当完全由管理者决定，这才能从根本上避免那些背离司法规律而一味追求行政效率的做法。

二、司法行政管理工作的外部合理分工

我国法院的司法行政管理职责分散在法院和政府相关部门手中。从权力行使的制约角度来说，这种模式有其合理性，但仍要根据司法的总体目标和中国国情寻找最佳的分割点。在美国、日本和韩国，法院的司法行政事务基本上由法院自行管理，很多工作都直接对接议会；法国、德国等国家的法院司法行政管理则主要由政府（司法部）负责，法院只需专注于审判工作；北欧国家则采用典型的“混合式司法委员会”管理模式，由各界选派人员共同负责司法行政决策。目前，我国法院的司法行政事务主要由法院自行管理，但法官遴选、惩戒等工作在一定程度上由混合的委员会管理，陪审员管理则由法院与司法行政部门共同负责。在下一步的综合配套改革中，我们需要总结改革经验，从中国国情出发，借鉴域外有益经验，寻求最合理的分工机制。

三、司法行政管理的内部决策模式实行民主化

就目前以及未来改革的配套措施来看，我国法院的司法行政事务将继续由法院自行管理。但是，如果内部管理模式不能反映司法规律，

则仍有可能被彻底改造。到底是采取由最高法院管理全国法院行政事务的集权模式，还是采取各级法院都有决策发言权的民主决策模式；是采取上下级法院之间命令服从的管理模式，还是采取制定标准共同遵守自律约束的协商管理模式，这是法院司法行政管理配套改革中面临的一个重大问题。不同国家在确立自己的内部管理模式时，既要与本国的历史、国情相符合，更要符合司法的基本规律。无论哪种模式，都不得损害司法公正，不得影响人民法院依法独立行使审判权。

四、法院内部行政事务管理实行集中化

在法官职业化改革启动之前，法院在更多情况下被当作一个官僚机构对待。只有设立更多的机构、配备更多的职数，才能保证本单位职工级别不掉队、待遇不落后。因此，多设机构、多设岗位便成为官僚机构文化的一条规律。增设审判庭或司法行政机构，尽管有利于实现审判专业化和管理精细化，但也增加了协调成本。一正多副的领导职数配备，加之副职分管部门过于分散，会导致法院内部行政管理职能交叉、机构重叠。同时，在干部职级配备、政治待遇方面，司法行政机构与审判机关等量齐观、均衡设置，在一定程度上冲淡了法院的本质属性和基本功能，影响了以法官为中心的审判机关构造，最终影响了行政管理的效率。在党的十八大以来的司法改革中，新设立的知识产权法院、跨区划法院、特殊区域的法院、最高人民法院巡回法庭等都采取了机构单一、职能集中、精简高效、服务为先的内部管理模式，基本取得了成功。因此，在未来的综合配套改革中，内部管理的集中化必将成为发展方向。反映在 2017 年的《人民法院组织法修正案》（草案）中，便是人民法院“可以设必要的审判辅助机构和司法行政管理机构”。

五、审判者与管理者身份逐步分离

在法院当前的内部结构中，行使审判权的法官与行使管理权的管理者往往是重叠的。例如，法院的院长、副院长、庭长等是本院行使审判权的重要角色，同时也是司法行政事务的主要管理者。一方面，这种身份的重叠对于两类工作的相互理解、彼此支持固然有一定好处；但从另一方面来看，其又成为维护审判独立、遵循司法规律的障碍。院长、庭长的主管或分管不可避免地会影响受其管理和监督的法官的行为模式、思维方式和决策依据。因此，在下一步的综合配套改革中，应当重点研究，在发挥现有优势的同时，最大限度地减少行政对审判的潜在影响。可以考虑减少副院长的职数设置，专设一名管理行政事务的副院长，将更多的行政事务分解到管理层面上，由专门的行政人员完成，并从原则上取消庭长、副庭长的行政管理职责。对于重大的行政管理事项，可以考虑建立法官（代表）会议集体决策。

六、建立专业化的司法行政管理队伍

管理工作的专业化是科学管理的必然要求，是提升司法整体效能的必由之路。如果由法官作为管理者，则应当加强对法官的管理学培训，特别是案件管理方面的技能的培训。但是，如将法官资源过多地用在管理、综合工作中，则是司法资源的浪费。为解决这一问题，近年来，一些国家开始为法院配备专门的“行政主管”，为院长配备专门的行政助理，为法院配备专业化的管理队伍。一些国家的大学里开设专门的法院管理专业，司法系统经常举办法院管理的培训班，相关的教材和研究文章也比较丰富。目前，我国尚未真正意识到司法管理的专业化要求，没有将法院管理作为一项专门的工作对待，而是更多地依赖优秀法官来从事管理工作。其实，一个好法官未必是一个好的管理者，而且使用宝贵的法官资源处理法院管理事务，无疑是一种得不偿失的选择，这也是为什么中央的司法政策原则上要求不能将法官员额用在综合、管理岗位上。与其他领域一样，没有一个专业化、正规化的法院管理队伍，就很难为在一线履行审判职责的法官提供有力的服务与保障，进而导致权力配置框架目标难以实现，法院管理水平难以提升，最终影响宪法所规定的司法职能的实现。

七、建立法院行政事务分类外包机制

随着公共资源、社会资源、市场资源之间的关系日益密切和相互包容，原来那些只能在法院内由正式在编人员完成的工作已经开始分解到不同的资源平台上。这与当前市场机制、社会机制、公务机制的逐步成熟以及公共职责实现渠道的多元化密切相关。目前，在法院工作的人员中除了有中央政法编制的公务员，还有地方公务员编制的人员、事业编制人员、聘用合同制人员、劳务派遣人员以及其他单位工作人员(外包事务)等。这些人员分别完成司法工作中不同层次的任务，并分别对相关的人民法院负责。当然，这种现象在30年前是不可想象的，我们也由此见证了司法理论的迅速发展。那些核心的司法职能应当由法官或其他国家公职人员完成，而另外一些公共事务则可以交给其他人员甚至承包给市场主体完成。最近，一些地方试点的由公证机构承担法院的审判辅助事务的做法，为这项改革提供了很好的示范。

(《法制日报》2017年11月29日)

司法人事制度配套改革的思考

党的十八大以来，一直被认为是司法改革难点的司法人事制度终于有了破冰之举，司法制度也因此有了根本改观。在以司法责任制为核心的四项基础性改革和其他一系列重要改革中，有相当一部分涉及司法人事制度。这些结构性、体制性、基础性的司法人事制度改革措施虽然解决了司法的根本属性问题，但只有建立起成龙配套、完整无缺的司法人事管理制度，中国的司法制度才能正常发挥作用。2017 年，中央深改组通过了《关于加强法官检察官正规化专业化职业化建设　全面落实司法责任制的意见》，对下一步深化改革作了部署，也为司法人事制度的综合配套改革提供了主要依据。由于司法人事制度涉及面广、操作性强，是一个复杂的系统工程，所以相关配套改革任务也比较繁重。细数起来，以下十项配套改革值得关注：

第一，理顺省级统管后的法官任免机制。法官的任免制度一方面标志着法官权力的来源,另一方面标志着法官对谁负责。根据司法权的中央属性,地方法院不是地方的法院,而是中央设在地方的法院。在把基层法院和中级法院的法官收归省级统管后,法官任免机制与原来的同级人大任免制度难以协调,需要作相应调整。但也有一种观点认为,如果全省的法官都由省级人大任免,则会因工作量偏大而致使法官任免制度流于形式。因此,笔者建议从司法权力属性、任免制度原则以及中国国情出发研究具体的改革措施。

第二,落实法官编制省级统一管理。在上一轮改革中确定的这一原则在多数地方尚未落实,有的省市只是尝试着在个别地市之间作了调剂。编制统管是平衡资源配置、激活法官队伍活力的重要手段。一个省在全省上百家法院之间调剂配备数千名法官,必须要求其打破原有县区市法院独立编制的"块块"观念,改变"画地为牢"的法官配置,从而更有助于克服司法的地方化。

第三,初任法官到基层法院任职。中央提出的这一改革方案完全符合"案件难度与资源配比"、"司法人才系统养成"、"人才竞争"(即根据成绩优劣体现地区差异以及法官轮调和上级法院遴选)、"统管属性"等规律,同时也是大陆法系国家和地区的通行做法。高级法院每年应对本辖区下一年度的法官岗位需求、类别需求作出测算,统一招录、统一培养、统一调配(专为中、高级法院遴选的法官另当别论)。除此之外,对基层法官可以实行任职轮调制度。在一个地区干满四年到五年的,可以根据考核业绩选择到另外一个地区任职。这样可以有效解决年轻法官在艰苦或落后地区的消极情绪的问题,更有利于边远地区司法资源的均衡配置。

第四,上下级法院之间的逐级遴选和下派任职机制。不同级别的法院承担不同的使命,对法官的要求也不尽相同。上级法院的法官不仅要学识丰富,更要有社会阅历,熟悉下级法院运转机制。因此,大陆法系国家和地区通常把从下级法院遴选法官作为一种升迁，并将上级法院法官派到下级法院担任法官或院长、庭长。这种做法符合人才成长和使用规律，我国也有这方面的尝试，经实践检验后可以推行。

第五，逐步改造法官的职等职级。从普通公务员的行政级别与法官等级的“双轨制”转变为只论法官等级的“单轨制”的改革，已是一个巨大进步。在此基础上，则应着手研究论证逐步改造甚至取消法官职级职等的问题。其实，法官的等级并不能代表正义的质量，否则当事人都会要求更高级别的法官办理自己的案件，而且会给法官自身的裁判权威形成一些不好的暗示。建议研究按照法官职业特点建立法官“年资序列”，以取代饱受质疑的法官等级制。我国台湾地区从 2012 年起废除了法官的“官职官等”，采取了 24 档的法官年资制，值得研究。

第六，完善法官入职后的培养机制。由于我国目前的法官制度依然采取“学徒式”培养方法，所以科学设计进阶式的养成机制尤显重要。在改革法官等级制度的同时，可以考虑以明确的审级“坐标”和办案权限加之上下交流机制来塑造法官入职后的培养机制。例如，日本法官任命时分为地方法院法官、高等法院法官、最高法院法官 3 档，并建立候补法官（判事补）和法官（判事）的进阶模式。我国台湾地区的候补法官任职五年后可以升为试署法官，一年之后才可以成为实任法官，而候补法官只能办理“民刑事有关裁定案件、民刑事简易程序案件、民事小额诉讼程序事件或刑事简式审判程序案件”。目前，我国采取的从法官助理中任命法官后审判权“一步到位”的模式已经引起专家担忧，建议在实施一个时期后进行总结再造。

第七，对法官薪酬制度再作反思。西方国家在确定法官薪酬时会参考优秀律师和律师业的收入水平。由于体制不同，我国主要参考其他公务员以及公安和军队的收入，更多考虑的是法官的公务人员身份而非其法律职业身份。改革之后仍有一些优秀法官辞职当律师的现象提醒我们,应当在司法保障改革取得一定成就的基础上从更高层面全面深入研究法官薪酬制度的进一步改革。

第八,构建司法职业道德屏障。由于法官是高度职业化的国家公职人员,所以除法纪之外,职业道德应当在法官问责方面发挥主要作用,这也是法官队伍正规化、专业化、职业化建设成功的重要表现。我国从 2001 年起就建立了完备的法官职业道德基本准则,但由于种种原因,这些准则没有发挥应有作用。作为配套工程,应当尽快建立以职业道德准则为本的法官自律机制。

第九,完善法官惩戒机制。法官惩戒制度框架虽已建成,但法官惩戒事由的确定性、惩戒程序的司法性还未得到明确体现。法官对法律问题的个人职业判断不应作为惩戒事由,而惩戒程序同时要保护法官独立审判的权力,而这种保护作用的重要体现便是惩戒程序逐步走向司法化。

第十,增加法院人员编制(主要是辅助人员和行政人员)。在欧洲,司法人员编制与全国人口的配比是衡量国家提供司法服务水平的一个标准。从一些国家的国民享受司法人员服务的比例看,我国法院人员配比相对较低。例如,法国 6700 多万人口配有近 3 万名司法人员,韩国 4800 万人口配有 16,000 名法院人员编制,我国台湾地区 2300 万人口配有 14,000 个司法编制。尽管司法编制中的人员构成不同,工作任务各异,但我国沿用多年的“中央政法编制”数量确实已严重不足,即使补充了地方编制或聘用人员也还明显偏低。为保证正义的质量,必要的司法成本还是要付出的。

(《法制日报》2018 年 1 月 17 日)

法院内部运行机制中的司法规律

通常说来，“审判权力运行”和“司法行政运行”的两分法说法较多，但审判权、审判管理、人事管理、司法行政的四分法照顾了中国的实际情况。司法规律具有普世性，但在不同国家、不同阶段的表现与表述各有不同。

一、诉讼程序中的规律

下面仅以几个环节加以说明。

关于司法权归属。我国的公安和检察机关也是诉讼程序的主体，主要是因为他们也分别行使一定的司法决策权，特别是刑事强制措施的决定权。不过，在绝大多数普通法国家和大陆法国家，法院才是刑事强制措施的决定者，而且依据的程序也是司法化的，因为这样做会更有利于保护被告人的人身权利以及以后诉讼权利的行使。但这一规律在中国的时空条件下受到了限制。我们可以说它符合中国当前的实际,但必然是未来改革的对象。

关于立案程序和审判方式。大多数国家采取立案登记制度。至于程序能否继续下去、能否胜诉,则在后面的程序中解决。我国则实行比较严格的立案审查制,可以把一些不符合受理条件的案件直接挡在门外。在审判方式上,现在我国并没有一个官方的说法,那么笔者将中国的审判方式称为“改良的职权主义”,台湾地区则称自己的审判方式为改良的当事人主义。普通法国家在坚持审判程序中的当事人抗辩元素的同时,也在大力引导法院法官对案件主动的推动,推动法官对案件的管理。前些年,最关注审判管理(或案件管理)的是美国、英国等普通法国家。对他们来说,当事人失去了抗辩的机会是不公平的,而推动效率同样是不公平的。因此,不能简单地说谁更符合司法规律。

二、审判管理中的规律

审判管理是法院制度中的后起之秀。在新一轮司法改革中,最高人民法院关于审判权运行机制改革的试点方案试图努力推行一个合议庭作为审判庭的模式。虽然这种模式会与中国的现行组织管理制度有冲突,但这的确是多数大陆法系国家的选择。如何保障审判质量?我国主要靠管理,而其他国家主要靠程序。最近我国法院重提“庭审中心主义”,把庭审作为保障案件审判质量的一个重要阶段和机制。另外,案件质量的评查已经成为我国的一种常态化工作方式,不管过去还是现在都是一个行之有效的办法,但前提是不能影响法官独立裁判。

三、司法行政管理中的规律

司法行政管理在我国一直是弱项,而且在法律中也未曾提及,导致法院的司法行政似乎缺乏法律依据,而且司法行政理论研究一直也没有引起重视。但是,司法行政管理更需要司法规律的指引,更要遵循司法规律。

新一轮改革中,司法行政纳入省级统管。那么,在组织制度上,到底是由省政府统管,还是由省高院统管,或是建立一个独立的司法委员会统管,便涉及重大的理论问题。即使是由省级高院统管,也涉及具体的组织形式问题:是建立一个由各级法院代表组成的民主化的决策机构,还是简单地由高院院长或其代表直接决策,这也会直接影响司法行政管理工作的质量,影响法院和法官的独立性。美国联邦法院系统的司法行政管理就是由各级法院代表组成的“司法会议”负责决策的,同时建立“法院管理局”负责执行司法会议的决策和日常行政管理。韩国则由大法院的院长负责全国的司法行政工作,同时指定一名大法官担任司法行政部长,具体负责法院管理。这些模式都是以保障独立、减少干扰为宗旨,根据各国的国情建立的。那么,中国的司法行政管理究竟应采取哪种模式呢?我们拭目以待。

四、人事管理中的规律

法官从普通公务员中分离出来,这是司法人事制度改革的核心内容,是改革成功与否的“牛鼻子”。对法官实行与普通公务员不一样的管理方式,正是尊重司法规律的表现。

在法官职级方面,很多国家(地区)最初都采取与普通公务员完全相同的模式,如同我国现在一样。但到后来发现,与公务员完全相同的管理方式很难体现司法的特点,于是纷纷改弦易辙,建立法官单独的职务序列。

韩国早在20年之前便完成了这项改造,而我国台湾地区也在2012年彻底把法官从行政级别中分离出来。在此之前,台湾地区法官完全按照公务员的职级进行管理(尽管工资薪酬有很大差别)。为摆脱行政化色彩,台湾地区从2012年起不再把法官与行政级别对应,而是根据“俸点”和年资确定法官的待遇。也就是说,法官只有工资上的差别,而没有职级上的高低。通过逐年提升“俸点”的机制,也打破了基层法院法官的“天花板”限制。换句话说,基层法院的法官只要不犯大错误,到50多岁便能获得与最高法院的庭长相同的待遇。

关于法官遴选制度。各国(地区)对于法官均采取不同于普通公务员的遴选方式。大陆法系国家(地区)通过专门的训练机制培养法官,保证了法官队伍梯次的稳定,也保证了法官的质量。如日本、韩国、法国及我国台湾地区都建立了“司法官研修院”之类的机构,对入职前的法官进行1年至3年的职业训练,然后补充到基层法院,再通过逐级遴选的方式选拔出适于在上诉法院或最高法院工作的法官。在普通法系国家,一般从执业10年以上的职业律师中遴选法官。这样可以最大限度地减少法官在能力、品行方面的风险,因为通过10年到20年的律师执业历练,一个人的法律素养、解决问题的能力、职业道德、个人性格、独立精神等,都能够比较清楚地展现在人们面前,所以通过这种机制遴选的法官会有更高的可信度和社会地位。

我们应当看到的是,目前大陆法系国家(地区)正在越来越多的借鉴普通法系的做法,提倡从执业律师、专家学者中遴选法官。我国台湾地区即要求到2023年,新任命法官中应有80%来自“司法官学院”之外,韩国也提出了到2026年完全实现从有10年以上执业经验的律师中遴选法官的规划。

(《法制资讯》2014年第9期)

审判活动行政化之弊害分析

一、基本认识

万物运动均循其自身的规律，审判权的行使亦应如此。除遵循国家机构的一般活动原则外，审判权还有它特有的运作规律，这是审判权区别于其他权力的根本标志。然而，我国的司法实践中一直存在审判活动行政化的现象。司法活动过多地采用甚至完全按照行政管理的规律运行，而自身固有的那些原则却未能完全发挥作用，甚至被弃之不用。

司法权力作为国家权力和国家职能的一种，经过近、现代资本主义革命和社会主义革命的实践，已经形成其自身的科学运转规律，并形成一系列制度，这就是司法制度。和司法一样，国家行政职能、立法职能、检察职能的运转也形成了自身的规律。国家的每一种职能的实现均应按照其自身的运转规律进行。现代社会中，国家的各种职能的实现方式有相互吸收之处，例如，行政机关处理行政违法案件采取的听证式程序就是借鉴了司法上的诉讼程序,但这仍然不能改变行政活动的性质或冲淡行政活动的本质属性。而司法活动一直固守其虽不算古老但已被普遍接受的司法原则,而且越来越完善。即使行政活动的司法化已在各国成为行政法的一个重要课题,但司法活动的行政化在哪个国家都会被看作一种不正常的现象,是应当尽力避免的。实质上,行政也无法真正地司法化,它只是吸收司法的一些有效的,同时又能够为行政活动所接受的做法、原则,还有一些是所有国家机关的共同的活动原则,只是在不同领域中有不同的应用而已。司法不能行政化,正如行政终究不能司法化一样。如果行政过多地体现出司法化,那么法律的执行就没有了效率,这实际上是法律没有得到执行。同样,如果司法活动过多地吸收了行政管理的规律,司法的根本属性——公正将难以存在,这就是说司法将不再成其为现代意义的司法了。那样它也就没有了独立存在的价值,将混同于一般的国家职能。审判活动和规律在不同国家因其历史背景、阶级性不同而有所不同,但在现代社会中,行政化是与之格格不入的。

众所周知,审判活动的规律与行政活动的规律是不同的,这在我国的法律制度上已有充分表现。简单来说,司法的本质是公正,而独立和权威是实现司法公正的保证;行政注重实现法律的要求,效率、合法是它的主要标志。目的不同,手段和方法就不同。将司法活动行政化,是违反客观规律的。

二、行政化的表现

1. 司法处于行政区划(地方)和审级层次的双重控制之下。我们知道,审级对司法活动的作用是积极的,而地方对司法活动的控制作用在很大程度上是消极的。

国家管理的行政性主要表现在两个方面:一是机构层次,二是行政区划(指地方)。司法主要依靠机构层次(审级)的控制来维护国家法制的统一,当把司法划入行政区划(地方)的控制范围之内,司法就很可能不再代表国家而更多地代表地方了。在实行单一制的中国,国家的司法权是由全国人大赋予的,而在地方上,地方的司法权是由地方人大赋予的,而且被认为属"自治权"的范围,这当然是不正常的。加之我国的审级有限,中央司法权只能实现有效的监督,这对一个力图实行法制的国家来说,后果是不堪设想的。我国中央政府早已发现中央权威受损与司法权的地方控制不无关系,就连"执行难"、地方保护主义也能由此找到根源。

2. 机构设置的行政性。法院内部分设各审判庭,这是审判专业化的体现,是必要的。但在行使审判权方面,审判庭与法院是统一的。审判庭是法院划定某些法官(合议庭)代表法院专门审理某类案件(如刑事案件)的机构,关于某类案件审判的行政事务即由该庭负责管理。而法院是全部案件审判行政事务的管理者。可以看出,法院与审判庭甚至审判庭之下分设的"组",形成了不同的司法行政层次。但是,这种行政层次只能限于司法行政的范围,只能涉及司法行政事务(尽管有时不易区分)。然而,当受到行政化的影响时,案件的审判也套上了这一行政层次的枷锁。对案件的审判结果,组长审批后要报送庭长,庭长审批后(有时还要经"庭务会"讨论)报送主管院长(有时还要经审判委员会讨论)。由于我国法院内的这种层报制度不同于有些国家由部分法官组成的小法庭与全体法官组成的大法庭之间的关系,从而形成了典型的行政化模式。

3. 司法行政职务优先。司法行政职务中的最重要者,特别是与审判工作关系最直接的职务,一般都由法官兼任,而且兼任者的待遇略高一些,这已成为各国的通例。但是,这些法官在审判案件中与其他法官的地位、权力是相同的,并且不能形成对其他法官的控制。但在我国的司法实践中,兼任司法行政职务的法官实际上对案件审判拥有某些超出司法行政范围的特别的权力。他们往往可以对其他法官的裁判(意见)提出异议甚至予以改变,可以左右其他法官审判案件的结果。

法院内部职务配备也表现出某种行政模式,如院长、副院长、庭长、副庭长、组长等,这作为司法行政职务无可厚非,但实践中却形成了审判工作层层负责的不正常体制。非但如此,就连最近实施的《法官法》[1]在规定法官的范围时,也不自觉地表现出某种行政化。《法官法》规定,法官是"依法行使国家审判权的审判人员,包括最高人民法院、地方各级人民法院和军事法院等专门人民法院的院长、副院长、审判委员会委员、庭长、副庭长、审判员和助理审判员"。而恰当的表述应当是:法院由法官组成。法官可以兼任司法行政工作。

在公众意识中,法院的审判活动也以司法行政职务为核心,当事人对某法官的决定不满时,习惯于期望庭长、院长来纠正。

4."请示案件"也从一个方面反映了司法活动的行政化。在我国,上级法院对下级法院的法定监督方式有两种:一是二审终审;二是审判监督,而其他方式均无法律依据。至于相互之间具体的工作交往,法律无法详细规定,但必须以不影响司法的公正性和独立性为前提。然而,盛行于我国上、下级法院之间的请示与批示之风却明显违反了这一前提。这种工作方式在很大程度上吸收了行政机关上、下级之间的指挥、监督关系,这种做法显然是不合理的。

这种风气已为越来越多的人(包括法官)所诟病。它看起来是下级法院为保证办案质量而尊重上级法院,实际上破坏了司法的基本原则。审级制度是保证司法公正的基本制度,而请示之风使之流于形式;上级法院的事后监督是司法独立的保证,而请示之风把上级法院监督提到

---

〔1〕 指1995年《法官法》,本文下同。

事前,下级法院便失去了独立判断。同时,请示成了下级法院上交矛盾、推卸责任、怠于思考的手段和借口,也给上级法院徒增不必要的负担。

5. 其他表现。例如,法院院长、庭长审批案件的做法(即法官之上仍有法官,这是典型的行政化);审判委员会不审而判,以行政机关的身份判决、裁定、领导审判工作的做法;法院院长以处理行政事务的手段对待案件的审判;上、下级法院协商办案的做法;先定后审、开庭走过场;等等。这些都是司法活动行政化的表现,甚至在司法执行中也存在行政化的影响。例如,法院重于强制执行措施或尽可能做协调工作,而疏于对不履行判决、裁定者适用制裁手段,并很少适用妨碍公务罪、拒不执行法院判决裁定罪,或者只适用较轻的强制措施。

三、审判活动行政化的弊害

1. 司法权实质上的不统一。我国的行政区划和行政层级制度直接影响了司法机关的设立和司法权的划分,这已经造成了司法权一定程度的不统一。现在一些法官和学者提出了“划定司法区、中央统一任命法官、摆脱地方政府的控制”等观点,这在一定程度上代表了改革的方向。从政治体制上说,行政是完全可以而且也应当由地方自治性权力控制的,但国家维护法制的统一,解决地方与中央的矛盾,重要的法律手段就是司法权的行使。所以,国家不能轻易把司法权分割给地方(指一级权力机关)行使,尽管在实行高度自治的地方会有例外。

2. 司法公正受到影响。公正是司法的本质属性,各项司法制度、原则都是公正的保证。而行政化使经过历史检验的许多基本制度和原则失去作用,因此公正也将难以保证。

3. 司法的特别作用不能全面发挥。司法作为一种国家职能独立存在,是因为它有不同于其他国家职能的目的和手段。不正常的行政化在一定程度上和一定范围内抹杀了司法与其他国家职能的区别，从根本上淡化了司法在国家职能中的作用，这不仅无法发挥司法应有的作用，而且会打破国家机器运转机制的平衡，甚至会造成更严重的后果。

4. 司法在法制中的权威受到削弱或无法完全实现。对于各种纠纷，司法机关应当是最后的、最具权威的裁决者，这在我国也已达成共识。司法（法院）应当成为终极的法治形象，代表法律的最高权威。这一形象的树立，一方面取决于历史传统中司法的地位、现行法律规定的司法机构在国家机构中的地位。另一方面，司法能否实现公正，成为公众心目中的最终法律权威代表者，司法机关自身的运转机制和表现也起着重要作用。而审判活动行政化十分不利于这种作用的发挥和法院形象的树立，它不仅破坏了司法公正的各项保证制度，而且公众也无法信任一个“受制于人”的、常有不公正发生的机构，并把它作为保护合法权益的最终依靠。

5. 法官自身的作用难以发挥，工作积极性受到影响，而且职业法官阶层对法制进步的作用受到限制。独任法官和法官的合议体代表法院行使审判权，法官凭自己的政治思想、法律学识和能力作出判断。而一旦加入行政性的干预，这一过程就不同了。法官作出判断时，不得不考虑一些不应考虑的因素，这便可能影响对法律的正确理解和适用。另外，职业法官阶层精于法律，通过他们对法律的阐释、研究（主要表现在意见、判决、著述中），可以推动法制的进步。而在“行政化”的影响下，这一作用受到了限制，这无疑也是法制资源的一大浪费。

四、审判活动行政化形成的根源

1. 认识问题。认识问题表现在几个方面。一是人们对于司法的地位、作用、本质和其他科学规律没有充分的认识。没有科学的理论，就难有科学的实践。二是传统观念的影响。首先，国家管理的总目的湮没了司法活动的具体目的,人们更多地强调共性而忽视了个性。其次,重目的而忽视手段,这也是司法活动行政化的重要根源。

2. 国家行政职能的地位的客观重要性。这本身并非不正常,实际上现代社会行政职能的扩张成为各国的通例。行政职能涉及范围之广,行政活动方式之多,行政机构在国家和社会生活中的地位之重,都使其他国家职能不自觉地受到影响。当这种影响不适当时,则可能成为一种弊病。

3. 司法对行政权力的需要(司法行政)在一定程度上混淆了司法与司法行政的区别,所以很容易出现用司法行政方式代替、干扰司法活动的情况。还有一点与行政权力有关,那就是心理上的原因,即行政式管理(支配权)自身的诱惑力是很多人特别是对司法制度和原则理解不深的人们难以抵御的。

4. 司法人员的整体素质有待提高。这已是法律界的共识,国家也一直致力于改变目前的这种状况。这一问题应当通过综合的方法来解决,包括教育培训、提高地位和待遇、树立权威、强化司法权力等。在这种努力尚不够有效的情况下,行政化的控制在监督方面确实起到了一定作用。但是,如果因此将司法活动行政化作为弥补司法人员素质不高的一种手段,这确实是一种误解,它非但不能提高司法人员的素质,反而会造成更严重的破坏法制的后果。

五、对策

审判活动的行政化,是有一定时代性的、不正常的法律现象,它虽有多种表现形式,但其本质是相同的。具体看每一种表现,都违反、侵蚀、破坏了某一项或者几项重要的司法原则。我们可以将各种表现与相应的科学的司法原则相比较,从而很容易找出对策,例如,提高审判人员素质,强化审判组织的作用,严格遵守程序法等。这里仅就提高认识问题谈两点看法。

首先，提高对司法作用的认识，摆正司法的位置，增加对司法制度的了解，是消除审判活动行政化的基础。司法是现代社会中独立的、不可或缺的国家职能，并不附属于行政，也不能搬用人们最熟悉、最方便、最广泛的行政方法。司法应当也只能按照自己固有的客观规律运转，否则将不成其为司法。

其次，改变行政化是一个艰苦的过程。很明显，它会使掌握这部分行政权的人不得不放弃这些权力，尽管不排除他们有很多人并不是从个人角度考虑这个问题，但实行起来绝非易事。这是改革要克服的最大的阻力之一。这就要求人们正确认识改革的目的，认识自己行使权力的目的，重事业而轻个人的得失，顺应时代，顺应科学，这才是对社会主义事业的最大贡献。

（《人民司法》1995 年第 9 期）

法院司法行政体制改革

任何一件事情，大到国家职能的实现，小到组织一次聚会，都会涉及“行政管理”问题。但是，由于各种职能与活动的目标不同，为其实现而存在的行政作用在其内部组织、外部表现、与主要目标的关系等方面，又表现出不同的特点，其运转规律也因为服务的目标不同而有些差异，尽管基本规律是相同的。就司法职能而言，案件的审判（纠纷的解决）是核心内容，而其他围绕这一核心而存在的功能，均可视之为司法行政功能，是为司法职能的实现而服务的。如果任何一项司法行政工作的目的与司法职能独立、公正地实现相悖，那么就需要改革了。

一、司法行政的基本内容与组织形式

1. 基本内容。法院的司法行政是指为法院实现宪法赋予的审判职能而存在的行政作用。法院司法行政范围相当广泛。按照与审判工作关系的紧密程

度和执掌该职能的主体的不同,司法行政可分为三个层次:

一是国家司法行政,即国家为了保证审判权的实现而将一部分十分重要的职责作为国家的基本职能,具体包括:法院之设立;权力机关对法院工作的监督;法院人才来源之培养与保障(法律教育);法院预算编制;法官之任免;国家的刑事检控;司法裁判之执行;等等。

二是法院司法行政,包括法院机关与法院系统的行政,具体是指:法院行政人员的人事管理;法官的日常管理;司法预算之执行;财务管理;机关建筑之维修;交通工具管理;档案管理;司法统计;等等。这部分职能又称为法院固有的司法行政权。一般来说,这些行政事务在国家所确立的行政管理一般原则之下,由法院自行管理。

三是案件审理中的司法行政,是指法官在审理案件过程中所直接操作的行政职能,具体包括:案件分配(为公正起见,各国已多改为由书记官按顺序分案);法庭上的指挥;文书打印;卷宗准备;证人传唤;审判日程安排;等等。这部分行政作用又称为法官固有的司法行政权。

2. 组织形式。虽然各国司法行政的组织形式不尽相同,但也形成了共同的规律。一般来说,法官的任命和免职不会由法院本身行使,而案件审判日程也不会交由议会安排。在我国,司法行政的组织形式可以分为以下几个层次:

第一,人民代表大会及其常委会。其工作方式为集体议决,少数服从多数。这一组织形式具体负责法院的产生、院长的选举与罢免、法官的任命与免职、对法院工作的监督等。由于人民代表大会制度是我国的根本政治制度,所以这些内容更多的时候被认为是政治作用而非司法行政作用。需要指出的是,人大的司法行政作用是为了保证宪法确定的法院审判权的实现,而非直接或间接行使审判权。

第二,人民政府。国家立法把一部分司法行政职能直接赋予人民政府(或下属的部门),这是国家司法行政职能的主要承担者,其工作方式为首长负责制。其职能包括:司法预算的编制,司法人事管理(如职务指数),刑事判决的执行(死刑立即执行的判决除外),司法人才之培养(一部分法官在职培训除外),法官待遇之确定等。

第三,人民检察院。检察院作为法律监督机关,对于违反法律的个人、组织有权启动司法程序。这实质上是国家司法行政职能的一种,主要包括刑事检控、刑事抗诉、民事抗诉等。这种法律监督作用在本质上是行政权的一部分,只是它启动的是司法程序,而普通行政机关启动的是行政程序。

第四,人民法院。人民法院是法院固有的司法行政的组织形式,是司法行政最直接的承受者,其职能包括一部分国家司法行政(如民事裁判文书和一部分刑事判决的执行)、法院机关或法院系统内的司法行政事务。

第五,法官或法官合议体。是指案件审判过程中的行政性事务的管理,包括前面所述法官固有的司法行政权。由于法院的特殊组织形式,法官的司法行政实质上是法院的司法行政,但从直接与便捷角度考虑,将其独立由法官行使确有必要。

二、司法行政与审判之关系

司法行政与审判之间的基本关系是:司法行政以审判工作为主旨,服务于审判工作。在具体构成上,两者既相互分立,又相互统一。

所谓相互统一,是指在某种程度上,审判权与司法行政权在性质上同属于大的司法权范畴,有时是不可分的,有相当一部分司法行政工作是在同一个法院或统一的法院系统控制之下。例如,日本在最高法院之下设立事务总局,归属于最高法院;而美国则在司法系统之内组建司法会议,作为整个司法系统的司法行政决策机构。

所谓相互分立,是指在国家职能分工中,这两种职能分别由不同的机构、以不同的组织形式实现。日本最高法院的事务总局曾因过多考虑审判因素,在某些时期以调动法官为名惩罚那些不合当权者意愿的法官而败坏了名声。这是司法行政与审判工作关系微妙的一方面。所有法治国家都尽可能避免“司法行政干预审判”的恶名,尽可能改善各种制度以消除这种可能。

在这一基本关系之下,我们还可以总结出一些具体的关系:

第一,司法行政工作服务于审判工作,为审判工作提供辅助与保障。因此司法行政有其附属性,包括职能上的附属性和组织上的附属性。但同时司法行政又有相当的独立性,而且有一部分是不受审判人员控制的。

第二,司法行政应受审判人员的支配,即使是国家司法行政也应有法官参与,如司法预算、法官任免或弹劾等。

第三,审判功能的实施对司法行政有一定依赖性,因为每一项审判活动如离开司法行政的作用,都是无法进行的。

第四,司法行政不可避免地会以法定程序和合理的限度介入司法审判,有的也可以与具体案件的程序启动或运转联系在一起。

第五,除了前面所说的国家司法行政外,其他均应由法官控制,法官可以也应当成为司法行政决策者,但具体的实施应由专门司法行政人员进行。

第六,在服务、介入、支配、依赖关系之下,司法行政与审判工作必须保持一定距离,以避免干预审判之嫌。无论是行政部门控制司法行政,还是法院自行控制司法行政,都应避免这一点。

第七,法院是由法官构成的,因而在法院机构中应突出法官之中心地位,而不应由司法行政控制法院的审判活动。

第八,为保护司法行政的效率,应避免以审判规律办理司法行政事务。

三、问题之表现

应当说，当前我国法院司法行政与审判工作基本上体现了上述基本关系和具体关系，但实践中仍有不少问题。总的问题是：介入有余，保障不足。所谓介入有余，是指司法行政工作没有严格按照规律运转，在一些方面介入审判工作过多，不适当地影响了案件的审判工作。所谓保障不足，是指司法行政工作并没有充分实现其基本目标，未能完成保障审判工作的任务，反而使审判工作在很多方面受到影响。具体表现如下：

司法行政有干预独立审判的情况。远到当前人大对法院的具体案件的不适当监督，近到院长、庭长审批案件，都表现出司法行政对审判工作的过分介入，从而影响了《宪法》和《人民法院组织法》规定的独立审判原则的实现。

在法院司法行政层次上，司法行政比重过大，有喧宾夺主之嫌。这种比重过大，表现为法院在相当程度上仍以行政级别高低与行政权力大小为根据，形成法院行政决策乃至审判决策的体系。同时，行政单位过多导致缺乏合作，降低了效率，干部指数方面也存在失衡。这在目前存在的官本位思想之下，将会降低审判业务部门的地位。

司法行政决策与案件裁判机制重合。司法行政职务与审判职务的履行重合，这在一定意义上有积极作用，但过分重合，特别是两种职务集于一身的人忽视两种职务实现方式的差别时，便不利于审判的独立与公正，对审判工作形成干扰。这主要体现在审判委员会、院长、庭长等职务的履行中。审判委员会不像一个审判组织，倒更像一个行政决策组织，工作方式也是行政式的。

审判活动借用司法行政的工作模式。这就是声名狼藉的司法权力行政化。这种工作模式虽然在法律上并无依据，实践中却悄然泛滥，盛行不已。这也是对司法行政与审判工作的关系未正确理解所产生的弊端。

司法行政体系不统一。过于分散的司法行政体制,使司法行政在其应当发挥作用的地方却没有发挥出来。一是决定性的司法行政权(即通常所说的人、财、物)不掌握在法院手里;二是全国的司法行政形不成统一、有效的指挥与管理系统,犹如一盘散沙。

法官对司法行政决策的作用发挥不够。在国家司法行政层次上,对一些重要的司法行政问题,法官和法院发挥的作用不大,包括司法行政政策的制定、预算的编制等。当然,各国可以根据自己的情况确定法院介入的程度,但不论怎样,只要以维护司法独立与公正为根本目标,不同的司法行政管理体制都能达到相似的效果。但在我国,由于种种原因,法院在国家司法行政决策中的地位并不重要,而且不利于实现司法行政维护审判独立与公正的目标。

司法行政对审判工作的保障不足。司法经费不足,司法待遇不高,司法人员素质偏低,这些无不反映出司法行政对审判工作的保障方面的重大缺陷。

四、问题产生的原因

产生上述问题的原因主要有以下几个:

行政主导意识根深蒂固。不仅在国家整体职能中有行政主导意识,在司法职能的实现中也有此种表现,结果导致法律执行职能与法律裁判职能得不到根本区分。司法附属于行政的观念在近代资产阶级革命中已被推翻,权力分立的实践已将这种意识完全摒弃。但在我国,现代司法观念的植入并不成功。新中国司法界对于反动的法律制度的清算十分彻底,但现代科学的司法观念没有树立。直到现在,人们才开始清楚、全面地认识到司法作用的本质、行政与司法之根本不同以及司法行政对审判权应有的作用。

行政作用特有的优点诱使司法活动甘于被介入和受影响。在官僚体制中,行政是最便捷、最有效率、最直接、最体现权威和最普遍适用的公务处理方式。为完成一项公共职能,一些人禁不住要使用有如此优点的行政方式,但同时也忽略了它的局限性。一是国家的各种职能要求必须运用与该特定职能相适应的、使之得以最佳实现的工作方式,如审判工作中的法官合议制、法官独任制;二是现代国家各项职能的相互融合与界线交叉,也容易使人们忽视相互间仍然存在的根本不同;三是一些人愿意以此体现个人的或职位的权威,尽管在案件审判活动中本不该有这种权威或不该以此体现权威。

司法行政在我国尚不发达。司法行政的问题是随着法治的进步而逐步产生的,一些国家在过去的几十年中针对本国司法活动中出现的问题,采取了适合本国国情的司法行政改革措施,如美国司法会议的成立、法院行政管理局的建立等。不少国家已经将司法行政作为一个专业对待,组织各种研究活动,开设培训课程。在我国,因为司法行政问题刚刚变得尖锐起来,目前还有相当一些人并没有认识到问题的严重性,更没有把它放在科学的高度上对待。这在很大程度上阻碍了问题的解决。

司法行政软弱无力。根据前面的论述,有的人会认为目前的问题是司法行政过分强大有力,又何来软弱无力呢? 其实这是一种错觉。实际上,司法行政在介入方面强大有力,而在保障方面却软弱无力。司法行政的力量发挥得充分的地方,往往是那些应当与审判保持距离的方面;而真正需要司法行政发挥强硬作用时,它却强硬不起来了。这一方面是由于司法行政权力不统一,所以系统的司法行政力量难以形成;另一方面是决策者对司法行政的目的及其与审判工作的关系认识还不明确。

五、改革措施之研究

研究改革措施时应当注意三个因素。一是我们现在的司法行政水平还不高,虽然一直在运作,但仍然是一个新领域,理论和实践都不够发达,所以也不能期望过高。二是要对症下药,因势利导。三是要循序渐进。有些措施是目前就能落实的,有的则需要在其他条件具备的前提下实施。例如,在现行的中央地方权力划分格局之下,司法行政恐怕难以统一。我们无法想象建立一个司法权力由地方控制而司法行政由中央控制的混合体制。下面是对改革措施的一些初步思考。

提高认识,特别是有关领导提高认识。这听起来是老生常谈,但如果没有树立以下两种意识,改革就无法推动,有时甚至会走上弯路。

一是树立改革意识。“不改革就没有出路”,这是对当今时代每一个人的鞭策。对于司法行政体制来说,既然它存在不少问题,既然长期沿用的工作方法已经被证明是没有效果的,至少效果是不明显的,改革便是唯一的选择。如果只是换个提法,而不进行实质性的改革,只能是死胡同一条。

二是树立科学意识。改革不是乱改和蛮干,而应遵循科学规律。司法行政乃至整个司法制度是一门科学,不去研究就不知道它的运动规律,就会在工作中无所适从,所谓改革也只能是盲人骑瞎马。作为一个法官特别是兼任司法行政职务的法官,只能在科学的司法规律的指导下,才能实施真正的改革。

扩大法院司法行政职能的范围,如人事管理、预算编制等。当然,在这一改革措施中也要吸取某些国家的教训,避免形成新的司法统治,从而干扰独立审判。

改革司法行政机构。一是改组法院系统的司法行政机构,建立全国性的、统一的司法行政决策机构和执行机构;二是改组各法院内部的司法行政管理机构，建立单一的司法行政机构，淡化司法行政职能对审判工作的影响，消除任何司法行政支配案件审判的情况。

将司法行政作为一门科学对待，同时加强对司法行政人员的培训。我国有关机构只注意培训法官的司法技能和法律知识，而没有重视对司法行政人员的培训，似乎司法行政没有专门的技能。这种认识当然是不对的。我们应当将司法行政作为一门独立的学科或职业来对待，建立一个发达的司法行政职业。

改革司法人事制度。一是把法官与司法行政人员分开管理，适用不同的管理规则；二是建立法官助理制度，为每一个法官配备一名或数名助手；三是改革书记员制度，实行书记员职业化；四是逐步改革法官来源，改变现行的由书记员经过数年实践训练后升任法官的习惯做法，要提高法官来源层次，否则书记员制度也无法维持。

改革司法预算制度和诉讼费管理制度。应当由法院直接介入司法预算的制定，确保法院经费来源。法院的经费全部由中央财政支出，地方可以给予一定支持。相应地，诉讼费的收取与管理制度也应作改革。实行"收支两条线"的目的是维护司法公正与独立，为司法改革助一臂之力。但是，各种因为诉讼费而出现的违法乱纪情况的深层次根源，主要是司法经费缺乏。如果不能保证司法经费，则"收支两条线"也难以实现预期目标。对此，国家应果断采取措施，从根本上改革司法预算制度，保证司法公正与审判独立。

（《人民司法》1998 年第 8 期）

论审判权运行机制改革

当“让审理者裁判,由裁判者负责”在《中共中央关于全面深化改革若干重大问题的决定》中被确定为审判权运行机制改革的目标时,这个一直被称为“内部改革”而未曾直接受到重视的项目再次引起了国人的关注。为适应公正司法的要求,建立符合司法规律的审判权力运行模式,满足人民群众对公平正义的需求,最高人民法院于2013年10月15日制定了《审判权运行机制改革试点方案》,确定了上海市第二中级人民法院等十三家法院作为审判权运行机制改革试点法院,从2013年12月开始进行为期两年的审判权运行机制改革试点工作。本文将结合目前正在进行的审判权运行机制改革试点工作,对于这项改革的背景、任务、内容以及未来发展作一简要分析和介绍,以期为建立符合司法规律的审判权力运行机制提供理论和实践支持。

一、改革背景

审判权运行机制改革与20年前我国进行的“审判方式改革”有不少相似之处。当时的审判方式改革对于革新司法理念、塑造公平程序、提升法官素质都有革命性的意义。但是,由于司法管理体制等方面的局限,审判方式改革的很多成果未能持续下来。现今,中央重新启动审判权运行机制改革,有其深刻的背景。

第一,中央关于改革司法管理体制和法官管理制度的决策,为审判权运行机制改革提供了体制保障。根据十八届三中全会精神,法院、检察院的人财物收归省级统管。这将在相当程度上解决市(地)、县级存在的影响独立审判的外部问题。而建立符合法官职业特点的法官管理制度将给法官的培养机制、分类管理、辅助人员配置、官职等级、薪酬待遇等带来重大变化。这两个方面的问题都是当年审判方式改革继续深化的障碍,而今天在中央决定对这两个体制问题进行改革之后,审判权运行机制改革必将能有新的升华。

第二,严重背离司法规律的审判权力行政化,越来越受到社会所诟病。我国的刑事、民事、行政诉讼法塑造了基本符合司法规律的诉讼框架,体现了平等、中立、公开、对抗等诉讼原则。但是,由于在诉讼活动过程中以及为诉讼程序顺利进行提供保障和服务的活动中,行政因素介入过多,行政主导的思维惯性渗透到诉讼程序的各个环节,指挥、管理、监督等行政化手段与诉讼程序混在一起,从而活生生地将原本科学的诉讼程序按照行政主导的原则进行了重新塑造,内部的行政化就此形成。而且,近年来司法的行政化倾向有愈演愈烈之势。

第三,现行审判权运行机制使法治在国家治理体系中很难获得应有地位,更使司法在法治过程中的作用黯然失色。国家治理依靠不同方式,法治便是其中的重要一种。实行法治必须满足法律不溯及既往、规定明确、相对稳定,政府权力受限、公开透明、清正廉洁,司法独立、秩序安定、程序公平等要求。对于司法来说,在立法、执法、司法等环节中,司法具有中立裁判、法律解释、执掌尺度的功能。而这一切,都无法通过行政式的运行模式来实现。

第四,现行审判权运行机制与人民群众对公平正义的需求不相适应。人民群众对正义的需求不只是实实在在的实体正义,同时还需要具有强大说服力的程序正义。如果说人们对实体正义的理解各有不同的话,那么程序正义的确定性使之成为人民群众感受公平正义的重要标志。具有最高权威的往往是最终的程序正义,但司法制度的设计恰恰把最高权威分解于从原本科学的程序中长出的各种"异物"上,也滋长了"找庭长、找院长、找领导"的病态诉求。当事人为说服法官而倾力举证、质证、辩理、论法,但决定案件结果或者对案件结果产生重大影响的人却是那些未曾参与审判程序的法官或管理人员,这便难以建立司法的权威。这样的审判权运行模式虽然在法院的眼中顺理成章,但在当事人那里却是没有说服力的。

第五,近三十年来,法官素质、程序的完备性、法治理念、对司法规律的理解与接受度都有巨大发展,为全面实施科学的审判权运行机制奠定了基础。赋予法官和合议庭独立的裁判权,需要以一批合格的职业法官为基础,以完备、公平的诉讼程序为依托,以科学、先进的司法理念为指导,更要以符合法官职业特点的法官管理制度为保障。改革开放三十多年来,司法的人才积累,三大程序法的制定和修改,现代司法理念的培养,都为建立科学的审判权运行机制提供了必要条件。当然,目前的法官职业保障制度还不能适应新的审判权运行机制,在一定程度上制约着改革的顺利推进。

二、改革目标

目前,各国审判权运行机制追求的核心价值有两个:一是方便诉讼,二是提高效率。在绝大多数国家,审判的内部独立已基本上不成问题,司法公正也已在诉讼程序设计中基本满足。我国的情况则有所不同。虽然诉讼程序设计基本上满足了公正的要求,但内部独立一直是困扰法官们的一大难题。因此,审判权运行机制改革的重要目标之一就是解决法院的内部独立问题。换句话说,我国当前的审判权运行机制改革便成了去除审判活动的"行政化"、以促进内部独立为主调的改革。

根据中央的规定,审判权运行机制改革主要是为了贯彻中央关于深化司法体制和工作机制改革的总体部署,适应公正司法的要求,建立符合司法规律的审判权运行模式,优化配置审判资源,加强独任法官、合议庭办案责任制,维护独立审判原则,最大限度地满足人民群众对公平正义的需求,提高司法公信,树立司法权威。当然,这一系列重要目标的实现还要依靠与审判权运行机制相关的一系列配套改革同步推进。

审判权运行机制改革的目标具体表述如下:

第一,维护独立审判原则。严格落实相关诉讼法的规定,建立符合司法规律的审判权运行机制,消除审判权运行机制的行政化问题。

第二,创新审判组织模式。科学设置审判组织,合理界定各类审判组织的职权范围,理顺各类审判组织之间的关系,调动法官积极性。

第三,优化配置管理资源。界定法院内部各类人员的审判职责与管理职责,优化配置法院内部各主体的审判职责与管理职责,依法强化各种职能之间的制约监督,确保独任法官、合议庭及其成员依法、公正、独立地行使审判职权。

第四,强化问责制度。加强独任法官、合议庭、审委会办案责任制,做到“权责利统一”。

第五,改革审判委员会制度。规范审判委员会的议事规则,完善运行机制,大幅度限缩讨论范围,推行审判委员会委员组成合议庭办案制度。

三、合议庭与独任庭的改革

合议庭是人民法院审理案件的基本单位。合议庭的运行机制在相关诉讼法中已有明确规定,似乎已经不是什么问题,但由于司法体制的不合理,导致优秀审判资源浪费,“审者不判、判者不审”,疑难案件审批制,裁判文书审核签发制,合议庭“合而不议”等一系列问题。针对这些问题,这一轮司法改革确立了以下具体措施:

1. 院长、庭长直接编入合议庭

虽然院长、庭长直接担任审判长审理案件在《人民法院组织法》中已有规定,但当前与普通公务员管理方式相同的法官管理方式强化了院长、庭长的行政管理角色。当优秀法官成为院长、庭长后便不再直接审理案件,而是坐居程序的关键环节或者出口处,以首长式的“审核”或“审批”帮助其他办案法官“把关”。最重要的改革措施就是把这些资源“位移”至关键的审判岗位——审判长,以直接行权的方式发挥其司法智慧。一个审判庭内设有多个合议庭的,将副院长、审判委员会委员、庭长、副庭长直接编入合议庭并担任审判长。其他合议庭的审判长应当从优秀资深法官中选任。为确保审判长和其他法官有效履行审判职责,可以为其配备一定数量的法官助理、书记员等协助其工作。

2. 探索一个合议庭即为一个审判庭的组织模式

在一些较大的法院,一个审判庭往往设有多个合议庭。在传统的行政主导模式下,这种组织结构更容易加剧审判权力行使过程的行政化。因此,要鼓励条件成熟的法院探索建立一个合议庭即为一个审判庭的模式，而合议庭的审判长由副院长、审判委员会委员、庭长、副庭长或者选任的优秀资深法官担任。这种模式简便易行，也是日本、韩国及我国台湾地区通行的做法。但是，由于当前法院管理仍然延续行政组织式的管理模式，所以在很多地方难以一下子获得更多的审判庭的编制。因此，也可以考虑在保持现有编制数量不变或略有增加的前提下，新建立的审判庭暂不作为正式机构对待，而仍以合议庭的方式行使审判权。

3. 审委会委员组成的合议庭

被任命为审判委员会委员的法官一般都是业务精良的法官。通过改革，这些优秀法官除了参加审判委员会审理案件、作为审判长主持合议庭的案件审理以及参与法官会议和审判长联席会议讨论法律问题外，还可以与其他审判委员会委员组成3人至7人的“委员合议庭”，审理重大、疑难、复杂的案件。审委会委员组成合议庭审理案件，按照合议庭审理案件的程序办理。虽然委员合议庭审理的案件不是审判委员会审理的案件，但可以为审委会过滤掉很多案件。

4. 裁判文书签署制

裁判文书签发可谓行政化的标志之举，是多年来一直难以医治的痼疾。因此，裁判文书签发权的归属一直是审判权运行机制改革的焦点问题。在这一轮改革中，裁判文书签发制将走向终结。按照改革的要求，院长、庭长不得对未参加合议审理的案件的裁判文书进行签发。审判员独任审理的案件，裁判文书由独任审判员直接签署。助理审判员独任审理的案件，裁判文书由其所在合议庭的审判长审核后签署。合议庭审理案件的裁判文书，由案件承办法官、合议庭其他法官、审判长依次签署。这里之所以为助理审判员独任审理的案件的裁判文书保留了“审判长审核”一道程序，主要原因是助理审判员尚不属于享有完整审判权力的法官，出于培养新人、保证裁判质量的考虑而保留这样一道必要的程序。当然,法律规定的一些程序性裁定或决定的作出与签发仍然按照诉讼活动指挥权的分配,由院长、庭长按照职权行使。

5. 审判长联席会议与专业法官会议

取消裁判文书的审批、签发制之后,如何发挥法院内部优秀审判资源的力量,解决疑难复杂的法律问题呢?除了院长、庭长直接组成合议庭或者由审委会委员组成合议庭审理疑难复杂案件,以及审委会审理重大疑难复杂案件外,发挥法官集体智慧,运用组织化的手段研究讨论疑难法律问题、寻求解决办法,对提高审判工作质量同样具有重要意义。因此,对于案件审理过程中发现的重要法律适用问题或者其他重大疑难复杂问题,独任法官或者审判长可以提请院长、庭长召开专业法官会议或者审判长联席会议讨论,其结论应当记录在卷,供合议庭参考。这一制度在实践中虽然已经存在多年,但一直没有形成一项统一制度固定下来。

6. 院长、庭长的审判管理职责

审判权运行机制之所以出现行政化问题,主要原因之一便是院长、庭长的审判管理职责与行政管理职责、审判职责界线不清。因此,改革必须确定院长、庭长分别依照《人民法院组织法》和有关诉讼法行使职权的范围,细化其审判管理职责:

(1)院长依法对生效案件进行监督;

(2)依照法律规定的权限和程序对案件审理中遇到的回避、保全等程序事项作出决定;

(3)主持审判委员会、专业法官会议、审判长联席会议处理相关事项;

(4)从宏观上指导全面的或专项的审判工作;

(5)院长依照《法官法》的规定主持法官考评委员会,对法官进行考评;

(6)根据所掌握的审判管理信息,负责组织研究制定有助于提高公正、效率和公信的司法政策;

(7)根据审判执行工作态势,采取优化内部流转程序的措施;

(8)管理与审判工作直接相关的其他事务。

为提高管理效率,法院探索实行人事管理、经费管理、政务管理等行政事务的集中管理,必要时可以设立院长助理、庭长助理协助院长、庭长处理行政事务。院长、庭长履行行政管理职责,不得影响审判组织依法独立审判案件。

四、审判委员会制度改革

作为法院内部的一个审判组织,审判委员会承担着重要的审判使命,也成为历次司法改革的重点。2005 年发布的《人民法院第二个五年改革纲要(2004 - 2008)》要求审委会的工作程序由"会议制"改为"审理制",从而使审委会真正回归审判组织的性质。但是,由于传统运行机制的巨大惯性,"审理制"的改革目标一直没有真正实现。审委会仍然作为合议庭或独任庭的上级审判组织,以民主集中制的方式集体决定该合议庭或独任庭审理过的案件,与司法规律不符。而且,审委会的决定,合议庭必须执行。可见,审委会制度存在的组织官僚化、程序行政化、地位层级化、功能不明确、审判组织性质难以彰显等问题一直未能得到解决。

在这一轮审判权运行机制改革中,人民法院将继续贯彻"审理制"的精神,着重设计具体的审理工作程序,使审委会回归其审判组织的属性。同时,进一步减轻审委会的工作负担,严格委员选任条件,强化审判责任。

1. 大幅度限缩审委会讨论案件范围

目前,很多地方法院反映审委会讨论的案件太多,工作负荷过大。根据法律规定,审委会讨论重大、疑难、复杂案件,但所谓重大、疑难、复杂都是相对而言的。有的地方出于种种考虑,将大量案件提交审委会讨论,影响了司法效率,也影响了审判责任制的落实。因此,要严格限定审委会讨论案件的范围,且仅限于法律适用问题。为切实落实这一目标,法院还建立了审委会讨论案件的过滤机制。提交审判委员会讨论决定的案件,院长可以指定2名至3名审判委员会委员或者其他资深法官先行审查是否属于审判委员会讨论决定案件的范围,并提出意见,报请院长决定。在合议庭向审委会提交案件方面,取消审判长(或庭长)单方提交的做法,而是由合议庭集体决定是否提交审委会讨论。这就防止了因庭长、审判长个人不同意合议庭的多数意见而通过审委会对已经形成的合议庭多数意见施加影响的不当做法。

2. 办案过程体现“审理制”特点

审委会讨论案件之前的准备工作以及办理程序,最能反映程序的行政化或者司法化。为确保办案程序的司法化,合议庭认为案件需要审判委员会讨论决定的,应当归纳关于案件法律适用的不同意见,并阐述相应的理由。对于提交审判委员会讨论决定的案件,应当将拟讨论决定的事项、审判委员会委员名单、召开审判委员会的时间等提前告知当事人。当事人有权申请审判委员会委员回避。当事人对审判委员会拟讨论决定的案件的法律适用问题提交新的辩论意见的,应当附卷。审判委员会委员应当事先阅读审理报告,了解合议庭对案件事实问题的认定和对法律问题的意见,并根据需要调阅庭审视频或者查阅案卷。合议庭全体成员列席审判委员会会议。关于是否应当准许当事人或其代理人到审委会口头发表辩论意见的问题,由于目前尚无法确定这种口头辩论将会增加的工作量,因此暂未采纳这种改革方案,但允许地方法院继续探索,等条件成熟时再作规定。

3. 发言与表决民主化

审委会审理案件过程特别是讨论过程中的发言与表决有时会影响

委员的独立性,有时可以掩盖委员对案件的熟悉程度和付出努力的大小。按照改革的要求,审判委员会委员讨论案件时充分发表意见,表决时应当按照资历由低到高的顺序进行,主持人最后发表意见和表决。审判委员会委员可以在讨论后一定时间内就自己已经发表的表决意见补充书面理由。所有参加讨论和表决的委员应当在审判委员会会议记录上署名。审判委员会作出决定的理由应当反映在以合议庭名义制作的裁判文书中。当然在多数情况下,讨论发言和最后表决的两个阶段未必严格区分,特别是在民主氛围浓厚的地方也可以保留一定的灵活性。

审判权运行机制改革并不是一项孤立的改革。只有与法院工作人员的分类管理、法官养成机制改革、法官管理制度改革、职业保障制度改革等同步推进,才能保证审判权运行机制改革的最终成功。当然,这些配套改革措施的实施和见效都需要一定时间,但有一点必须清楚,这些措施再重要,也只是配套措施而已。这些配套措施并不是改革的终极目标,而只有司法活动按照司法规律运行,建立科学的审判权运行机制,司法公正才能得到保障。

(《北京行政学院学报》2015 年第 2 期)

审委会制度改革破冰之举

党的十八届三中全会明确提出“改革审判委员会制度”，并把改革的直接目标锁定在“让审理者裁判、由裁判者负责”上。作为司法改革的先行者和探索者，北京知识产权法院于2015年9月17日由审判委员会直接开庭审理了安徽华源医药股份有限公司诉国家工商行政管理总局商标局等商标行政纠纷一案，对审委会开庭审理案件的程序做出了有益探索。可以说，这一探索翻开了审判委员会改革历史性的一页，也一扫近二十年来对“审理制”的误解，让审委会改革走出了多年以来的低迷状态，堪称破冰之举。

一、背景

距最高人民法院在《人民法院第二个五年改革纲要(2004－2008)》中提出的审判委员会由“会议制”向“审理制”过渡的要求已经十多年了。由于各地法院对“审理制”的理解不一致，实践做法也各不相同。

有的法院将把所有审委会委员召集到法庭上旁听案件当作"审理制";有的法院让合议庭全体成员向审委会汇报案件以示审委会听取意见的全面性;有的法院要求审委会委员阅卷、观看庭审录像以体现审理的亲历性;有的法院则按照最高人民法院的要求由3名至5名审委会委员组成合议庭直接审理重大疑难案件……

尽管如此,审委会作为审判组织的性质依然没有得到充分体现,理论界和实务界对审委会制度的诟病并未减少,以会议方式"议决"特定双方当事人之间法律争议的做法仍是审委会的基本运作模式。这些做法与真正的"审理制"还有相当距离。

北京知识产权法院审判委员会全体委员直接开庭审理案件这一举措,贯彻了审委会改革的精神,其具体操作完全符合程序正义的标准,使审委会回归为一个真正的审判组织,让审委会工作更加贴近司法规律。

二、案情

北京知识产权法院审判委员会公开开庭审理的是安徽华源医药股份有限公司诉国家工商行政管理总局商标局等商标行政纠纷一案。2013年1月4日、1月11日、1月28日,安徽华源医药股份有限公司(以下简称华源公司)、上海健一网大药房连锁经营有限公司(以下简称健一网公司)、嵊州市易心堂大药房有限公司(以下简称易心堂公司)先后分别向国家工商行政管理总局商标局(以下简称商标局)提起"华源医药"及图商标的注册申请。2014年10月23日,商标局针对华源公司提出的商标注册申请,作出《商标注册同日申请协商通知书》,主要内容为:同一天申请注册的多个商标构成近似且均未使用,故应由各方自行协商,否则将以抽签方式确定一个申请人,其依据是2012年12月14日商标局发布的《关于做好申请注册新增零售或批发服务商标相关工作的通知》(以下简称《新增服务商标的通知》)。该通知规定,设立新增服务项目的注册申请过渡期,在2013年1月1日至1月31日提出申请的,视为《商标法》第31条规定的“同一天申请”。

1月4日提出申请的华源公司认为,“同一天”是指24小时的一个自然日,而不应扩大解释为30日,故向北京知识产权法院提起行政诉讼,请求撤销《商标注册同日申请协商通知书》,并判令被告重新作出决定。经合议庭开庭审理、查清事实之后,认为本案涉及商标局《新增服务商标的通知》的合法性问题,故提请审判委员会讨论。该案的法律争点主要是《新增服务商标的通知》中将《商标法》中的“同一天”扩大解释为30天的过渡期,是否符合《商标法》立法原意。

三、开庭审理程序

北京知识产权法院审委会一改以往在会议室里讨论的模式,决定由审委会全体委员对该案进行开庭审理。在开庭审理之前,对开庭程序作了详细的论证、设计。考虑到现行的诉讼法中并没有直接的依据,本次开庭应参照合议庭开庭审理程序进行,大致分为庭前准备、宣布开庭、法庭辩论、休庭、审委会讨论决定五个阶段。

在庭前准备阶段,法官助理除做好常规性的庭前准备工作外,还特别完成了与合议庭审理阶段的衔接、法律争点的归纳与研究等工作。

在宣布开庭阶段,院长在完成程序性说明后宣布,合议庭已对本案进行过开庭审理,相关事实问题已经查明。合议庭于庭审结束后,已就本案所涉及的规范性文件《新增服务商标的通知》第4条的合法性审查问题依程序向审判委员会进行了报告。审判委员会经讨论,决定依照《行政诉讼法》第53条的规定,对《新增服务商标的通知》第4条的合法性问题进行公开开庭审理。随后,应院长要求,法官助理对合议庭已查明的相关事实进行总结陈述。

在法庭辩论阶段，各方当事人在院长的主持下，针对《新增服务商标的通知》第4条的合法性问题分别发现了辩论意见。其间，审判委员会委员不时提出相关问题，甚至就一些尚未清楚的问题进行追问。

随后，院长宣布本次庭审结束，并告知当事人，审判委员会将对本案中《新增服务商标的通知》的合法性问题进行讨论，并及时作出决定后告知合议庭。其后，审委会择日对该案进行了讨论与表决。

2015年12月8日，北京知识产权法院公开宣判，认为商标局关于“同一天”的解释与《商标法》不符，判决撤销商标局作出的《商标注册同日申请协商通知书》，并责令商标局重新作出决定。

四、经验与启示

由于前一阶段的审委会改革没有找到“审理制”的突破口，所以改革的重点放在了审委会的规模大小、人员构成、列席人员、汇报程序、材料提供、发言先后等问题上。北京知识产权法院的“审理制”改革给了我们全新的启示。

第一，作为审判组织的审判委员会除了以资深法官的智慧赢得公信外，还必须以公正的程序、开放的思路向当事人和公众全方位昭示法院的公正性。第二，优秀司法资源应当配置在重大疑难复杂案件的审理上。一般来说，审委会委员相对其他法官来说具备更高的素质和更丰富的经验，所以由审委会委员审理重大疑难复杂案件是一种比较合理安排。第三，案件审判分两阶段进行具有可行性。绝大多数国家的最高法院或上诉法院只审理法律问题，而初审法院负责审理事实和法律问题。我国在一个审级内部也做此区分，体现为合议庭的事实审与审委会的法律审的分工。虽然其中还有需要磨合之处，但这一结构是合理的。第四，审委会开庭审理程序符合程序正义的一般标准。无论是开庭前通知当事人准备辩论意见，还是开庭过程中双方辩论，都与合议庭开庭审理程序相似，体现了当事人的程序权利充分且显性的保障。第五，这一改革举措最终实现了中央司改方案中提出的“让审理者裁判、由裁判者负责”的目标。

五、结语

开庭审理只是审委会“审理制”若干改革举措中的一项，而只有把涉及审委会“审理制”的其他一系列程序机制进行完整、细致的设计，并经过实践检验，才能形成完整的审委会“审理制”模式。相信各地法院能以北京知识产权法院的这一大胆探索为契机，继续完善相关规则和程序，并借此总结出一套可复制、可推广的审判委员会审理案件的完整的程序机制，从而实现中央确定的司法责任制和审判权力运行机制改革的最终目标。

（《法制日报》2016 年 4 月 13 日）

审判管理制度的“三要素”

30 多年前,各国法院仍然讳谈“法院管理”问题。尽管在那个时代法院人财物的管理(称为法院的外部管理)已经形成了几种固定的模式(即法院自行管理,政府代为管理、混合委员会管理三种模式),但对于法院内部事务特别是案件的管理,还在较大程度上依赖法官自行管理。因为在传统观念中,司法独立与对案件管理是格格不入的。即使出现了以“案件流程管理”为名的管理方式,也总是处在不断的争论之中。这种观念认为,对案件进行审理、作出裁判,容不得任何法律之外的力量介入,包括承办法官之外的法官和其他司法人员。任何影响法官裁判的因素,都必须经过法律程序考量,经过法律思维过滤,经过法律精神还原,否则司法的作用将偏离方向。司法过程一旦受到压力、权力、人情、利益等因素影响,法律的天平就可能出现倾斜。

30 年后的今天,司法管理、法院管理、审判管理等已经成为各国法院制度中的热门话题。考虑当时的那种观念和今天审判管理的发展成果，可以说审判管理制度的形成与发展，克服了无数难题，平衡了多重关系，吸取了多方经验，也经受了多道考验。这一方面表明了各国对法院管理重要性的接受，另一方面也表明在解决管理与审判之间关系方面有了新定位、新认识、新办法。当然，这一进程至今也没有真正完成。各国在健全、完善审判管理和司法管理过程中不断发现问题、解决问题，再发现问题、再解决问题，使司法功能得到最好的发挥。

近年来，我国也加入了这一进程。虽然我国的审判管理早已有之，但由于司法行政化问题的长期存在，早期的审判管理毋宁说基本等同于行政管理。随着对司法规律认识和接受程度的提高，审判管理在我国进入了一个新的阶段。也正是由于我国没有经历过像外国那样的独立与管理关系的大讨论，所以在今天审判管理即将迎来大发展的时刻，更应当小心谨慎、吸取经验教训，未雨绸缪，既要实现对国外发展阶段的超越，又要避免出现普遍担心的偏差。那种把审判管理设计为审判之上的监督权、控制权、影响力的理念，显然是被各国早已摒弃多年的陈旧观念。而建立真正符合审判规律、服务审判工作的审判管理制度，才是我国审判管理制度改革进程的归宿。

其实，搞好审判管理的关键不在于管理技术有多高明，也不在于管理制度有多健全，而在于它与审判规律的契合度有多高。背离了审判规律的所谓审判管理，只能走向科学的反面，把公正、高效、权威的社会主义司法制度拉回到从前。而符合审判规律的审判管理，必将为审判事业的发展提供保障、保护和支撑。这就是审判管理的定位。

那么，如何建设一个符合审判规律的审判管理体系？从各国的经验教训来分析，借鉴我国一些法院的改革实践，特别是北京朝阳区人民法院“一体化管理”模式的精神，一个科学的审判管理体系至少要具备以下三个要素：

一是职能定位的附属性。法院的宪法定位是“国家审判机关”,因此它所附带获得的其他功能都是附属性的、辅助性的和服务性的。基于《宪法》的规定,审判职责与管理职责之间的这种关系是固有的、不可改变的。任何偏离这种方向的思想观念、体制机制、方式方法都有违反规律、违反《宪法》之嫌。按照这种要求,一个法院的组织结构、职责实现、操作运行,均应以审判模式主导,而非以行政模式主导。正如我国的一位大法官所说的,一个法院里最大的“官”是法官,最高的“长”是审判长。其他各种管理职责都是为法官、审判长履行审判职责服务的,而不是与之并驾齐驱甚至凌驾其上。但是,目前法院内部存在的法官兼管司法行政事务时的职责不清现象,以及行政主导的习惯、法官职级待遇的行政主导等问题,加之目前审判职能发挥的不正常风险加大,这些因素在很大程度上影响着法院管理包括审判管理的健康发展。

二是管理主体的多元性。在审判管理制度建设过程中,如何在最大程度上保护审判活动的独立性、公正性,同时最大限度地发挥审判管理职责的辅助作用,一个重要的出路是管理主体的多样性。也就是说,法院的管理不应当单纯由行政管理人员独享。法官不仅应当参与审判管理和法院管理,而且应当在管理中居于核心地位。这也是法院的“自治性管理”的来源。说得通俗一点,就是管理必须体现办案法官的需求。这种自治性管理的最大好处是可以最大限度地吸收法官对管理过程的参与和投入,体现法官的期望和需求。不过,如果法官介入过多,也可能造成对审判力量的影响。同时,由于法官未必是管理专家,完全由法官进行管理可能会影响法院管理或审判管理的专门性。法官的投入解决了审判管理的“正当性”问题,即该不该管、管到什么程度、以什么方式管,而专门管理人员的投入则保证了管理的科学性和常态化。因此,审判管理的主体应当平衡不同领域人员的构成,避免行政主导。

三是管理机制的民主性。民主不是管理的本质属性,而是管理的方式方法要求。如果说行政管理中更重视首长决策的作用，那么在审判管理中民主的管理方式更容易接受，而首长决策、命令服从会受到质疑。审判管理过程中不应当由一个人作出决定，而应当是由管理者集体民主决策；应当更多地运用柔性手段，而避免运用可能与独立审判发生矛盾的刚性措施；应当少一些硬性指标，多一些服务和帮助；应当少一些命令惩罚，多一些法官自律……管理机制的民主性非但不会影响管理的效果，恰恰相反，民主的管理机制会为人民法院宪法功能的实现提供更好的条件。

（《人民法院报》2011 年 3 月 3 日）

论法官角色的转变

作为一名法官,每次检视自己的形象、行为和内心,常常会感到一些困惑。法官以什么身份做事呢?法官能做些什么?法官如何做事才与其身份相符?

综观古今中外,法官在社会与法治中所充当的角色既给过我们教训,也给过我们慰藉。古代的法官有为民作主者,近代的法官有因犯君被革职者,现代的法官有为纳粹作伥者,今天的法官有刚正不阿者。那么,当今中国的法官应当扮演什么角色呢?在一个社会或一个历史时期,法官充当何种角色,主要取决于以下几个条件:司法职能在国家职能与社会中的作用重要与否;人民的期望大小;法官所处的时代;法官的个人素质与能力能否适应法官角色的要求。本文将重点论述法官角色的10个转变。

一、从“运动员”转变为“裁判员”

“法官既当裁判员又做运动员”的批评是法官角

色转变之前的写照。无论在审判方式改革之前还是之后,我国法官公正、超脱的地位在法律上是已经确立下来的。因此,在多数人看来这一转变已经完成,特别是在审判方式改革之后。但是,实际情况不容乐观。

第一,法官代表国家行使司法权,而对于涉及国家利益和社会秩序的案件,能否摆正位置,或者说由当事人转变为超脱的第三人,是检验法官角色是否转变的一个标准。需要明确的是,法官代表国家行使权力,但这一审判权力的基本要求是"公正地、无偏倚地依法裁判"。法律为何物,法官的判断即为何物,而且还要加上法官的法律推理使之更加丰富、可信、有说服力。也就是说,对于此类案件,法官首先考虑的应是公正地处理案件。这种角色转变就对法院审理刑事案件时与公安、检察机关相同的打击作用提出了质疑。当法院也加入打击犯罪的行列时,刑事司法中的公正还能靠谁来实现呢?当然,法院的打击作用是法官正确地履行职责的一种客观效果,但如果总是特别突出"打击"这一点,实际上会导致法官角色错位。

第二,中国特有的人情、关系以及因法院的独立程度不够而导致角色错位。当前,在一些法官心里,公正还不能与人情、关系的力量相抗衡,因为人情往往是特定的,而公正只是一个抽象的概念。司法的不完全独立也会使法官屈于某一种力量而成为当事人一方的支持者或反对者,从而使已经明确的法官角色重新陷入混乱。

第三,审判方式并不是决定法官角色适当与否的关键。各国依其传统确定特定的审判方式,对于不合理之处加以改革,是正常的发展而不是其他。当然,有时工作方式不同也会给人以不同的角色感受。我国的审判方式在一些方面的确有这种问题,各种改革措施也正在解决这些问题。

二、从附属人格转变为独立人格

这里的附属性已经不再是指中央苏区时期的“法庭是苏维埃政府执行委员会的部分,由执行委员会任免”;也不是指新中国成立初期将法院作为政府的组成部分;更不再是指“文革”时期的公检法联合办公。现在法官所具有的附属地位表现在两个方面:

一是法官由同级人大或人大常委会选举或任免,由此产生为人诟病的司法权力地方化问题。法官附属于地方权力机关,而不是从属于法官所执行的法律的制定机关,即中央权力机关。二是法官内心深处的司法不独立的阴影,或者说是薄弱的独立意识。这是一种心理上的附属性,是一种需要更长时间才能医治的疾患。虽然这种附属性不是制度上的,但它是确实存在的。司法独立已经成为世界范围内的一般原则。法官从附属到独立的转变,将是司法公正的根本保障。

三、从“工具论”转变为“独立价值论”

传统的法学理论认为,司法乃至整个法律制度是统治阶级的工具。许多法官难以摆脱这种理论的影响,从而将自己摆在了一种没有自身目的和价值的地位。但是,“工具”并不能代表法官的角色,至少不能全面代表法官的角色。

从哲学上分析,世界上各种事物在一般情况下都处在关系的链条之中。甲可能是乙的结果,但同时又是丙的原因,而乙与丁的关系可能也是如此;甲可能是实现乙的工具,但同时是丙的目标,即丙是甲的工具,而乙与丁的关系可能也是如此。在这种关系中,如果只强调一个事物的工具性,或者只强调一个事物的结果性及目的性,都可能影响对该事物的全面认识。正确的认识应该并不是过分强调事物的某一方面,而是强调它的独立价值。这样才能正确评价它在体系中的地位与作用，才能避免偏颇。目前的中国法官特别需要避免继续陷入工具论之中。

四、从主动参与者转变为被动裁判者

司法的特点之一，就是它的被动性。如果没有发生法律上的争议，并且当事人未向法院起诉，法院是不能够主动参与争议的解决的，更不能对于尚未成讼的事物主动调整，或者参与到行政管理之中。这是保持司法之特点的关键。同时，这与司法的公正性本质是相关的。如果参与了某些行政性的活动，那么，法院对于以后可能形成的诉讼能否公正地、不偏不倚地审理则会受到怀疑，司法的作用将被削弱。所以，对于法官主动地或被动地参加政府的一些行政活动的做法，或者法官主动上门服务、寻找案源的做法，都应加以禁止。

五、由普通公务员转变为职业司法官前的几十年中，法官都是作为普通公务员被管理的

除此之外，法官还是政法干警的一部分，与其他政法干警有着相同的职能目标和管理方式。目前，从制度上来说，这种转变已经完成，但从思想观念和实践上来说，还差得很远。无论在党委、政府眼里，还是在社会、大众眼里，法官的特别之处并未得到应有的承认与尊重。

那么，法官角色的转变如何进行呢？

一是法官作为国家公职人员，履行国家公职人员的一般职责。但作为居于特别职位的法官，对他们来说更重要的是以特殊的工作方式实现特别的职能——法律裁判职能。我国1995年制定《法官法》的初衷就是试图把法官从普通公务员中分离出来。

二是法官是一个职业化的群体，是需要具备法律方面的专门知识与技能的行业。如果法官的政治素质不高，法律将成为其手中的魔鬼；

如果法官的业务素质不高,则根本就不能当法官。17 世纪英国大法官科克勋爵在一个案件中拒绝了国王的要求后说过一段话:“国王说他认为法律是根据理性创立的,而国王本人与其他人都像法官一样有理性。对此,我回答道:这是真的。上帝赋予了国王陛下卓越的智慧,但是陛下并不精通英格兰王国的法律,并且,那些涉及他的臣民的生命、继承、货物或财产的案件并不由自然理性所决定,而是决定于人为的理性和法律的判断,而法律需要长期的学习和经验。”

目前,我国在法官队伍建设中遇到的一些问题正是因忽视法官的职业化所致。如果仍然将法官作为一个类似于行政人员的普通公务员,法官的特有职能作用就不可能发挥出来,法治也无法实现。正如澳大利亚前任首席大法官布伦南爵士所说的,“法治只有在体现其真正的意义时才能发挥作用。这需要胜任法官之职的人来做到这一点”。

六、从纠纷解决人转变为正义分配人

一般人认为,法院的基本职能是解决纠纷。但是,解决纠纷并非司法部门的目的。社会活动中,各种纠纷不断发生,有各种解决的途径,有行政的,有民间的,也有仲裁的,等等。这至少可以说明:第一,法院不是纠纷的唯一解决人;第二,由其他部门和组织解决纠纷并不必然是保护手段的不公平;第三,法院的主要职能已经发展为不只是解决纠纷,而是行使一定的监督权,或者直接分配正义。法院以不同的方式和途径,发挥着其他组织和部门在解决纠纷中无法发挥的作用。

所以,如果只把法官的角色定位于纠纷解决者,则是“丢了西瓜保芝麻”,或者说对法官的认识只处在很浅的程度。纠纷是通过多种渠道解决的,而法官处于公正的、超然的国家职能第三人的地位,以良好的法律素养,以相当的独立性,同时运用国家强制力,对纠纷加以解决,实际上是在实现法律赋予的公正。

七、由规范适用者转变为规范创制者

普通法系国家的法官是判例法的创制者,自不待言。以往,大陆法系国家的传统观念是法官只能机械地适用法律,而不应有半点发挥。这种观念也在发生转变,在大陆法系国家中法官发挥的规范创制者的作用也在增加。虽然他们不采用判例法,但他们的判决,特别是高级法院法官的判决在一定程度上起到了规范下级法院判决、维持法律适用统一的作用。

我国固然没有判例法,但法官作为规范创制者的作用表现在各个方面:

第一,最高人民法院制定司法解释是典型的规范创制者角色的体现。

第二,最高人民法院通过《最高人民法院公报》等形式公布各级法院审判的一些案例,对下级法院的审判工作起到了一定的指导作用。

第三,各级法院在审判中能够基本达成适用法律的平衡状态,而不至于出现过多的偏狭的情况。这一方面在于全国法官都遵守着基本的公正的指导思想,另一方面在于各个法院、各级法院在具体裁判案件方面相互学习、相互尊重和相互借鉴。虽然这并未形成特定规范创制者的角色,但从另一个角度看是更高层次上的规范创制者的角色。

第四,社会根据大众的需要而将法院的判决视为先例,更是一种无法抵御的力量。人们在法庭上引用着其他法院的类似判决,在论文中比较着不同法院的相似判决,在课堂上引述着各级法院的不同判决,使先例在司法工作中固有的作用得到了承认和发展。那么,法官如果还将自己拘泥于纯粹的法律适用者的角色,而忽视自己的规范创制者的作用,等于对自身认识不全,甚至是废弃了自己最重要、最有价值、最有创造力的劳动,也在一定程度上延缓了法律的发展。

八、由法律维护人转变为法律发展人

有的案件,常有法官这样说:“这种情况无法处理,因为没有法律依据。”这是一种以法律维护人的角色出现的法官。而实际上,对于法官来说,这只尽了一半责任。如反向理解这个问题,在法官处理案件时,则不存在没有法律依据的判决。法律不只是作为一种条文或规范存在,更重要的是作为一种原则和精神存在。一个合格的法官,并不拘泥于法律条文的有无,而在于对法律精神的理解,以自己的智慧和法律素养,将法律精神融化于案件事实之中,进而发展法律。法律依据不只是法律条文。对法律的原则和精神的理解才是法官的生命。这与行政机关的执法活动有根本区别。法官应在法律精神的指导下,对各种事实问题和法律问题加以阐释,利用严密的法律推理,最后以判决书的形式,对法律加以发展。

为了真正发挥法官对法律的发展作用,一些学者建议在判决书上除表述合议庭的多数意见外,还要附上少数意见,以作法律研究之用,而且说不定这些少数意见在一些年之后会成为多数意见。司法文书的改革在法官角色转变方面会发生一定作用。法院的众多案例都让学者或其他人分析得透透彻彻,而法官的判决书却写得干干巴巴,因此法官有何理由不努力体现出自己对法律的发展作用呢?

九、从秩序维持者转变为自由与权利的保护者

任何国家机关都不例外地负有维持秩序的作用,但它们只有以其特有的方式维持秩序,才能发生积极作用。尽管如此,对于法官来说,维持秩序也无法成为他的主要职责。或者说,在我国,法院以维持秩序为主要功能的时代已经过去,作为人民自由和权利的保护者的时代已经来临,法官的角色也必须加以调整。

第一,法院不是行政机关,而是一个被动的裁判者。对法院来说,它没有像行政机关那样的维护秩序的功能。第二,法院如果维护秩序,必然会损及它在公正裁判方面的作用,因为这两种角色在多个方面是矛盾的。第三,现代社会是和平、发展、权利与自由的时代,各个国家机关无不将维护权利与自由放在重要位置,法院更是如此。国家权力与个人权利、自由相对抗时,前者是强大的,而对于后者必须给予特别的保护。法院成为保护权利、自由的最后一道屏障。

十、从实质公正的追求者转变为程序公正与实体公正共同的维护者

"重实体、轻程序"的传统在当前已经有所改变。这一方面是由于程序的进一步完备,另一方面也是由于社会对程序公正的要求在提高。有一句话已经为众多人所接受,即"公正不仅要求实际上是存在的,同时要求看上去是存在的"。后来这一论断表现为多种说法,如"不仅要实体公正,而且要程序公正",或"公正除确实存在外,还要人们感觉到它的存在"等。即使沿用传统的"程序公正是实体公正的保障"的说法,也足以将程序公正摆到决定性的位置上来。

那么,作为一个程序公正的追求者,要具备几个方面的基本要求:一是要有合理、科学、缜密的程序,并且严格地遵守这种程序;二是审判活动公开;三是防止可能产生不公正的印象的各种程序要素,如禁止单方接触、不对未决案件发表评论、保持与政党和社会的适当距离等。

可以说,实体公正永远是一种理想,因为发生过的事实不可能重演一遍,这使实体上的判断与事实必然有一定差距。但程序上的追求,是每一个法官都能做到和做好的。

(《人民司法》1999 年第 2 期)

司法职业保障的十项最低标准

有一些职业由于其特殊作用需要特别的保障，司法职业就是这样的职业。一方面是因为依法治国已经成为重要的治国方略，另一方面是因为如果没有充分的保障，司法职业就难以正常发挥作用，国家的司法职能将难以正常运转，最终导致国之不立。

司法职业保障，是指对从事司法工作的职业人士正当履行职责提供保障，其目的并非为司法职业的特权与利益，而是确保司法职业顺利完成宪法赋予的使命，依照法律规定审判案件，解决纠纷。由于司法职业已经成为依法治国、建设社会主义法治国家的一支重要力量，是既具有专业能力，又肩负公共职责的特殊公务员，所以越来越引起各界的重视。

新一轮司法改革中，国家把加强司法职业保障作为一项重要改革任务。应当说，生活在社会主义中国的每一个人、每一个职业、行业都需要法律的保障，但有一些职业由于其特殊作用而需要特别的保障。司法职业就是这样的职业。一方面是因为依法治国已经成为重要的治国方略,另一方面是因为如果没有充分的保障,司法职业就难以正常发挥作用,国家的司法职能将难以正常运转,最终导致国之不立。

关于司法职业保障的必要性等基础问题,早有学者专述,这里不加赘述。本文仅就司法职业保障的一些基本标准略作归纳。根据我国建设中国特色社会主义司法制度的需要,从中国实际出发,参考联合国对司法制度的要求以及国外的成功经验,本文归纳了司法职业保障的十项最低标准,阐述如下。

一、标准一:社会各界对司法的地位和作用达成共识

政府、议会、政党、社会各界、利益团体、民间团体之间必须达成明确的共识,一致维护司法机关依法公正独立行使司法权力的地位。司法机关是依法治国的重要主体,是维护国家政治稳定、法治畅行的基本力量。但是,司法机关同时又是一个仅有法律判断权而没有军队或行政手段、处处需要借力于其他部门的"弱"势部门。一旦任何权力要对司法进行干预,司法机关基本上没有反抗之力。也就是说,司法机关无法做到自己"不受干涉",而只能等待其他部门不干涉自己。

这种共识是法治的基础,也是司法功能发挥作用的前提。这种共识十分重要,而且要十分明确。各方力量(包括政治权力和社会力量)彼此在精神上形成一致认识,无论其中有无利益纷争,无论涉及政党利益还是群体利益,只从依法治国的需要出发,必须服从司法机关的裁判,而且必须保证不干预司法机关的独立裁判。否则,法治之基本追求将不复存在。

二、标准二:维护司法功能正常发挥作用的政治责任必须落到实处

在各界达成共识的基础上,还必须有具体的责任制度保障,其中最重要的便是政治责任的落实。实践中,最有可能对司法功能产生干预或不当影响的当属政治力量而非个人力量,因此对于政治权力在保障司法方面的作用和责任应当是所有责任中最为明确的,也是最应当落实的。

政治责任的落实并不容易,因为它的责任形式并不确定。有的是立法机关承诺的实现(如增加司法经费投入),有的是在政治权力之间的平衡(如以司法的导向换取政治的赏识),也有的是非法干预的事实发生后政治权力职位的更迭(如因存在干预司法的嫌疑而辞去政治职务)。当然,这一切都依赖于司法权力在政治权力框架中的地位。如果司法还没有那么重要,政治责任通常是不能兑现的。

三、标准三:法官享有身份保障

法官任职必须有相应的保障,不能处于随时可能被免职的境地。也就是说,法官职务的任免必须符合法律规定的条件,遵守法定程序。很多中国法官都知道美国法官最骄傲的两件事:一是没有人能减少他的工资;二是没有人能免去他的职务。在这样的前提下,美国法官可以尽情发挥自己对法律的理解,其独立性不受任何影响。这就是法官身份保障的基本内容。

法官的身份保障也包括法官不应因其正当履行职责而受到不当待遇,包括政治待遇、晋级晋职、考评考核、辅助待遇等。这些问题在我国法律制度背景下也是不能忽视的问题。

四、标准四:保障法官享有与其身份地位相符的物质待遇

这是一个很实际的标准,也是一个因无奈而“把丑话讲在前面”的标准。我们听过太多的“凭党性工作,靠良心奉献”的要求,实践中也涌现出一些典型。但是,如此重要的司法职能的实现,在常规状态下如果仍然只靠司法职业道德支撑,那终究无法长久。因此,法官必须获得与其身份地位相符的物质待遇。

在我国公务员制度下,法官的物质待遇保障沿用公务员标准,但由于法官从“入门”、职责内容、履行职责的方式等方面都与普通公务员有重大区别,所以法官的待遇应当根据法官职业自身的特点单独制定。

五、标准五:法官的人身安全应当受到保护

生活在社会中,人人都会遇到人身安全方面的威胁。对于法官来说,由于他们每天处在社会矛盾的集结点上,因此时时都存在人身安全方面的隐患。即使是在发达国家,法官个人也经常遇到诸如骚扰、攻击和暗杀之类的安全方面的威胁。在需求层次论中人身安全是最基本的需求之一。如果法官缺乏这方面的保障,履行司法职责将无从谈起。

六、标准六:司法活动应有充足的经费保障

对于不同国家机关的职能来说,经费不足意味着不同的结果。对于司法机关来说,经费不足的直接结果是导致案件办不出去,而其另一个结果就是法律权威受损和法治水平打折扣,最终会造成法律制度的扭曲,进而从根本上影响国家稳定的根基。

实际上,司法机关所需的经费在国家所有支出中所占的比例是十分微小的,各国一般仅为1%左右。但是这1%的投入所获得的效果是

十分可观的。对司法职业的保障在一定程度上有赖于司法经费的充足,依赖于物质设施的具备。

七、标准七:媒体与法院之间形成良好的互动关系

通常认为,媒体是大众的喉舌,而司法公正与独立是大众对司法的最迫切、最基本的要求。媒体在这方面的确给了司法很大的支持,发挥了民意的积极作用。但是,媒体的另一面属性却是它的自由性和开放性。近年来,司法的公正与独立被"淹死"在公众口水中的情况并非偶然。在这种不健康的情形下,媒体非但没有成为司法公正的传播者,反而纵容了司法不公,自身也成为干涉司法机关独立办案的元凶。

要建设媒体与司法之间的良好关系,首先要彼此尊重各自的属性,同时要建立互动、克制的准则,各自发挥自己的优势,特别是司法机关要运用自己掌握的信息,做到公开透明。对于媒体来说,要坚持自由、开放的本质属性,同时要更深入地了解司法职业的特点,并根据这些特点调整自己的活动,使之更能科学地反映出客观真相,把一个真实的司法展现在大众面前。

八、标准八:法官对司法活动受到的干预具有程序处置权

法官在整个司法过程中基本上是被动的,即使真的发生了非法干预独立办案的情形,法官通常也无能为力,无法直接追究干预者的责任。但是,法官作为司法程序的掌控者,对于司法程序中发生的各类行为有一定的程序处置权。例如,法官对于哄闹法庭者可以采取强制措施,对于来自上级法官个人的不当影响可以记录在卷。除此之外,法官还可以通过其他程序措施,制裁、抵御、矫正非法干预行为。

例如,对于来自不同方面的个人干预,法官可以要求将这类可能影响案件审判结果的因素在法庭上公开,并交给双方当事人辩论;上级法

院可以对下级法院受到干扰的案件进行重审，或者发回重审，或者指令其他法院重审；当事人可以司法职业保障不足、法院难以独立公正裁判为理由，请求上级法院撤销原判……这种程序处置权是掌握在法官自己手中的。虽然法官无法直接让干预者承担政治责任，但是可以通过诉讼程序使干预者得不到好处。当然，这种措施的最终目的还在于促使干预者自觉地停止对司法机关独立办案的干涉。

九、标准九：司法职务行为享有豁免权

要保障法官公平、独立地审判案件、认定事实、适用法律，则应当切实保证法官在作出法律判断时无所畏惧。而实现这一目标的最重要的保障措施就是让法官因执行职务而实施的行为享有豁免权。

职务豁免权在一些特殊的领域中是存在的，但这些职业的一个共同特点就是：存在多数意见和少数意见是决策过程中的常态，主导意见被上级机关推翻也时常发生，作出某种决策的重要特点就是从多种意见得到均衡的结果。例如，议会议员的发言享受豁免，议会议员的人身安全也享受豁免。对于法官来说，法官根据自由心证得出事实认定的结论，并根据法律推理与法律解释得出法律适用的结论。这种行为方式都是法官履行司法职责的常态，而这个过程中出现法官之间、上下级法院之间不尽一致的观点，在实践中是家常便饭。但有一点必须肯定：无论这种行为结论最终是否得到同事多数意见的认可，是否得到上级法院的认可，是否为公众所接受，都应当说法官是正常的履行职责的行为。

有的地方法院在评判法官裁判的正确性或者实行法官业绩考评时，可能会运用错案追究制对持不同意见的法官进行业务监督，甚至追究持不同意见者的责任，或者对法官执行职业期间的正当行为追究责任。这种做法显然不当，因为这样只能使法官失去司法工作所特有的

思想自由度,从而影响了法官的独立性和客观性。

十、标准十:对法官的纪律惩戒应有符合法官职业特点的程序保障

在司法实践中,当司法人员被怀疑违反纪律时,人们考虑更多的是惩治而不是保障。这种传统思维在当代司法制度中已经不合时宜,因为在新的人权视角之下,即使是被认定有违反法纪的人仍然享有相应的程序权利。如果司法人员的这种权利不能得到保障,则可能造成另外一种严重的后果,即其他所有人都可能会增加一种被误究、误解、误罚的恐惧,从而影响其司法行为的主动性、独立性。

所以,对于涉嫌违法违纪的法官,应当保护他们的程序权利,要允许其提供证据,听取其辩论意见。这样做的重要目的之一就是既不要造成错误的惩戒,也要使整个惩戒程序显得公正。只有这样,那些以后可能会受到这种程序处理的司法人员才能感受到权利的保障,才能无所畏惧地从事正当的职业活动。

以上是司法职业保障的十项最低标准。既然作为最低标准,则意味着这是起码的要求,而我们应当在满足这些标准的前提下继续努力,争取实现更高、更严的标准。随着保障标准的提高,相信我国从事司法职业的人员履行职责的水平也将上一个新台阶。

(《法制资讯》2009 年第 11 期)

司法改革能否改出强有力的法律职业共同体

法官是坚守法治精神的最后一道防线。如果法官对法律适用的正确理解和对法治精神的坚守受到公众以及律师的质疑和攻击,那么,律师的职业发展也只能在司法公信力下降的夹缝中生存。如果整个法律职业思维、精神都受到破坏,则是“覆巢之下安有完卵”的后果。

自 1999 年以来,最高人民法院陆续发布了 4 个“五年”改革纲要,其中尤以第四个改革纲要最有突破。当然,这是在中央新一轮司法改革重大决策的基础上,人民法院系统大胆尝试、大胆创新的结果。不论哪一轮司法改革,人们始终关注着中国能否以及何时建成一个强大的法律职业共同体。为回答这一问题,我们应当先了解各国法律职业共同体的基本类型,认识建立法律职业共同体的必备条件,并在此基础上研究我国建立一个强大法律职业共同体的具体改革措施。

一、法律职业共同体:紧密型与松散型之分

一般来说,凡是推行法治的国家,都有自己的法律职业共同体。中国也不例外。但只有形式意义上的法律职业共同体,对于建设一个完善的法治国家来说是远远不够的。拥有一个形式一致、精神相通、机制相交、命运与共的法律职业共同体是法治国家的基本条件。考察世界各国法治建设经验后我们会发现,还没有一个国家是在法律职业共同体缺位的情况下实现法治的。这个共同体未必是紧密型结构,但其成员必须有精神上的共同认同;共同体成员之间未必完全实行"法检互调"或从律师中选任法官,但其内部对法官职业的向往和追求应当作为主流价值;共同体成员的收入未必均衡,但各类成员所承担的职责与所享受的待遇和保障之间应当相符。我认为,只要认可法律是一个专业,认可法律工作是一个职业,则必然存在法律职业共同体。至于这个法律职业共同体是"紧密型"还是"松散型",是强还是弱,是拧成一股绳还是各打各的算盘,则直接影响着共同体的合力。

尽管法律职业共同体内的法官、检察官、律师分别承担不同的角色,履行不同的职责,但他们奉行着相同的职业精神:一是唯法律至上;二是以职业道德为行为底线;三是相互认同、相互尊重。我们所接触到的各国的法律职业共同体可分为两类:一类是普通法背景下的"紧密型"法律职业共同体。由于其终极价值取向是"成为法官是所有法律职业者的最高理想",所以其内部结构具有金字塔的特点;另一类是大陆法系背景下的"松散型"法律职业共同体。由于法官地位和权威的局限性,律师或检察官并不以成为法官作为最高价值追求,而是各守其土、各司其职、各成体系,相互之间交集不多。虽然法律职业共同体在法庭上均使用相同的法律语言,但在法庭之外缺乏递进式的职业发展关系,

导致相互之间若即若离。而且由于一些国家的检察官承担着重要的司法职责，因此更容易形成与法官之间的抗衡关系，使职业共同体之间的关系更为复杂。

不过，这两类原本截然不同的法律职业共同体也在不断发展变化，有相互融合、相互借鉴的趋势。例如，英国于2006年建立了新型法官遴选制度，将法官的来源扩大到一些不具有法律背景的候选人，从而增强法官来源的多元化。而在韩国，法律规定在2026年之后所有法官都必须从具有10年以上法律工作经历的优秀法律职业者（主要是律师）中产生。我国台湾地区在2011年通过的“法官法”中建立了“法官遴选委员会”，负责遴选律师、学者担任法官，同时提出在十年之后，来自“司法官学院”以外的法官比例要占到任用法官数量的80%。

二、建立法律职业共同体的六个要素

总的来看，无论是大陆法系国家还是普通法系国家，建设一个强有力的法律职业共同体至少应当考虑以下六个因素。

1. 律师及检察官与法官之间的职业联系

在紧密型的法律职业共同体中，法官基本上来自优秀的执业律师。在这种体制下，法官的素质高、保障到位，出问题的风险也较小。这是因为，经过相当长时间（通常为10年到15年）的历练和大浪淘沙，律师在法律思维、法律修养方面的潜力已经在很大程度上得以展现；律师的人格、品德、行为模式较容易让公众和法官遴选委员会作出判断；律师的中立性、独立性、公正性和职业能力也基本上能得到社会公平的评论（特别是得到法律职业群体的客观评价）。因此，在这种紧密型的法律职业共同体中，律师成为法官之后基本上不会再出现“大起大落”，职业能力和职业道德都有保障。在这种模式下，法官是律师职业发展的最高境界，而律师职业群体就是未来法官的“蓄水池”。

相比之下，在松散型的法律职业共同体模式中，法官与公务员以及共同体其他成员的入职起点基本相同，但因职责不同而为法官增加了一些更为严格的入职培训、遴选程序、业绩评估等。通过这些特别程序，可以筛选出最有潜力的法律人才担任法官。特别是经过大陆法系国家或地区特有的“司法研修”之后，这些即将担任法官的人能够获得比在实务中自我摸索更为系统、全面、实用的司法技能。再经过较长时间的预备法官、候补法官、助理法官、试署法官、陪席法官、承办法官等“阶梯式”的历练之后，方能成为一名真正意义上的法官。这种“训练+学徒”式的培养模式虽然更直接、更实用，但它基本上阻断了法律职业共同体之间的职业联系。

事物是发展变化的。如前所述，大陆法系国家和地区在进行司法改革的过程中，加强了法律职业共同体内部的职业联系，从律师中遴选法官的比例逐步提高。律师与法官之间的职业联系把他们黏合在一起，形成你中有我、我中有你的格局。律师是法官的成长阶段，法官是律师的职业巅峰。这样的法律职业共同体将更加坚强、有力。

2. 律师与法官之间的地位差别

分析法官与律师之间的地位差别的标尺有很多。但是，我们不能仅以律师的职责是提供法律服务、法官的职责是作出裁判的标准，简单地认为法官的地位比律师高；也不能简单地以律师收入高、法官收入低而得出律师比法官地位高的结论。在一个成熟的法律职业共同体中，律师与法官的地位在某种意义上讲是相同的，或者说是在同一个平台、同一个档次的。这是因为，虽然律师与法官的职责不同、权力不同、收入不同，但他们的共同语言是法律，他们的共同职责是维护法治，他们未来的命运是捆绑在一起的。如果法治彰显，那么律师和法官就都能成就其职业理想，成为国家治理方面的主角。否则，无论是律师还是法官，其作用就只能局限在法律技术层面上而不可能在国家治理层面上获得主体的地位。

具体来说，虽然律师并没有掌握与法官对等的权力，但如果律师能在法律能力、职业道德等方面都获得较大的认同，在相当程度上体现出社会正义，则更有助于形成紧密型的职业共同体。换句话说，如果律师在法庭上的辩论意见能受到法官的重视，能得到当事人的认可，能被学术界作为研究对象，则可以体现其作为法律职业共同体成员的应有价值。因此，职业共同体成员的职责虽然不同，但他们在社会地位方面并不应存在多大差别，所代表的正义和法律精神应当是共通的。事实上，国家法治的建设、民众对法律的信任都需要法律职业共同体各个组成部分发挥作用、形成合力，共同推进。

3.“谁为法官说话”的问题

法官的裁判经常会成为社会公众关注的焦点。当法官遇到因法律判断的问题而受到社会舆论的误解、批评时，由于其职务的特殊性，法官不能做自我辩解。那么，谁来为法官说话呢？这便成为检验法律职业共同体紧密程度的重要标准。在紧密型的法律职业共同体中，由律师站出来为法官辩解。这是因为，对于法官的行为，即使普通民众不能从法律思维角度理解，律师也应当是最理解法官思维方式和裁判理由的人选。此时，具有职业精神的律师会把当事人的利益与法律职业利益分开，从法律职业角度为法官进行辩解。因为律师深知，法官是支撑法律精神的保护伞。如果没有了这把“保护伞”，整个法律职业将失去安全感。法官是坚守法治精神的最后一道防线。如果法官对法律适用的正确理解和对法治精神的坚守受到公众以及律师的质疑和攻击，那么，律师的职业发展也只能在司法公信力下降的夹缝中生存。如果整个法律职业思维、精神都受到破坏，则是“覆巢之下安有完卵”的后果。当然，如果是法官个人的职业道德和良心受到公众的质疑，则是另一个问题。

在松散型的法律职业共同体中，法官、检察官、律师各自为营。当法官的裁判受到公众质疑时，法官不得不放弃传统的“神秘主义”而为自己辩解。这种模式打破了人们对传统法官高贵、中立、神秘的印象，法律职业共同体有可能相互诋毁、互不信任，并最终导致法治进程的延缓甚至倒退。

4. 律师和法官的收入差距

一般来说，律师与法官的收入差距应在合理的、可接受的范围内。虽然收入并不是衡量一种职业地位的唯一标准，但它的确是一个不可忽视的标准。各国在为法官的待遇、收入“定位”时，通常参考两个参数：一是法官与律师收入之比较；二是法官与普通公务员之比较。在大陆法系国家或地区，人们常把法官与普通公务员的收入作比较，而在普通法系国家则常拿法官收入与律师收入作比较。当然，两个参数之间也经常交叉比较、相互借鉴。例如，2012 年美国马萨诸塞州的一项调查发现，该州初审法院法官的收入比州内 34 个法律事务所正式聘用的律师第一年的工资还要低。初审法官年薪约为 13 万美元，而律师第一年的年薪一般为 16 万美元。报告认为，一个已经有 10 年到 20 年执业经历的法官的薪酬远不如一个初出茅庐的律师，这是不符合常理的。当然，美国联邦法官有比较充分的职业保障，但他们要求提高工资的呼声仍不绝于耳。而在韩国，法官入职后的工资要比普通公务员高出两级。

由此可见，律师与法官的收入之差必须在合理的范围之内。通常来说，法官的入职工资会略高一些，但在若干年后其收入不会超过同等资历的律师同行，律师也通常不会把当法官作为提升收入的途径（虽然法官收入的稳定性有相当大吸引力）。但如果一个从事多年审判工作的法官收入远不如一个初级律师的薪酬水平，这很可能会对法官产生心理阴影，初级律师也会产生心理上的优越感，而法官的司法尊荣感、权威性和司法地位必然受到影响。当法官工资与业绩较佳的律师薪酬水平相当时(但仍无法与资深律师的薪酬水平相较而论),法官的社会地位才能得以巩固,法律职业共同体才有凝聚力,发挥更强大的作用。

5. 律师与法官之间的业务往来

律师与法官可能毕业于相同的法学院,在法律领域中操持相同的法律语言,可谓同宗同源。两者之间在法律业务方面的沟通交流和相互联系有助于二者职业水平的提高。在很多国家,律师非常尊重法官所确立的裁判标准,研读法官的判词,尤其是法官的“不同意见书”,并随时准备在今后的案件代理中将法官“不同意见书”中的观点转化为主流意见。在律师或法官的职业培训中,也常邀请对方来授课、研讨。这些沟通交流对于法律职业共同体的形成起到了关键性作用。

6. 律师与法官在管理工作中的交融

在一些国家,法官在一定程度上承担着管理律师的职能,其中包括律师的资质认可和取消、纪律惩戒等工作。在许多国家,司法管理以及法官的遴选、惩戒、评价等工作由单独设立的委员会完成,而法官、检察官、律师、行政部门代表以及议会代表通常是这些委员会的成员。例如,意大利的最高司法委员会是最高司法权力机构,拥有司法管理和法官的任命、分配、调遣、提升等多项权力。委员会由 33 人组成,总统任主席,最高法院院长和总检察长为常设成员。其他成员由议会选举的10 位委员(律师和法学教授)和全体法官选出的 20 位法官代表组成,任期 4 年,不得连任和兼职。我国新一轮司法改革中要建立的法官检察官遴选委员会、惩戒委员会也将吸收律师和其他社会人士参加。这种多元化的组成模式使律师和法官在选任、惩戒、评价等许多关键问题上能进行更多的交流和协调,由此巩固法律职业共同体的形成。

三、建立法律职业共同体的具体改革措施

新一轮的司法改革虽然在法律职业共同体的建设方面没有作出单

独规定，但实际上，我国的若干项改革措施都直接或间接地涉及法律职业共同体建设的相关方面。

1. 国家统一司法考试制度的完善

这项制度从 2002 年开始实行，对初任法官考试、初任检察官考试和律师资格考试进行合并，法律职业共同体的共同要素在原来的只有普通法学教育的基础上又增加了一个十分重要的职业要素。统一司法考试制度的建立对我国的法律职业共同体建设有很大的推进作用，但尚有改进和完善的空间。应当进一步参考美国、德国、我国台湾地区的经验，适当增加分析、判断、解决法律问题能力等方面的测试。

2. 法官培养制度的建立

新一轮司法改革方案特别强调法官、检察官职业素质的提高，要求建立预备法官和预备检察官培养制度，而且初任法官和检察官应当优先到基层任职。这一制度对于法官、检察官的同质化和职业素质的提升都有重要作用。当然，这里并不包括律师培养制度。但无论是同考同训，还是同考分训，都对加强法官、检察官、律师的法律职业能力和职业道德水平有很大提升和促进作用。

3. "庭审中心主义"的重塑

如果法官作出判断的依据不在庭上而在庭外，如果律师、检察官的法律论点不能在法庭上展开充分辩论，那么法律职业共同体的能力不能在法庭上得以展现，这也导致了法律职业共同体的价值无法实现。近两年来，最高人民法院特别强调"庭审中心主义"，重视证据程序改革，重视庭审功能的全面发挥，而不是将开庭变成走过场。只有这样，法官、检察官、律师才能把全部精力用在法庭上，秉承职业精神，将每一个法律争点讨论（辩论）到最充分的程度，即使法官最后没有采纳律师或检察官的意见，仍然会增加裁判结果的接受程度。

4. 加大裁判文书说理力度

这项改革早已有之，但又被十八届三中全会确定为司法改革任务之一，其重要性可见一斑。同时，这一改革措施对职业共同体的形成也是十分关键的。也就是说，裁判文书是法官以正式、公开、规范的方式展现法律职业共同体素质和能力的平台。当然其中不只是对某类职业群体能力的展示，而是将法律职业共同体的能力展现到一个共同的平台上来。一份论述各方观点不全面、论理不充分、缺乏职业灵魂的裁判文书不可能体现出法律职业共同体应有价值的。

5. 从优秀律师中选任法官和检察官

这项工作已经开展了多年，虽然进行了一些尝试，但效果并不显著，未来还有很大的发展空间。但如果对法官的待遇保障不做调整，则无法吸引优秀律师进入法官和检察官队伍。目前，我国台湾地区在这方面的尝试已经开始，逐步增加从律师中选任法官的比例。韩国也已经制订出详细的规划，到 2026 年将全面实行从律师中遴选法官的制度。

6. 提高法官的职业保障

在我国，法官、检察官与公务员并无区别，与律师的收入差距很大。这种现象十分不利于法律职业共同体的形成。根据新一轮司法改革方案，按照权责利相统一的原则，在提高法官、检察官的入职门槛、严格办案责任的同时，也将健全法官、检察官的职业保障制度。《人民法院第四个五年改革纲要(2014 - 2018)》指出，要完善法官等级定期晋升机制，确保一线办案法官即使不担任领导职务，也可以正常晋升至较高的法官等级。上海等地的改革试点方案将法官、检察官的收入调整为高于普通公务员收入的一定比例。特别是中央提出的要建立适合于法官、检察官职业特点的单独工资序列，更能拉近法官、检察官与律师之间的收入差距，为职业共同体的形成创造有利条件。

7. 律师作为程序的监督者

虽然我国律师队伍规模及其在诉讼程序中的作用与30年前相比有了天翻地覆的变化，但仍然未能充分发挥律师在诉讼程序中的应有作用。新一轮司法改革方案特别强调律师在诉讼中的作用，这不仅要求律师在诉讼中尽量发挥其专业能力，更重要的是要形成律师与法官、检察官之间相互促进、相互补充的职业作用，成为法官作出判断的重要基础。一位美国联邦上诉法官曾说，“我们之所以能写出精辟且经典的判决书，是因为我们有一支出色的律师队伍在法庭内外‘帮助’我们。他们虽然不是我们的助手，但他们是我们作出职业判断的基础”。

当然，要建立一个形成强大合力的法律职业共同体，还需要有更加深入、更加细致的改革措施。从各国的经验来看，即使确定了正确的方向、建立了有效的制度，仍然需要几代人的努力才能孕育出法律职业共同体的文化，培养起一支强有力的法律职业共同体队伍。这是法治国家成功的前提，因此，即使路再难、再长，我们也必须走下去。

（《中国法律评论》2014年第3期）

培养职业法官的“四部曲”

法官培养制度改革，绝不只是一个能力素质问题，它在更大程度上是司法公信的基础，是司法公正的前提，是民众追求正义的人性化依赖，是深化司法体制改革的第一个堡垒。

人们从不同角度观察司法。通常情况下，学者论制，官员论才，民众论事。对于研究者来说，他们往往从制度合理性的角度入手，对司法作出评价、提出设计，而这种评价和设计通常以理性和科学为基础。对于政府官员来说，他们更多地看司法官员自身的条件并与自己进行比较，从而对法官作出评价、提出期望。当他们认为法官与自己在素质条件方面没有差别时，会有一种期望；当认为法官与自己不一样时，则是另一种期望。对于民众而言，他们对司法的评价和期望的依据，通常是他们所直接或间接经历的事，是他们对司法活动的一般观察。即使在司法过程中仅受到过一次伤害，他们也会产生无法消除的不信任感，而且感性的力量在多数情况下会大于理性的力量。

无论是论制、论才还是论事，法官在其中是难脱干系的。作为司法制度的实施者，法官掌控着制度的运行，处理着进入司法程序的所有案件。因此，与其说人们在评论司法，不如说他们就在评论法官。在当事人的上诉理由中，看起来当事人是在争辩判决结果的对错，而实际上上诉状的字里行间都在指责法官如何如何。或许当事人相信法律是公正的，事实是清楚的，但他们更相信是法官错误地理解了法律，错误地认定了事实……就连当前研究司法体制改革的进一步深化时，法官队伍的状况竟然成为妨碍司法改革深化的无法逾越的障碍，成为决定司法体制改革走势的一个重要砝码。论制者会说：既然人（指法官）的状况如此，那么科学的制度也会难以奏效，所以只能相应作些调整，甚至失望到"30年之内不必谈独立"的地步。论人者会说，法官与他人相比（包括政府官员自己）半斤八两、彼此彼此，看来最后一道防线人人皆可守（而实际结果是谁都守不住）。论事者会说，凡有不公，皆为人之过而与天理无关，"正经"变成"歪经"，罪过在于位于抽象法律与具体事实之间的法官。这样一来，承担将公平正义"特定化"神圣职责的法官队伍，却成了阻碍改革的"替罪羊"，成了非理性决策的口实，成了司法体制改革深水区受阻的"挡箭牌"。即使司法加倍努力，即使法官对自己采取了自虐式严管，他们都无法摆脱这一重负。

以上事实与分析，充分体现了法官制度改革的重要性。而在法官制度改革的日程表上，法官培养制度改革首当其冲。没有一支合格的法官队伍，其他各项相关改革特别是体制改革基本上丧失了继续下去的可能性，"凭什么法官待遇从优"之类的问题还将继续问下去。而要把法官队伍、法官制度变成整个司法体制改革的积极因素而不再是消极因素，也在很大程度上依赖于法官培养制度改革的成功。

改革开放三十多年来,法院改革的最大成就之一也体现在法官制度上。无论是培育培训机制,还是法官素质的提高,都成为看得见、摸得着的成就。近年来针对法官队伍中出现的各种问题,各级法院狠抓教育培训,人力财力付出不少,但法官队伍的整体能力与法治国家的要求仍有很大距离。尽管有很多外在制度未能配套,制约着法官培养制度作用的发挥,但更重要的还是法官培养制度本身的问题。

法官培养制度改革的关键是“以需求定供应”。要具体分析一个法官完成公正独立审判使命所需要的能力、素质、修养、经验,加以细化,之后再向培养制度“下订单”。现行的法官培养制度亦应当根据最终的司法需求进行相应改革。本文将从四个方面对法官培养制度的现状和问题略加分析,并提出一些改革方面的思考。

一、法学院教育阶段的“胚胎”

职业法官的培养始于法学院阶段的法律教育,而这个阶段的重要性无异于一个职业法官的“胚胎”过程。虽然说大学阶段(法学院)的主要任务是人生观的形成、知识面的扩展、自我人格的社会认同,但专业知识的学习对以后职业选择、职业成就发挥着至关重要的作用。

长期以来,对于我国当前的法学院教育曾有不少批评,主要集中在以下几个方面:一是学非所用,课程安排与司法实务的需要相脱节;二是重理论轻实践;三是教学方法单一陈旧,仍以填鸭式教育为主,教学效果不佳;四是重专业轻伦理,导致即将进入法律职业的毕业生对于职业道德规范了解甚少;五是法治理念与信仰教育较弱;六是很多法学院的教学以通过司法考试为主导,从而将考试制度自身的负面作用极端放大化;七是缺乏法律思维能力的基本训练,毕业生对于法律问题的分析往往只见树木,不见森林。

所有这些问题都会成为法律职业胚胎或法官职业胚胎的重大缺

陷,而且这种缺陷是先天性的,直接影响到学生在以后法律职业中的“后劲”。因此,针对存在的这些问题,根据法官职业的需求,法学院阶段的“胚胎发育”应当考虑作以下改革:

第一,加强法治理念和法律信仰教育,树立法律毕业生坚定的法治信仰,而不是只学习一些具体的法律知识点。

第二,加大法律教学中的实践教学分量,通过有效的实习课程、法律诊所教育、与司法实务部门“共建”活动等,增加学生了解实践、积累经验的机会。

第三,注重基本法律技能特别是法律思维能力和法律操作能力的训练。这种能力可以通过案例教学的方式得到很大改进。

第四,注重对法律职业道德意识的培养。法律的职业性有两个基本特点:一是知识体系的专业性;二是行为方式的伦理性。两者如同一个坐标系,昭示着对法律职业人士的缺一不可的要求,甚至在某些情况下职业道德比专业知识更加重要。

近年来,一些有识之士提出了很多关于法律教育的很有价值的改革建议,这里不再一一重复,但如果将以上几个最重要的问题解决好,则可以在很大程度上避免因胚胎发育不良而造成的法官职业的先天缺陷。

二、预备法官教育阶段的“塑型”

从良好的法学院教育中走出来的毕业生虽然获得了优良的“胚胎”,但由于各方面的局限性,还远不具备一个法律职业人士应有的职业能力,更不敢说可以成为一名合格的法官了。这就需要另一个阶段的培养,即“塑型”阶段。这也是大陆法系国家或地区普遍采取的正规的“司法研修”阶段,所以一种观点认为“大陆法系国家的法官是训练而成的”(trained to be a judge)。

多数大陆法系国家或地区都有相应的司法官(有的包括检察官、律师)培养机构,称谓各异,但职能相同,如法官学院、司法学院、司法研修所、司法官训练所、司法研修院等。这个阶段一般为 2 年左右,其根本使命就是为法官"塑型",把一个具有法律教育背景的人塑造成一名法官(或检察官、律师)的初步形态。这种司法训练的课程不再重复在法学院学习过的知识,而主要是法律职业需要的实务能力的训练,以期直接打通一个没有实务基础的法学院毕业生与活生生的法律现实之间的通道。

这种司法"塑型"把一个人塑造成法官,同时也把法官与公务员区别开来。在大陆法系国家或地区,法官与普通公务员的不同主要体现在两个环节:一是是否通过司法考试;二是是否经过正规的司法职业训练。司法考试是一种静态知识的测试,现行教育制度并没有对通过司法考试的人做任何增值性的贡献(即使是司考辅导强化班也并不显著增加考试人的能力)。所以,只有司考是不够的,还必须增设一个正规的预备法官教育阶段。这个阶段可以说是法官职业水准最重要的保障,也成为法官与普通公务员真正的"分水岭",使法官取得了在工资、地位上优于普通公务员的正当性和合法性。否则,平白无故地将法官的地位、级别置于本来"齐头并进"的普通公务员之上,谁都会觉得缺乏说服力。

我国 2006 年开办了第一期(行政)预备法官培训班,在教育时间、内容、教材、教学方法等方面展开了探索,积累了一些经验,可谓填补了法官"塑型"教育的空白。但要培养符合审判职责要求、区别于普通公务员的职业法官,还应当考虑在以下几个方面开展新的改革探索:

第一,延长预备法官教育学制。目前我国的预备法官教育多为 1 ~ 3 个月,虽然受训者多数已在法院作为书记员或其他辅助人员工作了一段时间,但教育时间如此之短是很难完成法官"塑型"的,也很难把培养职业法官与培养普通公务员的差别体现出来。从其他国家的经验来看,或许2年是一个比较合适的时间。

第二,教学内容的设计应当更加实用。一些基本知识和理念的培养主要在法学院阶段完成,而职业法官的培训应当更多放在实务方面。

第三,职业道德培训应当加强。法官职业与普通公务员以及其他行业的重要区别就是对法官有更高的职业道德要求。从某种程度上说,法官与其他行业的区别可能不在于对刑法、民法、行政法的遵守,而在于对职业道德的遵守。我国法院系统虽然已经有了很好的纪检监察制度基础,但职业道德的重要地位还没有真正凸显出来。

第四,加强应用法理学的培养。学生们在法学院只学习了抽象的理论法学,而这些法学理论在实践中如何应用,还需要一个"对接"的过程。预备法官的教育阶段正好可以通过正规教育的方式(而非法官在实践中自行摸索)把理论法学与法律实务结合起来。

第五,加大"指导下的实践"课程分量。之所以把实践作为一门课程而非一般工作过程对待,是因为它是法官"塑型"必不可少的因素。在老师指导下的实践一方面为未曾有过司法经验的预备法官提供实践的见识,另一方面也为他们以后的实践提供了样板。

三、法律实践阶段的"丰羽"

一个合格的法官需要有丰富的社会阅历和法律实践。这就是为什么各国对初任法官都有"法律经验"方面的条件要求。长期以来,我国的法官按照"师傅带徒弟"的培养方式成长起来,也体现了法官通过法律实践获得经验,培养价值认同,加深对法律的理解,从而使自己的羽翼丰满起来的需要。

各国的法官培养制度中无一不体现了对法官"丰满羽翼"发挥关键作用的法律实践的要求。普通法国家从律师中选任法官的制度且不必说,德国实行有时间间隔的两次司法考试制度实际上就是对法律实践经验的要求,而日本的所谓“判事补”10 年之后才能真正成为判事的规定更是体现了对法律实践经验的苛刻要求。我国的“助理审判员”制度在最初设计上并不是为了缓解法官不足的问题,而是以积累实践经验为实质内容的法官“梯队”进阶机制。预备法官教育阶段的实践课程还只能当作“塑型”的一门“课程”对待,而为“丰满羽翼”的实践可能需要 5 年甚至更长的时间才能完成。

但是,也正是在培养法官的这个重要阶段中存在一些问题,主要是不能全面认识这个阶段的作用,没有把它真正当作培养法官的一个阶段对待,更没有纳入正规的、强制性的培养过程中。所以,“丰羽”教育有很大的随意性,基本上依赖于法官个人的自觉性,缺乏正规的、积极的、指导性的培养方法。这样的结果容易使法官在素质上出现残缺,难以形成完整能力和完美人格。这对法官来说是一个无奈的遗憾,对法官培养制度来说是一个不小的失误,对司法的质量来说也是一个很大的损失。

相关的改革建议也并不复杂。一是在现行的助理审判员制度的基础上,建立 5 年至 10 年的法官“候补期”。二是对“候补法官”或助理审判员实行“实践导师制”,每季度定期按照课程的方式进行总结。三是对初任法官实行“办案进阶制”,先办小案,后办大案,循序渐进,逐步积累。

四、继续教育阶段的“充电”

在职期间的“继续教育”是各国法官培训以及其他培训的基本方式,也是我国法官教育培训工作的基本构成部分。目前最高人民法院和地方法院组织的各种培训基本上属于这种培训。无论是思想政治方面的教育,还是专门法律专题的培训,都是法官们必不可少的“充电”行动,对知识更新、技能精进有很大作用。

虽然这种教育分量最重、时间最长、投入最大、经验最多,但目前的在职培训工作仍然存在一些问题。一是培训的普遍性不够。很多法官反映很少有参加正规专题培训的机会,而只有在晋级、晋职时才得以参加。二是教学方法(培训方式)陈旧单一,教学效果欠佳。教育是一门学问,而成人教育(继续教育)是学问中的学问,有其特殊的规律。国家法官学院曾与加拿大有过"培训培训者"合作项目,专门研究培训法官的方法问题。三是师资管理机制不成熟,导致难以形成职业的师资队伍,培训质量受到质疑。

针对这些问题,建议从以下几个方面展开改革探索:

第一,在最高人民法院和高级人民法院建立法官教育委员会(或小组),负责指导、协调、管理法官培养制度中的规划、设计、课程认证、评价等工作。

第二,建立培训课程认证制。无论是法官培训机构还是其他培训机构组织的法官培训课程,应当获得法官教育委员会(或小组)的审核、认证,以确保法官参加有价值、有用处的培训。

第三,建立法官培训积分制。应当要求法官一年或者两年之内必须积累一定的法官培训积分,由法院安排或者法官自行选择培训课程,积累分值。未能达到预期的积分者,应当限期参加培训。

第四,以优厚的条件选择优秀法官借调为专职教师,任期3年(或5年)之后即行更换,以实现教学的连续性与知识的更新性之间的平衡。

"物以稀为贵,山以高为尊。"一份经过几天培训即可上岗的工作自然无法与需经过数年严格和科学的培养的职业相比。法官培养制度的改革可以提高司法能力,改变法官形象,更重要的是为司法权威和司法公信的提升打下队伍基础。因此,对于人民法院而言,我们要有把法官培养制度作为司法体制改革要攻克的第一堡垒的准备，卧薪尝胆，励精图治，以科学的法官培养制度带动公正、高效、权威的社会主义司法制度的建立。

（《法制资讯》2013年第1期）

论法官惩戒程序之司法性

一、引子

在美国研修期间，康涅狄格州最高法院的一位资深法官告诉我们，该州最高法院管辖的案件中，有一类是对法官的纪律惩戒案件。法官惩戒如何成为诉讼？与我国所说的法官纪律申诉(复查或复议)是不是同一回事？法官纪律处分一向被认为是司法行政管理活动，又如何成为司法审判活动呢？他解释道：司法惩戒活动是司法活动，而不是司法行政活动，更不是行政机关的行政活动。道理并不复杂：政府和人民在竭尽全力维护司法独立以期保持司法之中立与公正地位，而当独立行使审判权的主体——法官要受到处理和制裁时，他必须获得公正的待遇。而综观人类所有活动方式，这种“待遇”只有在司法程序中才可能得到保障。如果采取行政活动的方式处理法官的违纪事件，法官的权利便无法得到充分保障，而且实际上构成对法官独立审判的潜在威胁。因此，法官纪律惩戒活动的性质属司法性,而非行政性。

这位美国法官的观点指出了当前世界各国司法界关于法官管理和审判独立的一个热点,也为我国目前正在进行的司法惩戒程序改革提供了有益的借鉴,即法官惩戒程序的定位,以及根据这一定位而进行的程序设计。对法官的惩戒程序是司法性的,而不是行政性的。

二、其他借鉴

除了美国的制度外,我们还研究了其他一些国家的法官惩戒制度。在日本,地方法院、简易法院的法官惩戒由高等法院组成合议庭审理;高等法院、最高法院的法官惩戒由最高法院组成合议庭审理。在法国,以总统为主席的高等司法委员会中,专门设立“法官管理委员会”(作为高等司法委员会内的第一个部门),其一部分职责就是审理法官惩戒案件(由最高法院院长主持审理)。在德国,联邦最高法院设立职务法庭,各州亦设立职务法庭,就法官纪律、惩戒和其他事项进行裁判。美国联邦的法官惩戒则由巡回区的司法委员会进行审理,而该司法委员会是由部分巡回区上诉法官、部分地区法院法官组成的法官代表机构。

再研究这些国家的法官惩戒程序,也无不与司法程序相类似。有分立的调查、起诉、审理主体,有独立的决定者,有严密的证据规则,有明显的诉辩对抗,有公允的听审过程,有合议的裁判,有有效的救济途径,都具有司法性质。任何现行的行政程序在公平性方面都无法与之相比拟。

审判独立的宪法原则以及法官的重要地位告诉我们,法官惩戒程序应当是司法性的;各国的法官惩戒实践也告诉我们,这些国家的法官惩戒制度最大限度地排除了行政机关的介入,由司法机关遵循司法原则行使司法权力,所适用的程序也属于司法程序。

三、司法性的理由

为什么将法官惩戒定性为司法活动而非司法行政活动呢？除了那位美国法官所讲的道理外，笔者认为最主要的还有以下三条理由：

（一）司法性将确立一种惩戒与保障相结合的机制

司法的本质特征之一就是它的中立性，即由一个中立的第三者裁判法律争议。在司法活动中，双方当事人既不能相互确定对方的最终权利义务，也不能对法律确定的中立的裁判者所作的裁决置之不理。在法官惩戒中，法院的司法行政权力可以指派特定人、特定机构对被投诉的法官所从事的违反职业义务的活动进行调查，也可以由该特定人、机构对该法官进行追诉，但不应由追诉者直接对被追诉者课以义务、责任或制裁。经过追诉机关的职权调查后，即进入司法式的审理程序，由法院指定专门的法官、合议庭对调查人（追诉人）“起诉”到法院的这起惩戒案件进行审理，作出裁决。作出裁决的法官、合议庭在这样的司法活动中完全独立而不受法院行政领导力量的影响。这种中立的地位本身就是对在惩戒程序中处于不利地位的被惩戒法官权利的一种程序保障。

但是，如果在行政性质主导之下，对法官的惩戒将成为两个主体之间的“战争”。对法官进行调查、处理的官方机构（通常是法院自身）既作为追诉者，又作为决定者。这样的结构既不存在被惩戒者与惩戒者之间的地位平衡，又缺乏对被惩戒者的权利保障。而且，这与一个行政机关对违法者直接进行行政处罚基本上没有区别，而实际上对被惩戒者的权利保障程度还比不上对被行政处罚者的保障。因为对于行政处罚不服者还可以申请司法审查，而对于这种司法惩戒不服者基本上没有实质性的救济机会。

（二）司法性将提供一套公平的程序保障

司法性的另一本质特点是其程序性，即任何司法决定都必须依照法定的、公平合理的程序作出。这里体现了司法决定的正确性与程序的公平合理性之间的辩证关系。在司法活动中，所谓实体公正（即正确的司法裁决）是通过程序过程来实现或保障的。没有程序公正，也就不会有完备的实体公正。在法官惩戒过程中，只有依照科学、公平的程序，才能确保证据合法、事实清楚、权利实现、决定正确。只有这样，才能保证惩戒决定的质量。

然而，在行政性的司法惩戒活动中，虽然也有一些既定程序，但是这些程序在性质上是行政性的，更侧重于查清事实而忽视权利保障，特别是决定者的独立性和中立性、程序中的平等性和对抗性都相对较弱甚至基本没有。同时，这些程序比起正规的司法程序则显得粗陋、不够完备。尽管目前的行政程序在努力顺应司法化的潮流而进行改善，但由于其目的、性质的根本区别，最终在这方面也难以达到司法程序的缜密程度。

（三）司法性将惩戒纳入一般性的司法思维"序列"

法官惩戒制度的司法性除了具备上述两个最根本的特点外，还有一个重要的特点，那就是司法活动是一种法律适用活动。而法律适用活动要求中立的裁判者以及参与这一活动的各方主体在查清事实的基础上，遵循法律思维的方法和规律，正确理解与适用《法官法》《法官职业道德基本准则》和其他相关规范，作出符合法律本意、合乎法律规定的惩戒决定。这种法律适用的思维在人类所有与法律相关的活动中，都体现了最强大、最深刻、最科学和最全面的特点，其他任何活动的法律适用性都不及将"只服从法律"作为根本宗旨的司法活动。也正是在这种法律适用活动中，法官惩戒程序不仅确保相关法律的正确适用，而且还可以避免来自不同方面的干预，以确保惩戒决定的公正性。作为一项法律适用的职业活动，法官惩戒与其他实体法、程序法的适用一样,可以通过对《法官法》《法官职业道德准则》等规范的解释,运用法律职业特有的理论、技能,对这一领域的发展做出贡献。

四、结论:兼谈我国法官惩戒制度之改革方向

我国的《法官法》确立了法官应当受到惩戒的13种行为,《法官职业道德基本准则》又确定了全面、系统的实体规则。可以说,这些规则体现了法官职业的特点,建立了法官行为准则的体系,得到了学者、法官的好评。但是,我国的法官惩戒程序并没有得到这样的评价。相反,学者这方面的批评越来越多,主要集中在我国司法惩戒程序的行政性十足,而司法性方面不足。

我国的法官惩戒制度与普通党政机关的"纪检监察"制度基本相同。尽管《法官法》于1995年生效后建立了独立的法官职业(在法律上),也试图建立相应的惩戒制度,但是至今法官职业仍然没有脱离现行的适用于普通公务员的纪检监察制度,真正体现法官职业特点的司法性的法官惩戒程序并没有建立起来。究其原因,主要是因为"正本清源"的问题没有解决,即对于法官惩戒究竟是司法活动还是行政活动的问题认识不清,从而在根本上影响了适应司法客观规律要求、符合法官职业特点的司法惩戒制度的建立。

在2002年年底的全国法院院长会议上,最高人民法院提出要改革现行法官纪律处分制度,建立适应法官职业特点的非行政式的法官惩戒制度。而建立这一制度的理论基础之一,便是法官惩戒制度的司法性。因此,我们应当从这一理论出发,吸收公务员惩戒制度的经验,结合中国新的法官职业的特点,借鉴外国的有益做法,建立具有中国特色的法官惩戒制度。

(《法律适用》2003年第9期)

第四编

司法程序改革

司法的程序性与司法改革

一、程序与实体的关系

在司法工作中，时常听到关于从“重实体轻程序”转变为“既重实体又重程序”的讨论，后来便是有的法院提出了“实体公正、程序公正、形象公正”的口号。

一般来说，公正包括公平与正义两层含义，这可以视为实体上的目标。程序是为实体而存在的。实体上的公正是程序设计的前提、指针、方向。当实体指导一旦解决（在我国可以说已经解决），程序便具备了独立的价值。至此，如果有人提出“重程序轻实体”的口号，也不要以为这颠倒了程序与实体的关系。实体问题永远是最重要的、最基本的和最终的，当然是值得重视的。但在具体的司法实践中，如何重实体呢？如果程序设计科学合理，程序手段已经用尽，程序权利已经实现，法官除了运用其良知与技能外，已经没有其他工作方式。实际上，除了法律规定的程序之外，法官没有也不应当有其他任何工作方式实现其裁判职能。也就是说,此时的法官,严格遵照程序就是最大的重实体了。

这里将实体问题理解为“是非问题”,而程序则可以成为实现该判断的必由之路。而沿着这一必由之路,用一种略显极端的说法来表述,那就是:“因为经过了程序,所以只能得出正确的结论”,或者说,“在这种情况下,错的也是对的。”

二、司法的本质特征之一——程序性

司法的本质特征,是指那些使司法之所以能成为司法而不至于混同于其他国家职能的特点。司法的本质可以从两个层次上理解:一是目的;二是实现该目的的手段。

第一,司法的目的是“以公正的态度、方式和表现实现正义”。这是由司法职能的地位决定的。这可以完整地体现已经被广泛接受的公正概念,即公正不仅是实际存在的,而且还应当让人看到并相信它是存在的。

第二,手段层次上的本质特征主要包括四个因素:一是独立性,即司法不受来自任何方面的干扰;二是程序性(或称司法工作方法),即任何司法职能必须经过特定的司法程序实现;三是权威性(或公信力),即司法活动与裁判结果必须受到尊重,这不仅要靠国家强制力建立权威,更重要的是要靠公众对司法的信任维护司法的权威;四是职业性(或称法官胜任性),即法官应当有充分的司法知识、能力、技能以履行职责。

那么,司法的程序性作为司法的本质特征之一是如何体现的呢?

第一,司法程序与立法程序、行政程序以及其他程序根本不同,如直接、言词、合议(或独任)、平等、公开等,无论在形式上还是在程度上都比其他程序更为严格。因此,司法程序成为政治程序中最为复杂、细致、客观、公正的程序。

第二,司法的程序性与未经程序而得出结论的做法格格不入。司法程序是任何司法结论、判断的必要前提。没有程序,就没有司法结论。因为这不仅是实体公正的保证,也是程序公正的要求。

第三,司法程序排除程序之外的不正常因素的干扰,维持司法的公正与独立。司法机构是一个执行法律的机构,但是它的执行手段是通过第三者的居中裁判而适用法律。另外,司法是一项职业化程度相当高的工作,程序的设计与运作都有职业性。这一切都要求严格遵守司法的程序性。

三、几种反程序现象

由于对司法的程序性本质的重要地位认识不足,实践中出现了一些忽视司法程序甚至背离司法程序规律的现象,这里称之为反程序现象。

新中国(经过司法机关处理)的冤假错案。在历次政治运动中,冤假错案给我们的国家留下了惨痛的教训,也给我们的司法工作留下了教训。当时的政治路线固然是出现这些不正常现象的根本原因,但从技术角度分析,没有充分表现司法活动的程序性也不能不说是根源之一。当然,当时的程序本来就不完备,而且在很大程度上成为政治的附庸,从而失去了独立价值。试想,如果当时任何涉及人民权利和国家利益的司法事项,都必须经过科学、完善的司法程序,程序的主持者能够依照程序独立地作出决定,那么,中国便不会有那么多的冤假错案。

党委审批案件问题。早在 1979 年,中共中央在《关于坚决保证刑法、刑事诉讼法切实实施的指示》中明确规定:“党委与司法机关各有专责,不能互相代替,不应互相混淆。为此,中央决定取消各级党委审批案件的制度。”这里不仅阐明了党委与司法机关的职责分工,同时也是程序上的分立。司法决定只能依据司法程序作出,而根据党委议事程序是无法作出司法判决的。

权力机关对具体案件的监督。权力机关对司法机关实行监督是我国的宪法原则。然而,如果人大在实施这种监督时忽视了司法程序的作用,而在某种程度上以监督程序代替司法程序时,可能使某一些确实错误的案件得到了纠正,但司法的程序性本质已经受到了极大的伤害,除非有将人大变为上诉法院之意。那么,人大必须在充分尊重司法程序的前提下,寻找适当的方式行使监督职能。

媒体对司法的监督。"媒体审判"的事例在中国已有若干。它提醒着人们,媒体作为社会公众意见的代表,以客观、公允的态度反映社会生活的各个方面,包括诉讼案件的审理等。但是,应当知道,媒体的事实报道、结论的得出,只是经过了媒体所要求的基本程序,而与司法程序的严密性不可同日而语。因此,在面对司法程序的价值时,媒体的报道或评论必须做相应调整,要确保司法程序的作用不受影响,保证司法独立不受损害。正如澳大利亚前任首席大法官布伦南所说的,"如果对法官的公开监督成为损害司法活动的公信力时,整个社会也会受到极大伤害。如果这种批评侵蚀了司法的公信力,它也就同时侵蚀了批评者发表批评意见的保护伞"。

"履行手续(程序)"的危害。无论在司法界,还是在其他领域,现在仍常听到这样的说法:"此事就这样定了,然后履行法律手续(程序)。"这是对程序的藐视与亵渎,其中潜伏着极大的危害与隐患。在这里,程序只享有确定结果之后的"手续"的命运,而程序的作用已经不可能发挥。这样的程序已经失去了意义,而没有程序保证的实体便处于危险之中了。对于司法来说,没有程序也就没有了实体,没有了司法,没有了正义。

院长、庭长审批案件。审判方式改革的任务之一,就是逐步取消法院院长、庭长审批案件的做法。原因是众所周知的,即这种做法违背了司法的程序性本质特征。各国的实践已经证明,科学合理的司法程序是不需要行政性权力介入的,而如果审批之后再履行手续,则正属于前一种反程序现象。

判决书理由不充分。作为公平与正义载体的判决书,在其中说明理由是司法活动的基本要求,即使在大陆法系也是如此。判决书应当是内在程序与外在程序的综合体,即既要说明诉讼程序进行中对案件事实的认定,又要说明法官在事实与结论之间所作的法律推理过程。这是司法程序的最后一项要求,否则,司法程序缺乏一个完美的结局。

这里需要说明的是,本文对上述现象中反程序因素的批评与评价,丝毫不影响该一般做法本身在其特有职能与规律方面存在的合理性,如党的领导、人大监督、舆论监督等。但是,在社会现象中,任何一种事物都处在一个错综复杂的关系中,受到各种制衡、约束。如果忽视各种规律之间的关系,特别是忽视司法的本质特征包括程序性的作用,这些做法则可能无法发挥其应有作用,甚至适得其反。实践中也正是如此。一些人或部门做着违反司法本质特征的事情,却还在认为自己维护了正义,这正是对司法的程序性本质的误解所致。

四、程序——一条“司法正义生产线”

几乎每一个法官都有过这样的经历或感受:当你的亲朋好友将他们的申诉材料交给你(或许你本来就不应该接受而提供某种咨询),你看过之后根本不敢判断他是否有理。因为你还没有经历判断谁有理的程序——你没有在公开的场合听取另一方的答辩,你没有审核双方提交的证据,你没有将双方的证据放在法庭上质证,你没有在你的内心经历一个完整的法律推理过程,你没有研究并写出判决的理由。

某项事实一旦发生,对事实的描述、分析以及对其中的法律问题的推理与判断便成为一种独立于原来发生的事实的另一种事实。对于个人来说，我们可以通过传媒了解事实与评论从而对此作出判断；对于媒体，可以通过一定范围的采访等媒体手段作出报道或评论；对于行政机关来说，可以通过行政管理手段的应用获得事实材料，从而对事件作出处理；而对于司法机关来说，严密、科学、公平的程序，是司法机关对事实与法律问题作出判断的必要保障。

我们可以将司法程序比作一条生产线。这是一条司法正义的生产线。这条生产线有以下特点：

第一，任何产品都必须经过这一生产线才能成其为“产品”，否则便没有“产品”可言；或者说，绕过该生产线的“产品”已经不属于司法所讨论的问题。

第二，这条生产线必须设计合理、科学、高效、公平，否则即使完整地操作了所有工序，也不会生产出合格的产品。

第三，所有的原料投入该生产线后，无论是合格的还是不合格的，都会从不同的阶段性出口产出相应的产品。当然在这种情况下，仍应认为是已经经过了生产线，然而如果有人认为一个合格的原料未能产生合格的产品，则可以发动另一道“工序”（程序），以检验是否确实如此并产生相应的产品。

如果有这样一个问题：正义产生于程序之前，还是产生于程序之后？那么，利用“正义生产线”理论则不难回答。可以肯定地说，在司法活动中，正义产生于程序之后。如果说立法中已经确定了正义的内涵，也就是说抽象的正义可以在司法程序之前确定的话，那么，正义的实现则必然在程序之后，因为司法职能总是通过个案的处理实现的。

五、程序性给司法改革的启示

当前正在广泛探讨并在一定范围内进行的司法改革，可以说在很多方面都在追求实现司法的程序性，但还很难说是否已将其作为未来司法制度的一个本质特征来对待。下一步的司法改革应当从司法程序性中获得一些启示。

以实现司法程序性作为改革的指导方针之一。强调司法的程序性,将司法的程序性作为检验司法公正是否实现、司法职能是否发挥作用、司法改革是否成功的标准之一,应当成为改革者的指导方针。如果司法改革脱离了司法程序本质的实现,最终仍难建立一个公正、独立、科学的司法制度。

以实现程序性作为司法改革的突破口。司法改革是政治改革的一部分。当前,我们应当根据各方面因素决定采取哪些司法改革措施。无疑,司法程序改革将成为首要的任务。这当然不只是因为它的技术性强,能避免一些不必要的政治争论,更重要的是因为程序性本来就是司法活动的本质特征。一旦程序本质实现,其他一些复杂的问题也会迎刃而解了。

以程序性原则分析"反程序现象"。对于那些"反程序现象",必须以司法的程序本质为武器加以消除。因为在程序性原则之下,这些现象没有一项是站得住脚的。当然,在司法改革的具体操作过程中,我们应当从实际出发,分步骤进行,但最终的目标与改革的方向是不可动摇的。

实现司法程序的科学化。程序本身就是一门科学。不合理、不科学的程序是无法保证司法独立与公正的。司法改革的一项具体任务,便是在承认司法程序作为司法本质特征的前提下,建立一套科学、公允、合理、客观、严密的司法程序。虽然说我国的司法程序在一定程度上已经成熟,但在新的司法目标与观念指导下,在新的司法活动模式中,建立某些新的程序制度和规则将成为司法改革中最为活跃的内容。

综上所述,在司法活动中,司法程序是决定性的因素。脱离了司法程序,就不可能有司法公正与正义。当然,这里并不是主张程序万能或唯程序论。在我国,我们一直强调比较多的是实体正义及其思想与良知的保障,而对程序保障重视不足。所以,在当前司法改革刚刚开始的时期,我们应当特别重视程序对实现公平、正义的作用。

(《人民司法》1999 年第 7 期)

重锤夯实“事实审”之迫切期待

事实认定，是案件成立的前提，是适用法律的基础。几十年来，由于案件事实认定不够扎实，导致了一系列后果，如案件质量不高，终审不终，信访不断。针对这些问题，人们提出了一系列改革建议，有的已经付诸实践，如申请再审案件上提一级，探索有限三审制，上诉审法院只审理法律问题等。这些建议既有新意又与世界各国的做法相接近，理当能发挥作用。但是，所有的建议都难过事实审这一“鬼门关”，因为只要是把改革措施建立在案件事实的确定性、可靠性上，建议和措施便大打折扣。无论是在二审案件还是申请再审案件中，发现的事实问题都占一半以上，即使是死刑复核案件有的也存在事实不清的问题。

为了打牢案件的事实认定基础，立法和司法实务均采取了一些措施，但成效并不明显。这里，再次提出夯实事实审基础的一系列措施，期望能够在新的法治背景下，满足提高审判工作质量的迫切期待。

一、证人出庭

证人出庭作证，是查清事实、消除疑虑的最直接的方法。而证人不出庭，是诉讼程序的硬伤。首先，证人不出庭是对诉讼原则的否定。诉讼法规定了一系列运用证据、还原事实的措施，证人出庭在其中的作用几乎超过了其他任何证据。而证人不出庭，则使证据的证明作用大打折扣。其次，证人不出庭是对当事人诉讼权利的剥夺。如果只向法庭提供证人证言，等于抹杀了质证过程，只作了没有回应的质证，缺乏交叉询问程序。对于这种情况，法官所作出的结论只有两种：要么让提交证言一方得到额外证明力，要么让质证一方得到额外的否定证言的利益。

证人出庭作证，是三大诉讼法规定的法定制度，但自三大诉讼法实施以来，这项法定制度一直处在探索、试验阶段，没有真正落实。据有关方面统计，证人出庭率在各地法院从1% ~8%不等。

对于证人出庭率低的原因，包括立法机关在内的各方一直有共识。主要包括：第一，证人保护制度没有建立。证人作证虽为义务，但国家应当为其履行义务提供必要的保护，否则义务的履行困难重重。尽管对这一制度早有共识，但自《行政诉讼法》《民事诉讼法》《刑事诉讼法》颁行以来的20多年时间里，即使作为三大诉讼法的配套办法，证人保护制度也没有建立起来。第二，证人费用补助制度未完善。虽然已经有一些地方和法院建立了证人费用补助制度，中央关于政法机关经费保障机制改革方案中也有要求，但在很多地方仍然没有到位。第三，传统文化因素导致证人对出庭作证存在抵触情绪，从而在很大程度上影响了出庭作证的积极性。而如果只是出具证言，则在情绪方面的抵触会少一些。第四，审判方式的职权主义色彩造就了一种习惯操作模式。即使不让证人出庭，似乎也没有大的问题。正是由于这种习惯操作，事实认定过程中的很多问题无法体现出来,但这种后果或成本落在了案件的事实认定质量头上。

因此,克服证人不出庭的各种障碍,是到了出重拳、下猛药的时候了。不论是通过司法机关制定操作规则的方式,还是由立法机关建立各种配套机制,都应当作出强制性的证人出庭的规定,如果违反规定不出庭,则令其承担直接的后果。否则,证人不出庭的现象将永远继续下去。

二、认定事实的程序标准

诉讼制度的基本要求,是把所有与事实相关的观点、证据都拿到法庭上"晒",从而符合程序正义的要求。公开、公平地把所有事项都纳入审理程序,是为了给双方当事人平等的机会和权利进行辩论。事实的认定当然必须过实体关,同时也应当过程序关。

关于事实审的程序有诸多要求,相关诉讼法已经作了明确规定,但实际上在很多案件中,之所以出现不能终了的情况,主要不是因为尚未发现的新证据,而是因为已经出示的证据没有得到充分辩论,也没有获得当事人的认同,有时是法院对某一事实不予明确表态。针对这种现实,必须在程序方面采取相应的措施。

各地法院已经基本做到了当事人所主张的所有事实以及提供的所有证据,必须在法庭上出示,并经过质证、认证之后,才能作为定案的依据。但是,在具体操作方面,当事人还有很多不满意,或者说法官主持的认定事实的程序,无法满足当事人对事实审的程序正义要求的方面。因此,相应的措施应当针对这些问题而制定。

三、对事实的裁判说明理由

自由心证或内心确信,经常被当作一个在一定程度上无法说明理由的活动。但是,在裁判文书中仅以最终的“没有事实根据,不予支持”结尾,则显得武断、无理,缺乏人文关怀。因此,在强调裁判文书说理的过程中,事实认定的说理尤其重要。如何做好事实问题的说理?其核心就是论述证据规则和内心确信的过程。最后的结论可以依然是“没有事实根据”,但有理由的结论与无理的结论给人的感觉完全不同。

裁判说理有双重功能:一方面是说服法官自己,另一方面是说服当事人。对于后者,说理是一种外在的作用,对当事人服判息诉很有意义。而对于前者,法官只有把裁判理由充分阐明,先说服了自己,才可能说服当事人。这就要求把法官的内心确信按照相关的规则理顺、说清。

在审判工作中我们发现,很多案件当事人之所以不服裁判,并不是真正因为裁判错误,而是因为法官没有把裁判理由阐述清楚,致使当事人仍然按照自己的观点看待判决。经过法官的判后答疑,加以解释,当事人则很快便服判息诉了。其实,如果法官在自己的裁判中对于事实认定和法律适用都能详细充分说明理由,就可以有效消除当事人对事实认定的误解,服判息诉率会有上升。

四、陪审员参审的案件事实问题的特别待遇

在实行陪审团制度的国家,陪审团决定案件的事实,法官对法律问题作出裁判。对于陪审团决定的事实,通常不得上诉。也就是说,从当事人的乡里乡亲(普通公民)中选出的陪审员,按照法官的法律指导对事实问题作出裁判,便属于不可更改的事实,即所谓“错的也是对的”。为什么能够作这样的制度设计?一方面,是因为事实裁决全由与当事人自己相同的人作出,当事人对这种裁判的接受力更强,不论是有利的还是不利的。另一方面,陪审团人数众多,而且一般要求得出一致的结论,所以其慎重程度会更可靠,而且成本也比较高。

在中国的陪审制度中,虽然不可能给陪审员像英美国家陪审团那

样的事实终局决定权,但也可以考虑在上诉或再审的事实问题把握上,赋予陪审案件中对事实问题的裁决更重的分量。可以考虑制定这样的改革方案:在有陪审员参加的合议庭审判案件时,对于事实问题的认定,应当作为确定的事实,而不应当在上诉或者再审中改判,除非有新的证据。

这种改革设想可以使陪审制度更加有权威,也可以促使陪审员能更严谨地履行职责。即使只有一名陪审员参加合议庭审判,也应当尊重陪审员的意见。法国、日本都有类似做法。例如,在法国,重罪法庭一般是由 3 名上诉法院或大审法院的法官和 9 名公民组成的陪审团一起,组成审判庭(而对违警罪和轻罪的审判则仅由职业法官进行,无需陪审团参与)。在案件进行评议的时候,法官与陪审员一起共同对案件的定罪和量刑进行评议。在表决被告人是否有罪的问题时,合议庭必须有三分之二以上的人同意,才能作出不利于被告人的判决。如果投票结果认定被告人有罪,那么合议庭就要继续就刑罚问题进行评议和投票。在 2000 年以前,法国重罪法庭实行一审终审制,对重罪法庭的判决不能上诉。现在,若当事人对一审判决不服,可以上诉至最高法院,由最高法院指定另一重罪法院进行上诉审。这个二审的重罪法院的陪审团成员为 12 人,区别于一审 9 人的陪审团成员人数。对二审重罪法院的判决仍然不服的,还可以向最高法院再上诉,由最高法院对该案进行法律复核审。

五、加大对违反证据诚信的制裁力度

我国的社会诚信水平不容乐观,但我国对于伪证罪的判处却相当少,与当前的证人证言的广泛使用的数量不相符。在司法实务中,存在不同程度的伪证行为。最初看到国外的法庭实行证人作证之前的宣誓制度,还有些不理解,认为只要想作伪证即使是立下毒誓仍然可能作伪证。但这是一种制度设计,是对证人的一种有效的约束。如果没有宣誓,证人只受良心的约束,但一经宣誓,证人作伪证则要受到刑事追究。

在改革过程中,早在十年之前,有的地方法院便实行证人手按宪法进行宣誓的形式。誓词为:“我向法庭宣誓:以我的人格及良知担保,我将忠实履行法律规定的作证义务,保证如实陈述,毫无隐瞒。如违誓言,愿接受法律的处罚和道德的谴责。”这种尝试增加了证人的责任感。

应当说,这种方式体现了作证行为的严肃性,同时对伪证行为有所约束。但是,在审判实践中经常会出现证人在法庭上闪烁其词却不会受到警告,证言中存在虚假或者证言之间相互矛盾而没有制裁的情况。法官对这种情况表现出了异常的宽容,甚至都很少采取强制措施。这种现实更加加剧了事实认定方面的难度,放任了事实错误的可能性,影响了事实认定的严肃性。

有些国家对于妨碍司法秩序的行为都毫无例外地采取严格追究的原则,认为对司法机关说谎属于“罪加一等”,通常会有更加严厉的惩罚,以体现司法的权威。因此,在下一步司法改革中加大对证人保护的同时,必须加大对提供不真实证据的制裁力度。各级法院应当严格、全面地执行刑法、三大诉讼法关于伪证、不实证言的刑罚、强制措施的规定。

(《人民法院报》2010 年 3 月 5 日)

法律统一适用机制再认识

改革和完善法律统一适用机制，是最高人民法院制定的《人民法院第二个五年改革纲要（2004－2008）》（以下简称“二五”改革纲要）中所规定的八个重要改革领域之一，也是法律界乃至全社会普遍关注的重要问题。虽然法律的统一性作为法治原则的基本属性早为人们所接受，而且我国对立法层面上的法制统一问题的研究也富有成果，但是，对于法律统一适用特别是司法领域中的法律统一适用机制问题的研究目前还不够系统、深入。与此同时，司法实践对这方面的探索却比较活跃；最高人民法院和地方各级法院积累了一些经验，创立了一些新的机制。在这些新机制中，有的是对现行法定渠道的贯彻和具体化，有的是根据需要在法律框架内的创新，也有的属于工作方式层面上的探索。但是，由于缺乏系统、科学的理论指导，特别是法律统一适用意识还不是很强，有些机制的作用还难以真正发挥，甚至有些机制自身也存在某种缺陷。

本文将对我国司法领域中保障法律适用统一的各种机制作系统梳理,并简单地论述这些机制发挥作用的基本方式。由于篇幅所限,很多问题无法在此展开,因此只能待今后各方面力量全面开展法律统一适用机制方面的研究时再作深化。

一、概述

在司法领域,对同类问题的法律适用不尽一致,这看起来是不同审判组织(或者同一审判组织在不同时期)独立审理之后对法律的认识不尽一致,似乎属于正常的法律现象。但是这方面的研究和实践表明,审判独立这一宪法原则的实现,永远都受到其他各种因素的限制,法律统一适用原则就是对独立审判的具体约束。否则,独立价值的负面作用将造成法制的不统一,从而对独立审判本身造成伤害。

目前,法律适用不统一的危害已广泛为人所知,归纳起来主要有以下几点。

(一)与法治原则的本质属性相左

法治的基本特征之一就是法律的一致性和可预测性。法律不仅要求前后的一致,同时也要求左右的一致;不仅要求静态规范层次上的一致,而且要求动态适用层次上的一致。任何环节上出现问题都将破坏这一属性的实现。

(二)与宪法规定的平等权利相悖

对于同一法制之下的不同主体出现了法律适用的结果不一致,这无疑是对平等权的侵犯。根据宪法和法律规定,平等是指所有主体在相同情形下享受同质的权利。而法律适用不一致,特别是在同等情形适用相同法律却产生不同结果的情况下,更是平等权利难以接受的。

(三)违反司法公正,破坏司法威信

同种情形在司法机关未得到相同的处理,不论如何辩解,都难逃司

法不公之恶名。所以,法律适用不统一是司法公正的“硬伤”,严重地影响着司法权威,破坏司法公信。

也正是为避免或消除这些危害,我国在法律统一适用机制方面的研究也正在加强。这些研究无非要解决两个问题:一是“为了避免人民法院出现法律适用不统一的情况,应当如何做”?二是“当人民法院出现法律适用不统一的情况时,如何补救”?实际上,我国的法律统一适用机制并不缺乏,而且种类也还不算少。其中有的是通过法律规定的,有的是通过司法解释建立的(也可以理解为是法律规定的),有的则是在长期司法实践中形成的。但是,由于种种原因,这些机制中有一部分尚不健全,有的难以充分发挥作用,有的还需要进一步完善。本文对我国现有的各种机制作了梳理,归纳了 30 种机制。为论述方便,本文根据机制的性质将这 30 种分为四类加以研究。

二、程序类机制

实现法律统一适用,程序制度保障是主要手段。我国现行的程序保障机制主要包括以下几种。

(一)上诉制度

不论在中国还是在外国,上诉制度都是纠正下级法院裁判错误、统一法律适用标准的基本方式。当事人可以本案所适用的法律与法律的、司法解释的规定或上级法院的一贯见解有出入为由提出上诉,即使当事人提出的上诉理由不是法律适用不统一,上级法院在审理过程中也可以把它作为发回重审或改判的理由。

(二)审判监督制度

对于生效裁判的唯一的程序监督方式,就是启动审判监督程序。虽然我国现行法律对启动审判监督程序的理由规定比较笼统,但在目前正在酝酿的再审制度改革过程中,再审事由的具体化是一个值得肯定的尝试。而在具体化的再审事由中,裁判不一致应当无可置疑地成为一个硬性的事由。

(三)死刑核准制度

作为一种非审级模式的程序设计,死刑核准程序是审理死刑案件的一种法定的、必经的程序。不论从何种意义上讲,死刑案件都是人民法院最为重视的一类案件,因此在复核过程中各方面的理由均可使用,死刑标准适用是否一致当然也在其中。不过,作为对死刑标准统一适用的一项程序保障,死刑核准程序与量刑指导中的统一量刑意见作用不同,不可混为一谈。

(四)案件移送管辖

作为案件审理的第一道关口,管辖问题决定着案件审理和法律适用的后续问题。在管辖制度设计中,《人民法院组织法》及相关诉讼法从案件审理难度和法律统一适用角度出发,建立了案件移送管辖制度,即下级人民法院可以将属于本院管辖的案件移送上级人民法院管辖。这种程序制度在我国经常被用来抵制地方干扰、解决法律难题,而目前它在法律统一适用方面的作用逐渐显现出来。“二五”改革纲要中关于取消案件请示之后的出路设计就是借用了这一制度。

(五)特定类型案件集中管辖制度

有关司法解释或其他司法文件还规定了某些特定类型案件的集中管辖制度,如涉外案件、少年案件、破产案件、知识产权案件等。这一机制对于案件审理和法律适用的专业化十分有益,同时也有利于保障该类案件法律适用标准的统一。

(六)法定刑以下减轻刑罚制度

刑罚适用过程中需要统一的问题很多,而对于法定量刑幅度以下的减轻刑罚处理,《刑法》特别规定了程序保障,即最高人民法院的核准程序。《刑法》第63条第2款规定:“犯罪分子虽然不具有本法规定的减轻处罚情节，但是根据案件的特殊情况，经最高人民法院核准，也可以在法定刑以下判处刑罚。”对此规定的一种理解是对于法定幅度以下减刑要加强控制，但它的另一个重要意义就是保持全国法院系统在法定刑以下减轻处罚标准的统一。

（七）涉外案件和涉外仲裁裁决撤销的内控制度

虽然各界对这一制度的评价各不相同，但从法律统一适用的角度来说，最高人民法院在处理涉外仲裁相关案件方面行使一定的层级审查权，仍然具有积极的作用。1995 年，最高人民法院决定对人民法院受理具有仲裁协议的涉外经济纠纷、不予执行涉外仲裁裁决以及拒绝承认和执行外国仲裁裁决等问题建立报告制度，对建立、明确和统一相关标准发挥了重要作用。

三、组织类机制

人民法院的组织制度（法定的或实践的）虽然本身并不发生法律适用统一问题，但由于它在维护法律统一适用方面有特别作用，所以笔者也把它纳入法律统一适用机制之中加以研究。常见的组织类保障机制包括以下几种。

（一）审判委员会制度

审判委员会制度是一项具有中国特色的审判组织制度，无论是审理疑难案件，还是总结审判经验，审判委员会对于法律适用标准的统一都发挥了不可替代的作用。特别是在目前正在进行的审判委员会制度改革中，尽管改革的重点是组织的科学化、程序的诉讼化，但由于它所承担的特殊职责，审委会在统一法律适用标准方面的作用将更加强化。

（二）合议制度

作为一种基本的审判组织制度，合议制主要用以集思广益、扩大司法决策过程的民主性。同时，由于合议制实行少数服从多数的表决机制,其结果自然表现为将不同的法律见解统一到多数人所接受的见解上来。尽管我们平时并没有十分关注合议制在法律统一适用过程中的作用,但这种作用表现了民主决策的另一个侧面。通过会议制,使占少数的不同法律见解服从于多数意见,从而维护多数见解的主导地位。

(三)专门法院与专业审判机构

《人民法院组织法》规定了专门法院以及地方法院内部设置专门审判机构的组织制度,其目的无疑是通过对特定类别案件的集中处理,提高工作的专业化程度,提高裁判质量。但在形式意义上,这一组织制度在很大程度上发挥了提高法律统一适用程度的作用。近年来,人民法院通过审判机构改革建立了"大民事"格局,对于不同类型民事案件的法律统一适用提供了组织上的某种保障。

(四)院长、庭长审核案件

人民法院设院长、审判庭设庭长是《人民法院组织法》规定的法院组织制度,主要用于法院、审判庭行政事务的组织管理。但在长期的司法实践中,院长、庭长一直承担着案件审核、把关的职能,对维护法律适用统一发挥了一定作用。随着科学司法理念的树立,院长、庭长审核把关机制的行政化弊端逐步为人们所认识,采取了相应的改革措施,其作用也正在逐步为其他制度所取代。在其他法律统一适用机制逐步强化的前提下,院长、庭长通过审核案件的方式表现出的在统一法律适用方面的作用将逐步淡化乃至消失。

(五)审判长联席会议

尽管法律未规定这种组织形式,但审判长联席会议制(或庭务会)已经成为多数法院的实践,有些法院还制定了会议议事规则,规定了联席会议结论的效力等。应当说,这种制度对于统一不同合议庭乃至审判庭之间对相似法律问题的认识,起到了积极的作用。这种组织机制虽然不是一种法定的机制,其结论也没有拘束力,但它的实践意义十分重要。

（六）法官会议（刑事、民事、全体法官会议）

除了审判长联席会议外，有些法院还建立了各种形式的法官会议制度。通过法官会议的组织形式，法院或审判庭（有时是几个相关审判庭）把遇到的一些疑难法律问题提出来广泛开展研究讨论，达成共识或多数意见，供审判该案件的法官参考，或者总结归纳出普遍性的经验、指导意见，供全体法官在今后处理类似案件时参考。这些决议虽然没有拘束力，但它的统一法律见解的作用是十分明显的。

四、工具类机制

除程序类机制和组织类机制外，还有一些机制属于法官可以使用的工具、手段，这些机制具体如下。

（一）司法解释

制定司法解释是最高人民法院的法定职权，也是人民法院统一法律适用标准分量最重的工具。除了《人民法院组织法》的规定外，最高人民法院对于司法解释的性质、效力、形式、制作程序、引用等作了具体规定。司法实践表明，司法解释以它的及时性、针对性、具体性、可操作性等多种优势，成为全国法院统一适用法律的一种基本手段。尽管法治原则的发展对于司法解释的形式创新、制定程序创新提出了一些新的要求，但总体来说，司法解释的统一法律适用的作用是其他机制所不能替代的。

（二）法律问题答复

与程序严格、内容成熟的司法解释不同，最高人民法院对于一些尚不具备条件制定司法解释的问题（无论是下级法院的请示还是最高人民法院自行了解到的问题），通过发布司法文件的方式，为下级法院提供统一适用的意见。虽然这种问题答复在效力层次上不如司法解释，也不属于法律渊源的一种,但它的作用与司法解释十分相似。

(三)地方法院的法律适用意见

近年来,由于地方司法实践的需要,特别是在最高人民法院的司法解释不能及时满足需要的情况下,许多地方法院特别是各高级人民法院陆续制定了适用于本辖区的、涉及各个领域的法律适用意见,可以称之为本地区的“司法解释”。虽然最高人民法院重申地方法院制定此类文件必须十分慎重并履行一定报批程序,但在当前的具体情况下,这类文件确有其存在的合理性,对本地区的统一法律适用标准发挥着重要的作用。

(四)量刑指导

刑事审判领域中的量刑统一问题日益引起关注,因此一些地方开始尝试制定统一的量刑标准,有的地方还开发了电脑辅助量刑系统。最高人民法院也在根据“二五”改革纲要的要求制定各类刑事案件的量刑标准。毫无疑问,量刑指导将成为刑事司法领域最重要的法律统一适用工具。

(五)案件请示答复

尽管“二五”改革纲要已经明确要改革案件请示做法,逐步以其他方式取而代之,但目前它仍然是统一法律适用的一种重要工具。虽然这种做法受到了诸多批评,特别是它对程序正义的影响,但目前案件请示的做法仍有一定普遍性。因此,在取代这一制度的其他机制建立之前,案件请示答复机制将仍然在法律统一适用方面发挥其相应的作用。

(六)指导性案例

“二五”改革纲要明确提出要建立和完善案例指导制度,重视指导性案例在统一法律适用标准、指导下级法院审判工作、丰富和发展法学理论等方面的作用。目前,一些地方法院已经开展了这方面的改革,效果良好。随着这一制度的建立,指导性案例在法律统一适用方面所发挥的作用将更加重要。

（七）案件质量评查制度

作为审判管理的重要手段，许多法院都建立了对具体案件特别是那些发回重审或改判案件、当事人申诉的案件、群众反映较大的案件的评查制度。虽然这种制度主要用于事后评估，但它也有维护法律统一适用标准的客观效果。通过案件质量评查，可以使法官统一对某一特定法律问题的认识，防止今后再犯相同的错误。

（八）上级法院检查指导工作

上级法院检查指导下级法院的审判工作，是长期以来司法实践中形成的具体做法。当上级法院了解到当前审判工作中存在某些问题时，或者希望了解更多情况时，经常以检查指导工作的方式到下级法院开展调研，了解情况，相互交流，共同研究，统一认识。鉴于司法解释是统一法律适用的重要工具，最高人民法院规定，最高人民法院对地方各级人民法院和专门人民法院在审判工作中应用司法解释的情况实行监督，上级人民法院对下级人民法院在审判工作中应用司法解释的情况实行监督。

（九）上下级法院对具体案件及特定法律适用问题的沟通与讨论

这种做法虽然在程序上曾受到质疑，但作为一种非正式的统一法律见解的方式，它也实实在在地解决了不少问题，对于提高裁判质量发挥了一定作用。当然，目前正在进行的这方面的改革将使这种方式更加合乎程序正义的要求，甚至可以用其他渠道加以替代。

（十）法律适用方面的会议及会议纪要

最高人民法院和地方法院每年都要召开许多“专业会议”（也有涉及专业问题的一般会议、研讨会），研讨该法律领域中共同关注的疑难问题，研究制定司法政策，统一法律见解，相互经验交流。有些会议会形成一些文件，如领导讲话、会议纪要、经验材料等，成为统一法律见解、维护法律统一的重要工具。

（十一）司法培训

司法培训在各国都被当作一种重要的统一法律适用标准的工具，因为通过培训可能使受训法官形成对某些法律问题的共识，提高受训法官的司法能力。当然，司法培训的教材、方式方法等对这种工具的作用的发挥有着直接的影响。

（十二）非官方的法律适用标准指南

无论在中国还是在外国，一些学者、研究机构、出版商经常编写一些帮助理解法律、为法官统一适用法律提供借鉴和参考的法律适用指南。虽然这些指南的效力完全是参考性的，但随着编写水平的提高，其作用也越来越受到各方面的重视。

五、内外结合类机制

在法律统一适用机制中，有一类是只有通过人民法院与其他各方面的共同努力、相互配合才能发挥作用的，笔者称之为内外结合类机制。

（一）抗诉

抗诉是检察机关对人民法院行使法律监督权的基本方式。抗诉的理由可以是裁判确有错误，当然也可以是人民法院适用法律标准不统一。不过，抗诉只起到启动程序的作用，其效果能否实现还要看人民法院的裁判结果。

（二）行政规章送请解释制度

1989 年发布的《行政诉讼法》第 53 条第 2 款规定，“人民法院认为地方人民政府制定、发布的规章与国务院部、委制定、发布的规章不一致的，以及国务院部、委制定、发布的规章之间不一致的，由最高人民法院送请国务院作出解释或者裁决”。[1] 为避免法院适用相互矛盾的规章而导致裁判错误，法律为最高人民法院设定了此种机制以保证法律适用统一，尽管这种机制很少运用。

(三)提交议案或建议制度

根据《立法法》第99条第1、2款规定，最高人民法院认为行政法规、地方性法规、自治条例和单行条例同宪法或者法律相抵触的，可以向全国人民代表大会常务委员会书面提出进行审查的要求，由常务委员会工作机构分送有关的专门委员会进行审查、提出意见。此外，社会团体以及公民等也可以提出建议。对于人民法院而言，这种情况通常发生在案件审理过程中或案件审理后。

(四)立法或立法解释优先适用

根据《立法法》和其他有关法律的规定，人民法院在审理案件过程中如果遇到司法解释与立法或立法解释不一致时，应当报请最高人民法院作出立法或立法解释优先适用的决定(包括对司法解释进行修改、废止)。否则，立法机关也可能启动其他程序保证立法或立法解释的优先性。

(五)司法解释建议

当有关国家机关、社会团体以及公民个人发现需要制定司法解释以统一某一领域中法律适用标准时，可以向最高人民法院提出建议，由最高人民法院根据情况启动司法解释制定程序。在司法实践中，这种情况并不少见。

六、结语

以上所列的四类30种法律统一适用机制实际上仍未穷尽，改革实

---

〔1〕 根据2017年修订后的《行政诉讼法》，本条文的相关内容请参见2017年《行政诉讼法》第63、64条。

践中还有一些新的机制不断涌现出来。通过以上列举和分析,笔者认为,在改革和完善法律统一适用机制方面,应当注意以下几点。

（一）立足于现有机制,积极开拓新的渠道

历数机制种类居然有30余种,不可谓不多,但由于相当一部分机制在维护法律统一适用方面的作用没有得到充分发挥,所以仍有很大的完善余地。在立足于现有机制的基础上,同时也应继续研究探索建立新的机制,以弥补结构上的缺失,形成严密的保障网络。

（二）以法定机制为依托,继续探索实践机制

如前所说,法律规定的机制是维护法律适用统一的主要机制,而实践中形成的一些做法处于补充地位。虽然如此,我们仍应注意在发挥法定机制作用的同时,不能忽视实践机制的探索。当实践机制趋于成熟后,还可以通过立法或司法解释"上升"为法定机制。

（三）遵循司法理论指导,改革现有机制的弊端

本文所列30种机制中,有些机制的作用没有得到充分发挥,有些机制已经不能适应新的形势,还有一些机制的作用发挥"歪"了。这主要是因为缺乏科学的司法理论指导,使一些机制的负面作用有所放大。因此,现行的法定机制中有一些也需要加以改革,实践机制中有一些也需要进一步科学化。

（四）立足于中国国情,大胆借鉴其他国家、地区的经验

本文所列各种机制都是中国的法律和司法实践所创,而在改革过程中其他国家地区的经验也值得我们借鉴。虽然在种类上不见得再增加多少,但每一项机制的具体内容和作用方式还是大有文章可做的。

（《法律适用》2007年第3期）

建立案例指导制度的几个具体问题[1]

近年来,学术界和司法实务界对中国能否实行判例制度、如何发挥判决先例的作用、中国式的“判例制度”模式等问题展开了广泛讨论。最高人民法院在发挥案例对审判工作的指导作用方面已经做了许多工作,一些法院应司法公正与法制统一之迫切需要,在一定范围内也开始了这方面的实践探索。天津市高级人民法院的“判例指导”,江苏省高级人民法院的“典型案件”,郑州市中原区人民法院的“先例判决”等,都是改革进程中的有益尝试。这些实践已经把判例制度研究提高了一个层次,即从应不应当搞判例制度,发展到如何搞中国的“判例制度”或案例制度。本文也将省略对“必要性”的论述,而是把重点放在如何建立、健全中国式的“判例制度”(又称“案例指导制度”或“指导性案例制度”)上。

〔1〕 目前,我国已经建立案例指导制度,但本文作为一种事前的理论探讨,至今仍有一定的意义。

一、能否搞判例制度——一个观念问题

笔者在这里不想重复众多研究者对我国搞判例制度或“准判例制度”(别称为“案例指导”“先例指导”“判例指导”“参阅案例”等)的必要性、可行性,而只是谈一个观念上的障碍如何克服。

反对在我国使用“判例”二字,进而反对我国引进判例制度的理由固然很多,而且其中有一些确有其理。但是,试图以中国是成文法国家,从而应当排斥判例法为理由,进而完全否定类似制度在中国的确立,则存在观念上的错误。

由于在法律史方面形成的约定俗成的术语,以及中国的法律教育者对此向学生的阐释不够清楚,当多数法学院学生了解到英国、美国作为“判例法”国家居然还有数不清的成文法时,曾大惑不解。后来又发现本来源自成文法传统的日本、欧洲大陆一些国家以及我国的台湾地区居然在相当范围内承认判例的实际拘束力,还把这种制度堂而皇之地写进法律,并教育法官严格遵守判例,就更使他们不能理解。

但实际上,这种迷惑状态一方面来自理论界的误导,因为理论界出于研究的方便常以黑白分明为追求方向,一种混合型的制度在理论家那里往往找不到理论根据。另一方面则是观念问题。一种传统的观念把两个法系断然分开,使那些习惯于循规蹈矩的实践者不敢越雷池一步。实际上,丰富多彩的法律实践已经将这种观念远远抛在后面。美国庞大的50编本的《美国法典》《联邦规章典》,英国的法规汇编,加拿大的《法律汇编》《法典重编》,都使这些老牌的普通法国家变得“比成文法还成文法”。其观念和逻辑很简单:普通法(判例法)复杂、烦琐、漏洞百出,而已经发现的问题又无力通过普通法解决的,则可以用成文法弥补。于是,普通法国家的成文法最初便以“弥补判例法不足”的面目出现,但结果一发不可收拾。这些国家制定的成文法的数量并不亚于

那些所谓的成文法国家。

与此同时,一些奉成文法为传统的国家或地区在享受了成文法的清晰、明了、确定后,也终于忍受不了成文法同时存在的概括、绝对、死板,转而研究并有条件地接受了形成于11世纪的判例法方法。于是,这些国家或地区在借鉴和利用他人智慧方面,与普通法国家打成了“平手”。

尽管两大法系的融合成为当今法律发展的一个趋势,但实际上两个法系的国家或地区并没有因为借鉴和利用对方的智慧而失去自我。在英美法系国家,判例法的应用仍然是主导,成文法主要用于解决没有判例或判例解决不了的问题;在大陆法系国家或地区,法官首先考虑的依然是法律条文,国家确认的判例可以作为抽象条文具体化的印证和解释,或者作为成文法基本原则之下的漏洞填补。

在目前世界界限分明的普通法、成文法两分法逐步被普通法为主、成文法为次,或者成文法为主、判例法为次所取代的现实面前,观念上的抱残守缺成为我国接受判例法方法的主要障碍。而这种机械的、排斥性的、不顺应发展需要的观念在那些“过来人”看来可能显得很可笑。

二、我国是否已经存在案例指导制度

指导性案例在新中国的司法实践中一直发挥作用。无论是新中国成立后最高人民法院以案件批复的形式发布的文件,还是20世纪80年代初最高人民法院正式发布的刑事案例,一直到最高人民法院公报20年来发布的数百个典型案例,加之最高人民法院或下属单位编辑的各类案例,都属于指导性案例。因此,有一种观点认为,中国已经建立了案例指导制度。目前需要解决的问题是这一制度不够规范化,发布的典型案例没有能够真正发挥作用,或者说法律界并没有形成主动、自觉运用指导性案例的习惯和氛围。同时,新的问题也不断出现,如指导性案例编选、确认程序的正规化,指导性案例效力的确定,如何把握指导性案例运用技巧等,都使人感到还不敢说我国已真正建立了案例指导制度。

那么,如果真正将指导性案例作为一项制度对待,它应当具备哪些构成要素呢?从有关方面研究的成果来看,这一制度应主要包括以下内容:

1. 指导性案例的效力或分量。这是这一制度的实质内容和核心内容,是这一制度的本质特征。当然,"指导性案例"这一用语本身就已经说明了其效力的定位,是"指导"而不是"拘束",但"指导"与"参考""参照""参阅"等又有区别。在"指导"的范围之内,还可以分为几个层次的分量与作用。

2. 成为指导性案例的条件。全国法院每年审理600多万件案件,其中哪些可以成为指导性案例呢?各界提出了典型性、先例性、新颖性、创造性、补充(漏洞)性、解释性等各类条件,以及终审法院的级别限制等形式要素。

3. 成为指导性案例的程序。经成文法国家或地区改造之后的"判例制度",已经不是"自然"判例法(意即上级法院的每一项判决都可以成为下级法院引述的先例和依据)。一个判决先例要成为指导其后司法实践甚至被引述的依据,应当经过某种确认程序。当该案判决不宜继续作为指导性案例时,也要经过相应的废止程序。

4. 案例指导的实践。案例指导制度不应当只是写在纸上的制度,而且应当成为普遍的实践,成为法律职业者经常使用的一种方法。特别是应当形成一种氛围、习惯,并且形成一整套操作模式。

如果按照这些构成要素再来考察我国的情况,或许只能说我国只是产生了指导性案例制度的"萌芽",而很难说我国已经建立了这一制度。如果有人坚持说我国已经建立了案例指导制度,那么,我们只能说这一制度还很不健全,其仍然是一项很少人关注的、无关紧要的、作用没有发挥的甚至是可有可无的制度,需要在多方面加以完善。

三、名称之争

从本文前面的用语已经可以看出，判例法制度经过“变种”的改造进入中国之后，应当冠以何名，是很不确定的。尽管最重要的不是名称而是其实质内容，但有一个既能反映制度的本质特点，又能适合中国国情的制度之名，也是很重要的。

（一）“判例制度”为首选

判例是法律研究过程中最常用、最普遍的一个名称，它既能体现时态、主体，又尽然体现了“例”的性质。但问题在于：由于前面所述传统观念的作用，一提判例就联想起判例法，一提判例法就认为它是一种与成文法格格不入的概念，所以如果提出使用“判例制度”（尽管不是“判例法制度”），则会遭到反对。“判例”似乎成为“英美法的专用语”。因此，尽管判例制度是最贴切的一种称谓，但又最有可能被排除。

实际上“判例”之词并不可怕。“判例”在汉语中本来就是“判决之案例或事例”之义，其本身并没有当然“判例法”的含义，也没有普通法中的“遵循先例”之义。其实，“判例制度”这一用语在世界范围内已经使用，概括起来有两种含义：一种是普通法国家的严格的遵循司法先例原则；另一种则是大陆法国家或地区实行的参照或依照判决先例进行裁判活动的原则。在前一种含义之下，先例应当作为下级法院裁判类似案件的依据，违反判例则属于违反法律；在后一种含义之下，先例是经过特定程序认可的，如果违反先例，则可以作为重审或再审的理由。即使在遵照判例相对比较不严格的欧洲也同样将参照的判决先例称为判例。

因此，既然“判例”二字并不当然意味着“遵循判例”或遵循先例，我国将即将建立的制度称为“判例”就没有什么原则问题。

（二）“判决先例”或“先例”作为替代

实际上，“判决先例”或“先例”与“判例”并没有根本区别，主要是为了避免使用似乎已经为普通法专用的“判例”一词而引起不必要的“恐慌”。

（三）“指导性案例”最易接受

在无法接受“判例”或“先例”提法的情况下，“指导性案例”则成为比较符合中国实际情况，而且也比较“安全”的一种提法，容易为决策者接受。它避开了因复杂原因造成的“判例”顾虑，又明示了先前所作裁判的“指导”作用，同时也使用了一个比较大众化的概念即“案例”。而且，这些用词本身也给这一制度的发展留下了比较广阔的空间，具有一定伸缩性，这在建立这一制度的初期是尤其需要的。

当然，由于这一提法与大陆法系国家或地区的统一的或约定俗成的称谓不同，因此在以后的国际交流中可能需要多作一些解释。同时，“案例”一词是一个大众化用语而非法律专业术语，而且“案例”在中国法律界使用得比较广泛和杂乱。例如，有案例汇编、案例分析、案例精选、案例详解，还有许多“案例”文章，“案例”可谓无处不在，如今再加上一个“案例指导制度”，便担心在某些场合难以区别。

以上是制度名称如何选择的几种方案。不过，或许建立这一制度最重要的不是如何用词，即使用了“判例”，也不会有人把中国的“判例”与英国的判例等同起来；用了“案例”，虽然有些泛化，但也不至于影响这一制度中将要确定的内容。

四、效力或分量

判断一个国家是不是判例法制度，最重要的一点是看判例的效力。在普通法国家，判例是有拘束力的（当然也不是绝对的）。在一些大陆法系国家或地区，一般不明确承认判例的拘束力，但如果违反判例，上级法院则通常会发回重审或者再审，这实际上是一种不称为“拘束力”的拘束力。如果下级法院背离上级法院的判例有其充分理由，则比较容易获得理解,而不像普通法国家那样严格。

在以往,法院判决先例在效力上的差别被认为是区分两个法系的根本区别。但现在这种区别已经不十分明显。也就是说,在一些大陆法系国家或地区,一旦接受判例制度,其效力与普通法国家已经没有多大区别。但是对于中国而言,由于现阶段人们对成文法制度特别是中国政体的理解,明确将先前的判决作为有实际拘束力的法律规范对待还缺乏相应的基础,暂时也没有什么必要。因此,确定其作用为“指导”是比较适当的。

这里需要特别说明的是:以“先前的判决在下级法官适用法律时心中所占的分量”来取代“效力”一词可能更加准确。这是因为:中国的判决先例是没有拘束力的,因此也就是“没有效力”。但是这种表述又不符合实际情况和建立这一制度的根本目标。因此,如果用“分量”取代效力,可以避免不必要的误解。另外,由于我国的判例是指导性的,其“指导性”因案件的具体情况、法官的判断等不同而表现为不同的作用层次,如参阅、参考、参照甚至完全依照。在这种情况下,与其说是先前的判决的效力,不如说是指导性案例在后来的裁判中所占的分量。而确定所占分量的权力主要在于裁判案件的法官,尽管这种“分量”是不精确的。这种表述可以较准确地体现现阶段我国典型案例的“指导性”。

五、成为指导性案例的条件

无论在普通法国家,还是在大陆法国家或地区,最有可能为以后的判决所遵循或参照的案件,都有着基本相同的判断标准,那就是该判决对于法律创制或法律解释的意义。在我国,确立哪些案件可以成为指导性案例时,也应当以此为基本衡量标准。具体表现为以下几种:

1. 有法律解释的内容。法律的文字与含义清晰的,则无需进行法律解释。而没有法律解释的案件基本上没有指导性,有时都会因为其他条件同时具备从而具有一定意义,但具有解释的内容永远是最重要的条件。需要解释的问题可能源于法律文字含混不清,或者文字与立法意图不合,或者拟适用的不同法律规范之间存在冲突,或者法律缺乏对特定问题的规定等。

例如,某甲与某乙订立贷款合同,由某丙为某乙提供连带责任担保,保证期间为贷款合同到期后6个月。保证期间届满之前,某甲未向某乙或某丙提出权利主张,但于届满之后向某丙送达《履行担保责任的通知书》和《担保确认函》,其内容均为催促某丙承担还款的连带担保责任。担保人在该通知书和函上均加盖了单位的公章。在该案中,至少存在两个法律问题:一是保证期间届满后,担保人是否承担担保责任;二是在《担保确认函》上盖章是否形成新的担保关系。关于第一个问题,法律和司法解释的规定是明确的,即在保证期间内债权人不行使权利,保证人即免除保证责任。同时,在该案中当事人对这一法律原则性问题(或大前提)并没有异议。因此,法院对这一法律问题的裁判没有法律解释的内容,因此没有指导意义。关于第二个问题,法律和司法解释均未明确规定,而且该案双方当事人对此争执不下。因此,法院关于这部分内容的裁判是对法律规定(特别是担保合同的成立条件)的一种具体化,可以理解为对某种意见的确认,构成了对法律的有意义的解释,具有指导作用。

2.解释合乎法律本意。除了对案件中法律问题的解释有所创新外,法律解释必须合乎法律的本来意图,而且这种解释在一定时期内对法律的发展有积极作用。这是对法律解释的一项更高的要求。有的裁判虽然有法律解释的内容,但如果不符合法律的本意,则不应确认为指导性案例。有的案件所涉及的法律问题新颖,法院所作裁判也别出心裁,但其解释背离通常的理解,或者说裁判者未能使用最恰当的解释方法,从而使裁判结果未必得当。例如,因交通事故对于未婚先孕的少女造成身体伤害和自然流产,法院以该受害人违反国家计划生育政策形成非法利益,因此对于其受损法律不予保护为由,判决交通事故责任人只赔偿受害人身体伤害的损失,而不赔偿因流产造成的损害。这种判决是否得当,不能一概而论,但裁判者心中对价值的选择可能引起很大争议。这种裁判在此法院可以形成多数意见,在彼法院则可能是少数意见。这就影响了其作为指导性案例的可靠性。

3. 直接运用法律原则。司法裁判中必不可少的一步是对法律作出解释。对于某一项法律规范的丰富化、具体化是对法律的解释,对于某一项法律原则的丰富化、具体化,则更有解释意义。例如,一些法院在审判民事案件时,对《民法通则》第 4 条规定的"公平原则"的适用,对第 7 条"公德原则"的适用等,都是对该原则的解释,实际上是建立了该项原则的一种具体表现与要求。

4. 法律问题重要。对于当事人而言,其案件中的所有法律问题都是重要的,但是相比之下仍然可以分出轻重。例如,涉及公民基本权利、重大利益的问题,或者涉及公共秩序、集体利益、国家利益的问题,都属于重要的法律问题。

5. 法律问题有一定普遍性。有的法律问题可能会在其他案件中重复出现,但有的问题可能在几十年才出现一次。无论从需要方面来讲,还是从效益方面来看,法律问题具有一定普遍意义的案件更有可能成为指导性案例。

6. 案件类型新颖。这里所说的案件类型本身就成为对传统的法律适用范围的一种发展,即使有时新类型案件中可能没有重大法律争议,但是某些新类型案件的受理问题却经常成为各地法院的分歧之处。

7. 具备一定形式要素。除了上述要求外,作为指导性案例,还应当具备一定形式要求:(1)对于两个以上类似案件的裁判符合指导性案例条件的,择一即可;(2)上述案件如为同一法院裁判,择后判者;(3)上述案件如为不同审级法院裁判,择审级比较高的法院的案例;(4)案件的裁判必须已经生效。有人借鉴普通法的观点,认为基层法院的裁判不能成为先例(指导性案例)。实际上,我国的指导性案例未必都要求是上级法院的上诉案件。因为指导性案例的形成必须经过一定的确认程序,而不像普通法国家那样只要经过“报道”(实为刊登在判例汇编上)都可以成为判例。所以,对于是否属于上诉法院裁判的案件显得没有那么重要,基层法院的案例如果已经发生法律效力,并符合上述条件,也可以被确认为指导性案例。不过,由于基层法院裁判的案件中能成为司法先例的部分主要是对法律问题的裁判理由,而上级法院的案例往往更侧重于法律问题的分析,所以上级法院的案例具有成为指导性案例方面的优势。

六、指导性案例产生的程序

与普通法国家的判例不同,我国正在建立之中的指导性案例制度是特定化的而不是普遍的或完全开放的。要成为指导性案件,除了要具备上述条件外,还必须经过一定程序。

1. 确认机关。指导性案例的确认是与普通法国家遵循先例制度的一项根本不同之处。如果没有确认程序,而任何法院的任何裁判都随时可能成为判决先例,便会造成这一制度的崩溃,或者因范围过宽、无法实现而名存实亡。因此,大陆法系国家或地区通常采取确认制,也有的国家开始实行普通法国家的做法,采取“汇编制”以代替确认程序。

确认指导性案例的机关应当是法院,而不应当是其他机关。法院确认案例之后也没有必要向其他机关请求批准或者备案。法学界的研究成果普遍认为,最高人民法院和高级人民法院有权确认指导性案例(也有一种观点认为只有最高人民法院才有此权力),而中级人民法院和基层人民法院不宜行使此项权力。法院内部行使此权力的机关可以是审判委员会,但更合理的意见是成立专门的"指导性案例确认委员会"专司其职。一旦被确认为指导性案例,则在全国范围内或者本高级法院所辖区域内发生指导作用。

2. 选报。每一个人民法院均可以将本院生效的符合条件的案例作为指导性案例的候选者,直接上报有确认权的上级人民法院。上级人民法院也可以直接调取辖区内的下级人民法院的生效案例。除人民法院外,当事人也可以提出报送指导性案例的申请。对于报送的候选案例,上级人民法院应当认真审查内容和形式,对于符合条件者,可以初选为指导性案例,提交院审判委员会或指导性案例确认委员会审定。确认的指导性案例的数量,应当根据实际情况而定。

3. 发布。所有指导性案例,必须公开发布。各高级法院可以创办《法院公报》或者《指导性案例汇编》,刊登指导性案例。最高人民法院则应当以《最高人民法院公报》为载体,公布全国范围内的指导性案例。

4. 废止。当指导性案例为其他新的法律解释观点所代替,或者因其他原因而失去指导性时,确认该案例的机构可以根据下级法院、当事人的申请,或者依职权废止某一指导性案例。被废止的案例自废止后对其他案例不再具有指导性,但对于该案件当事人的效力不发生变化。

以上是根据我国处于萌芽状态的案例指导制度在实施过程中存在的问题提出的一些具体意见。随着对法治原则理解的深化,随着对案例指导制度的共识的进一步达成,另一些问题还将逐渐显现出来,案例指导与现行司法解释制度的关系将日趋复杂与微妙。因此,这项改革的研究、论证任务仍然十分艰巨。

（《法律适用》2004 年第 5 期）

论案件请示之诉讼化改造

关于法院系统的内部案件请示问题,理论界和实务界已有不少研究,地方法院也作了多种形式的改革探索。2005 年之后,关于案件请示制度的改革总算是一锤定音了。随着《人民法院第二个五年改革纲要(2004—2008)》(以下简称“二五”改革纲要)的发布,改革案件请示制度的实践开始步入正轨,原有制度在维护法律统一适用方面的积极作用正在为其他相应的制度所承继,而原有制度在程序公正方面的消极作用正在逐步消除。但是,实现改革目标的过程远比把目标写在文件上要复杂得多。由于目前在理论和实践中仍存在一些模糊认识,案件请示制度仍然广泛存在,改革进度也没有想象的那样快,离程序公正的目标还有相当距离。本文将结合“二五”改革纲要的有关规定,就纲要所确定的案件请示制度之诉讼化改造谈几点看法。

一、案件请示制度之非正当性

与其他制度一样,案件请示制度的确有其理论基础。在传统认识中，这些理论是其正当性基础。但根据已经被普遍接受的司法规律，这些理论恰恰是案件请示制度的非正当性基础。

一是体现组织层级之间最基本的关系。在所有存在层级划分的组织体系内，不论各个层级之间的相互独立程度如何，总是存在一个或强或弱的“下级服从上级”的组织原则。法院系统的案件请示制度就是这一组织原则的反映。尽管司法规律表明“下级服从上级”原则在法院系统的体现不是“案件请示”，而应当是相互独立的诉讼程序的应用。但在传统认识中，案件请示是有其组织正当性的。

二是体现上下级国家机关权限的差异性与关联性。在行政领域，由于制度设计所追求的目标是有效地执行法律、实施管理，所以特别强调权限的关联性乃至功能的一体化，这就是为什么《宪法》规定国务院“统一领导全国地方各级国家行政机关的工作”的原因。作为国家权力的一个分支，上下级法院各自功能权限之间也存在关联性，但司法规律更强调其功能的差异性，强调相互之间的独立性。对司法规律理解的偏差最终造成了法院系统效仿行政系统，从而产生了案件请示制度之类的做法。

三是体现对错误成本最低化的追求。在组织体系中，每一层级都在追求最少的错误和最多的成就。特别是遇到具有一定风险的新情况、新问题时，人们会运用各种方式避免错误，降低风险，减少成本。如果存在可以为自己承担风险的人（上级组织），通常的选择就是转移风险。此外，上级组织总是处在追求“权力效应”的过程中。它手中的权力可以不用，但不可没有。权力的影响越大，则说明权力效应越大。接受下级的请示，便是再直接不过的权力效应了。只是因为法院系统不得不遵循特殊的规律，所以普通人眼中的正当性基础便成了非正当性基础。

四是体现当事人乃至全社会追求实体正义的压倒性优势。在诉讼过程中，当事人最重视的还是诉讼的结果，社会的评判标准也多从朴素的道德因素出发，评价的重心不会放在程序上。只要是胜诉，如果是通过正常的诉讼程序获得的，当事人自然满意；如果是通过案件请示或其他法外手段获得的，当事人也不会排斥，而对方当事人往往也屈于强大的实体正义压力而不得不接受。实体结果的正当性掩盖了程序的非正当性，也包容了案件请示的非正当性。案件请示便成为默认的正义。

二、内部请示制度的形成与做法

自新中国成立以来，法院系统内部的案件请示制度一直存在，最高人民法院曾发布过一些正式文件对案件请示和抽象法律问题请示作出规范，从目前的文献来看，规范请示可以追溯到1958年9月19日的《最高人民法院关于改进请示解答工作的函》。随后的几十年中，最高人民法院分别就刑事案件、民事案件、行政案件的请示问题作过规定，其中较为具体和较有代表性的是最高人民法院1995年发布的《关于报送刑事请示案件的范围和应注意事项的通知》。该通知对报送请示案件的范围作了严格限制，其中包括“适用法律不明的案件”，并要求报送的请示案件必须事实清楚、证据确凿。对于案件事实的认定，由报送单位负完全责任。凡属案件事实不清、证据不扎实以及对事实、证据的认定有不同意见，不得上报请示。对事实清楚、证据确凿、定性也无大的分歧，只是对量刑分歧意见大的，亦不宜上报请示。而且，报送请示案件要写出正式请示报告并附详细案情报告和案卷。请示报告中要写明中、高级法院审委会的意见。

根据最高人民法院的规定并总结各级法院的实践，报送请示案件一般包括以下几个要素：一是只能就法律适用问题请示，而不能就事实问题请示。二是请示时必须已经做到事实清楚。报送请示案件的事实、证据问题由请示的法院负责。答复的法院对事实不负责任。事实不清、证据不足的案件不得报送请示。三是必须经过审判委员会讨论，并形成倾向性意见。四是请示报告中要反映出各方面的意见。五是逐级请示，不能越级请示，不能个人请示。六是请示的案件必须是适用法律存在疑难问题的重大案件，或者依照有关规定应当报送请示的案件。七是答复请示问题应当采用书面形式。

近年来，最高人民法院在一些领导讲话和发布的文件中，也多次强调要规范并逐步取消案件请示制度，各地法院也为此做了一些努力，有的地方法院已经宣布取消或实际上已经不再实行案件请示制度。这些探索为"二五"改革纲要的决策积累了一定的实践经验。

三、改造案件请示制度的几个法律问题

学术界和实务界对案件请示制度改革的讨论可谓见仁见智，但由于"二五"改革纲要已经对此作了结论性的设计，所以本文不再对"二五"改革纲要之外的各种建议一一引述评价，而仅就已经确定的改革要求中的一些具体问题谈几点看法。"二五"改革纲要第12条规定，"改革下级人民法院就法律适用疑难问题向上级人民法院请示的做法。对于具有普遍法律适用意义的案件，下级人民法院可以根据当事人的申请或者依职权报请上级人民法院审理。上级人民法院经审查认为符合条件的，可以直接审理"。不过，这一规定只是描绘了案件请示制度改革的路线图，而按照路线图前进的过程中还要解决许多具体的法律问题。

（一）总体要求

如前所述，对案件请示制度的诉讼化改造是这项改革的核心。所谓诉讼化改造，是指按照诉讼法所规定的程序来重塑原来的案件请示制度，或者以现有的某种诉讼制度代替案件请示制度的作用。换句话说，对案件请示制度的改革就是要运用现行法律中的"移送管辖"制度

把案件请示纳入诉讼轨道。近年来,各类报刊陆续报道了一些地方法院在案件请示方面的改革措施。除了个别法院明确规定完全取消案件请示制度外,绝大多数法院只是对请示的条件、请示的程序、上级法院办理请示案件的程序、请示案件的答复方式等作了一些规范。如果严格按照"二五"改革纲要的要求来衡量,这些措施还很难说是对案件请示制度的诉讼化改造。

(二)法律依据

案件请示制度是没有法律依据的,但有关法律规定了案件管辖的多种形式。在改革案件请示制度过程中,移送管辖成为重要的制度依托。

《人民法院组织法》第 24 条除了规定中级人民法院可以审判"基层人民法院移送审判的第一审案件"外,还规定:"……中级人民法院对它所受理的刑事和民事案件,认为案情重大应当由上级人民法院审判的时候,可以请求移送上级人民法院审判。"对于高级人民法院的管辖权也有类似的规定。《刑事诉讼法》第 23 条规定:"上级人民法院在必要的时候,可以审判下级人民法院管辖的第一审刑事案件;下级人民法院认为案情重大、复杂需要由上级人民法院审判的第一审刑事案件,可以请求移送上一级人民法院审判。"

《民事诉讼法》第 37 条第 1 款规定,"有管辖权的人民法院由于特殊原因,不能行使管辖权的,由上级人民法院指定管辖"。第 38 条规定,"上级人民法院有权审理下级人民法院管辖的第一审民事案件,也可以把本院管辖的第一审民事案件交下级人民法院审理。下级人民法院对它所管辖的第一审民事案件,认为需要由上级人民法院审理的,可以报请上级人民法院审理。"《行政诉讼法》第 24 条规定:"上级人民法院有权审判下级人民法院管辖的第一审行政案件,也可以把自己管辖的第一审行政案件移交下级人民法院审判。下级人民法院对其管辖的第一审行政案件,认为需要由上级人民法院审判的,可以报请上级人民法院决定。"

上述规定中,虽然三大诉讼法只规定了第一审案件的管辖,但法院组织法对所有案件作了一般性规定。因此,将一审案件、二审案件或适用一审、二审程序审理的再审案件请求移送上级法院管辖是有法律依据的。

(三)移送案件的标准

哪些案件可以移送(或称报请),哪些案件不可以移送,现行法律中并没有规定或者规定比较笼统,不太容易操作。"二五"改革纲要只使用了"具有普遍法律适用意义的案件"这一表述,而没有具体列举其他标准,甚至没有提及《刑事诉讼法》规定的"案情重大、复杂"标准。也正是由于标准的概括性,也给法院的改革留下了一定空间。

由于这一改革措施针对的是目前的案件请示做法,所以从原则上讲,目前的请示案件标准就是改革后的案件移送标准。在确定具体标准时,"二五"改革纲要特别强调了"具有普遍法律适用意义"这一标准,因此可以考虑突出法律标准,而逐步弱化其他方面的标准。强调普遍法律适用意义标准也与今后建立中国特色的案例指导制度相衔接。

(四)移送前的程序

之所以决定移送,是因为案件已经显现出符合移送的某些标准。那么,通过什么方式和程序判断被移送管辖的案件符合这些标准呢?这就需要对案件进行一定程度的审理(有的甚至是完成了全部审理活动而只是未作出裁判)。我国诉讼法并没有对移送前的程序作出具体规定,这还有待于在今后的实践中进一步完善。根据"二五"改革纲要的要求和制度设计的初衷,移送前的活动应当包括以下几点。

第一,在起诉(公诉)或答辩时,或者在法院作出裁判前的任何阶段,当事人均可提出申请和理由,请求受理该案的法院将案件移送上级法院审理。

第二,对于当事人提出的移送管辖的申请,法院应当进行审查,必要时可以听取对方当事人的意见。

第三,在人民法院作出裁判前的任何阶段,法院均可以依职权决定报请移送上级法院审理。

第四,关于下级法院可否将案件的部分内容(仅指具有普遍法律适用意义的部分)移送上级法院的问题,从目前的法律规定来看不够明确,相应的程序设计显得更加复杂。因此,可以暂不考虑这种运行模式,待全案移送管辖的机制运行成熟后再作研究。

第五,决定移送上级法院的,下级法院应当中止或暂停案件的审理,待收到上级法院决定接受移送的通知后再作出最终移送的裁定。上级法院不接受移送的,应当恢复审理。

(五)上级法院的审查决定与审理

在讨论建立案件移送制度的过程中,有一种担心是下级法院会不分轻重地将案件向上级法院移送,从而减轻自己的责任,同时也会造成上级法院因开辟移送渠道而不堪重负。实际上,对于下级法院移送管辖的案件,上级法院并非一律应当接受,而应当有严格的筛选程序。建立严格的筛选程序,一方面可以控制案件的数量,另一方面,更重要的是把那些并没有普遍法律适用意义的案件挡在门外,从而使上级法院将精力主要放在重要案件的审理上。实际上,随着法院在法律发展方面作用的彰显和司法能力的提高,越来越多的法院已逐渐具备了接受具有疑难法律问题案件挑战的能力。

在具体程序方面,上级法院的审查和审理至少包括以下几点。

第一,上级法院应当建立专门针对此类案件的立案审查标准和机制。有关审判庭应当单独就该案所遇到的法律问题进行预先审理,以确定它是否具有普遍的法律适用意义。

第二,对于符合条件的案件,上级法院应当立案并通知下级法院。对于不符合条件的案件,上级法院应当作出不接受移送的决定,并通知下级法院,由下级法院恢复审理。

第三,下级人民法院移送前对于该案已经做出(先行)判决、裁定、决定的,应当全案移送。上级法院决定接受移送的,应当重新审理并作出裁判。

第四,上级法院按照诉讼法规定的程序审理后,应当将裁判结果公布,以发挥案件的普遍法律适用意义。

四、抽象法律问题请示与案件请示的关系

我国司法实践中存在的另一种请示是对于审判工作中出现的抽象的法律适用问题的请示。这种请示在 2007 年修订的《最高人民法院关于司法解释工作的规定》中再一次得到确认。其中第 10 条第 1 款规定:“最高人民法院制定司法解释的立项来源:……(三)各高级人民法院、解放军军事法院提出制定司法解释的建议或者对法律应用问题的请示……”

通常说来,作为司法解释立项来源的“请示”不包括案件请示在内。不过,法律应用问题请示虽然不是直接就具体案件的请示,但这些“法律应用问题”并不是下级法院臆想出来的。它们总是与具体案件相关联。实践中,有的法律应用问题是在某个案件中体现出来的,有的则是从一系列案件中归纳出来的。为获得上级法院的指导,下级法院可以中止或暂停案件的审理并将其中的疑难问题以抽象的法律应用问题形式向上级法院请示或者建议作出司法解释,待司法解释下达后再继续审理。由于司法解释制度所涉及的问题比较复杂,本文限于篇幅不便展开论述,而只是提出一个观点。抽象法律应用问题的请示虽然看起来不涉及具体案件而属于司法解释制度的构成部分,但它对当事人诉

讼权利的影响却与案件请示制度没有多大区别甚至有更大影响。司法解释制度是最高人民法院行使审判权的一种重要方式,它的工作程序也应当作为诉讼程序或准诉讼程序对待。要想减轻或消除法律应用问题请示制度对当事人诉讼权利的消极影响,充分发挥它的积极作用,唯一的出路就是尽可能使司法解释的制定程序体现出它的诉讼程序性质,真正把司法解释权当作审判对待。

五、实现改革目标的程序保障

为促进改革目的的实现,从思想认识到实际行动,从方案设计到监督实施,其中有很多法律问题需要解决,也需要建立相应的制度加以保障。因此,笔者建议建立一种程序保障机制,即如果下级法院就具体案件正式或非正式地向上级法院请示的,当事人可以以“违反法律规定的程序”为由提起上诉,要求发回重审。这一程序保障机制有以下几个特点。

第一,变内部规范为当事人监督。最高人民法院曾多次发布文件要求规范并逐步取消案件请示,但由于缺乏有效的监督机制而效果不佳。如果把监督权交给与诉讼结果有直接关系的当事人,而且设定严重的法律后果,请示案件的法院必将严肃对待,改革便会显现效果。

第二,将案件请示作为“违反法定程序”的一种形式。违反法定程序,既包括积极违反,也包括消极违反。不按照明文规定的程序去做,或者与明文规定的程序做法不一致,或者做了法律未加规定但有违程序公正原则的程序活动,都可以视为违反法定程序。在我国的三大诉讼法中,没有任何一部法律规定案件请示制度,从而在法律上否定了案件请示的正当性。因此,将案件请示作为违反法定程序的活动是可以成立的。

第三,正式的案件请示与非正式的案件请示均属改造之列。在司法实践中,非正式的案件请示可能比正式的案件请示更多见、更普遍,但常被淡化为“沟通”“讨论”“交换意见”等。法官之间包括上下级法院之间对于某个抽象的法律问题展开讨论是正常的,甚至对于案件进行讨论也不为过。但必须把握的界限是,所讨论、沟通的案件不能是那些可能成为上级法院上诉管辖范围内的案件。只有如此严格要求,才能真正把一切非正式但有违公正的案件请示活动纳入正轨。

法院系统内的案件请示制度有其深厚的实践基础和巨大的实用价值,这也是为什么不管学界批评多么激烈而案件请示依旧存在的主要原因。职业化的法官们当然知道这一制度存在的问题,也预期迟早会废止这种做法,但案件请示的诉讼化改造能否使案件请示制度原有的积极作用(主要是保障法律的统一适用)继续发挥而同时满足程序公正的要求呢?本文给出了理论上的答案,但这一答案的正确性还要靠改革的实施效果加以验证。

(《法律适用》2007 年第 8 期)

构建我国相对独立量刑程序的几个难点

随着我国刑事法制的进步与发展,因量刑不公而引起的司法不公问题日益引起社会各界的关注,理论界和实务部门纷纷为规范量刑问题献计献策。其中,"健全和完善相对独立的量刑程序"作为《人民法院第二个五年改革纲要》(以下简称"二五"改革纲要)中确定的一项改革目标,其目的正在于通过健全和完善诉讼程序规范量刑活动,维护当事人的正当权益,实现量刑公正。以此为契机,人民法院系统开展了对量刑程序的有益探索。[1] 本文认为,在我国,"健全和完善相对独立的量刑程序"的前提要充分论证以下

---

〔1〕 如山东省淄博市淄川区人民法院在被告人认罪案件中尝试适用相对独立的量刑程序,参见方金刚编译:《关于建立独立量刑程序的争论与探索》,载《法制资讯》2007 年第 3 期;《江苏省高级人民法院在被告人被判处死刑的二审案件中将量刑辩论列为单独程序》,参见《江苏省高院首次将"量刑辩论"列为单独程序》,载 http://www.enorth.com.cn,最后访问日期:2007 年 12 月 20 日。

几个基础性问题:即量刑程序的正当性问题;构建相对独立量刑程序的必要性问题;[1]量刑程序与诉讼效率之间的关系问题。这几个问题既是构建我国相对独立量刑程序的基础性问题,也是健全和完善我国相对独立量刑程序的难点。本文拟通过对上述问题的探讨,以期抛砖引玉,促进我国量刑程序的健全与完善。

一、量刑程序的正当性

量刑程序的正当性体现在两个方面:一是程序自身具有合理性;二是程序有助于实现量刑实体公正。前者反映的是程序正义问题,后者反映的则是程序对于实现实体正义的有用性问题。

(一)彰显诉讼制度文明,符合程序正义的要求

人类诉讼史在证明赋予法官自由裁量权具有必要性和正当性的同时,也证明了对法官这一裁量权进行规制的必要性和正当性。在刑事诉讼中,法官的自由裁量权主要体现在刑罚的适用上,即在依法确定被告人的行为构成某种犯罪的前提下,法官有权对被告人是否适用刑罚、适用何种刑罚、刑罚的数量以及如何执行等进行度量。在绝对确定刑成为刑罚中的例外现象后,裁量刑成为刑事司法中的一种常态。与民事诉讼不同,在刑事诉讼中,法官裁量的结果往往直接关系到对被告人财产、自由乃至生命的剥夺,如果不对这种权力的行使进行必要的规制,权力滥用或者误用的结果将是极其严重乃至十分可怕的。而正当程序作为恣意的对立面,其核心正是通过允许控辩双方有效参与并影响决定的形成过程,规范权力的行使,使之避免滥用或误用,从而维护

---

〔1〕 在此,量刑程序的正当性与构建相对独立量刑程序的必要性是两个不同范畴的问题,前者解决的是量刑程序存在的必要性与合理性,后者强调的是量刑程序与定罪程序之间的关系以及由此引出的量刑程序相对独立于定罪程序的必要性问题。

控辩双方的正当权益,实现司法公正与权威。反映在量刑过程中,程序的正当性主要体现在以下方面。

1. 保障控辩双方的程序参与权及与之相关的一系列诉讼权利,体现诉讼的民主性。程序参与权是控辩双方在刑事诉讼中享有的一项基础性权利,是控辩双方行使其他诉讼权利的基础,也是控辩双方争取有利于己方的实体结果的唯一有效途径。在量刑程序中,基于正当程序的要求,控辩双方依法参与量刑过程,向庭审法官提交有利于己方的量刑资料,陈述己方的量刑理由,并反驳对方的量刑主张和理由,从而争取有利于己方的量刑结果。

在我国现有的刑事诉讼立法中,"重定罪程序,轻量刑程序"是一个不争的事实,量刑程序的缺失使被告人很难获得专门的向法庭陈述有利于己方的量刑主张的机会,也难以与控方就量刑问题形成有效的对抗。尤其是在被告人否认有罪的案件中,量刑程序的缺失使被判决有罪的被告人实际上被剥夺了参与量刑程序、通过积极行使辩护权争取有利量刑结果的机会。从这个意义上来讲,我国现有的程序设计和运用无疑违背了程序正义的基本要求。

2. 保障量刑过程与量刑结果的公开性和透明性,赋予量刑结果权威性。现代诉讼的一个基本特点是裁判者的中立性,也正是由于裁判者与控辩双方不存在利害关系,再加上裁判的形成过程具有公开性、透明性,裁判的结果也必须公开且要说明理由,因而保证了裁判的公正性和权威性。在量刑程序中,由于法官的量刑是在控辩双方的积极参与下作出的,控辩双方的意见和主张都在诉讼过程中得到充分展示,法官量刑的理由和依据也都通过程序予以公开,因此避免了控辩双方因未参与量刑程序或者不了解裁判的形成过程和形成理由而对裁判的正当性可能产生的猜忌。

在我国现阶段,由于量刑程序的缺失,法官的量刑很难说是在充分听取了控辩双方的意见和理由的基础上,依据查明的量刑事实作出的,这就使法院裁判的正当性难以得到证明,也使裁判的权威性难以得到树立。尤其值得关注的是,在我国司法实践中,刑事判决书中的说理部分往往只关注定罪问题,而忽略了对量刑理由的说明,[1]这一方面使量刑结果难以为控辩双方信服,另一方面也为法院量刑的随意性留下隐患,从而难以保障量刑结果的权威性。

(二)规制量刑失衡现象,实现实体正义

一般来说,量刑的实体公正有两个衡量指标:一是个案自身的量刑公正,即个案中量刑的适当性,其标准是"罪刑相适应";二是相对于其他案件而言的量刑公正,即量刑的均衡性,其标准是人们常说的"同案同罚"。而无论是实现"罪刑相适应"还是"同案同罚",正当合理的量刑程序都是不可或缺的。换言之,正当的量刑程序有助于规制量刑失衡现象,促进实体公正的实现。

1. 实现个案量刑的公正性。应当预见到的是,对于定罪而言,量刑程序的存在有助于法官排除量刑情节的不当干扰,从而保证了法官定罪的正确性。而从量刑的角度来看,允许控辩双方将可能影响量刑结果的量刑情节与相关的法律问题对簿公堂,使法官能够全面掌握量刑的信息,做到"兼听则明",从而有助于法官适当量刑。此外,程序的公开性要求法官依据在公开法庭上查明的事实作出裁决,并公开说明量刑理由,这也有助于抑制法官在量刑时出现"黑箱操作"现象,促使法官认真考虑控辩双方提出的量刑理由,审慎行使裁量权,从而保障量刑结果的适当性,实现个案的量刑公正。

2. 实现量刑的均衡性。量刑的均衡性是指对于类似案件,不同时期或同一时期不同法官的量刑结果应具有相对均衡性。在司法实践

---

〔1〕 无论是一审刑事判决书还是二审刑事判决书中都存在这一问题。

中,可能影响量刑均衡的因素很多,[1]其中,法官个人的原因以及社会刑事政策的原因对量刑均衡性的影响最大。这是因为:首先,虽然从理论上讲,法官的上帝只有一个——法律,但是,法官作为一个社会人,其成长背景、所受的教育、信仰乃至其性别、性格等都会对其量刑裁量产生或直接或间接的影响。其次,刑事政策对法官量刑裁量的影响无疑是一把“双刃剑”,一方面它可以促使法官能够对变化了的形势需要及时作出反应,实现刑事司法的社会化,另一方面它又会使法官的量刑前后不一,从而造成不同罪犯之间的不公平感,也会使法律的实施因此失去连贯性,并进而影响到法的权威性。要避免因法官个人的原因或刑事政策的原因而导致的量刑畸轻畸重,相对稳定的量刑程序可以通过保障控辩双方有效地参与量刑程序,促进量刑过程的公开性和透明性,从而维护量刑的均衡性。

二、构建相对独立量刑程序的必要性

关于量刑程序独立于定罪程序的必要性,来自美国的 Margret Mc Keown 法官认为至少有以下两个方面:一是让辩方有更多的时间出具更多的证据来减轻刑罚,从而维护被告人的利益;二是法院需要时间来进一步调查当时被告人的背景,从而保障量刑的适当性。[2] 本文认为,量刑程序相对独立于定罪程序的一个重要前提是,定罪与量刑虽然同属实体正义方面的内容,但是两者之间存在重大差异,这种差异决定了

---

〔1〕 如有学者从主客观两方面归纳了影响量刑的因素。客观方面的因素包括:法律方面的原因,判例方面的潜在因素,审判体制方面的因素,其他机关、团体的不当干扰,社会舆论的因素等;主观方面的因素主要是指审判人员的个体素质差异,主要包括:政治素质的差异、业务素质的差异、心理素质的差异。参见苏惠渔等主编:《量刑与电脑——量刑公正合理应用论》,百家出版社 1989 年版,第 11 ~ 12 页。

〔2〕 《在理想与现实之间——法庭审判模式的理想设计》,载《法制日报》2007 年 6 月 24 日。

适用于定罪程序与量刑程序的基本原则以及具体规则不可能完全一致,进而决定了构建和适用相对独立的量刑程序的必要性。

(一)定罪与量刑属于不同的实体问题

从逻辑顺序上看,定罪先于量刑,因此正确定罪是适当量刑的前提。但这并不意味着,只要定罪正确了,量刑就一定能够适当。

1. 定罪与量刑的基本理念和原则不同。现代社会基于保护公民免受不当追究的需要,要求在定罪问题上严格依照法律的规定进行,即严格遵循"罪刑法定原则",并在此基础上,实现法律面前人人平等,做到任何人的相同行为,只要符合犯罪构成要件,都应该得出相同的结论,定相同的罪,而无需考虑其他因素;而量刑所依据的理念与原则除了依法量刑外,还要综合考虑实现刑罚目的(如刑罚个别化)的需要以及一国在当前阶段执行刑罚的可能性和有效性(如刑事政策)等问题。[1]因此,在量刑问题上,不仅要考虑量刑的均衡性,还要充分考虑个案中存在的特殊情形,从而实现个案量刑的适当性。

2. 定罪与量刑的目的和任务不同。在刑事诉讼中,定罪阶段的任务在于确定被告人的行为是否构成犯罪以及构成何种犯罪,而量刑阶段的任务则是在定罪的基础上,查明可能影响量刑的各种情节,并确定对被追诉人如何恰当地适用刑罚。因此,定罪是量刑的前提,只有在确定被告人的行为已经构成犯罪的前提下,才有必要根据适当量刑的需要,查明案内存在的量刑情节。如果被告人被宣告无罪,则不存在量刑问题。同时,由于影响定罪与量刑的因素不尽相同,因而正确定罪本身并不能保障量刑的适当性,正确定罪更不能成为证明量刑公正的依据。

(二)量刑程序与定罪程序之间存在重大差别

定罪和量刑作为两个不同性质、先后有别的问题,如果合并在同一

---

〔1〕 马克昌主编:《刑罚通论》,武汉大学出版社1999年版,第247~282页。

个程序中进行,则既容易陷被告人于无罪辩护的同时作罪轻辩护的尴尬境地,又容易使庭审法官因过早接触量刑事实(如前科事实或者被告人的品格证据)而影响正确定罪(这在由陪审团审理的案件中尤为重要)。此外,定罪阶段与量刑阶段的目的和任务的不同决定了适用于定罪程序和量刑程序的诉讼原则和具体规则也不可能完全相同。这主要表现在以下方面。

1. 无罪推定原则以及由此推出的某些程序规则和证据规则只适用于定罪程序,而不适用于量刑程序。在量刑阶段,受追诉人的犯罪行为已经被证明,因此不能再被推定为无罪之人,由此决定了与量刑相关的程序规则和证据规则与定罪阶段有所不同。例如,从举证责任的分担来看,根据无罪推定原则,被告人不负证明自己有罪或者无罪的责任,而在量刑阶段,根据"谁主张,谁举证"原则,从重或从轻量刑所依据的证据材料由提出量刑主张的一方提供。这意味着如果被告人提出了有利于己方的量刑主张,他就有责任提供相关的证据。

2. 定罪程序与量刑程序的审理对象不同。在定罪程序中,诉讼各方关注的焦点是被告人的行为是否构成犯罪以及构成何罪。围绕着这一问题,控辩双方在法庭上进行举证、质证和辩论,庭审法官则根据在法庭上查明的事实,依据有关法律的规定,确定被告人的行为是否构成犯罪以及构成何罪;在量刑程序中,诉讼各方关注的焦点是可能影响量刑的各种情节,包括从重、从轻、减轻或者免除刑罚等情节。在这一过程中,控辩双方就是否存在上述情节进行举证、质证并就上述情节在何种程度上影响量刑进行辩论,庭审法官则要在定罪的基础上,根据法庭调查发现的量刑情节,确定是否适用刑罚以及如何适用刑罚。因此,量刑程序的设计和运用必须有助于法官发现和认定可能影响量刑的各种信息,如有关犯罪的信息,被告人的性格、年龄、前科、成长经历、犯罪后的态度和表现,被害人的情况以及国家或社会可能提供的最有利于实现刑罚目标的条件等，从而实现刑罚的最佳效果。

（三）对抗制诉讼模式的要求

在刑事诉讼中，相对于审问式诉讼模式而言，对抗制诉讼模式的主要特征是：(1)法官一般不主动依职权调查证据。自我克制是法官在案件调查活动中的惯例，但是也允许存在例外。[1] (2)案件事实的发现委诸于控诉方和辩护方的举证和辩论，在法庭调查中实行交叉询问制度。(3)实行变更原则。允许控诉方变更、追加、撤回诉讼，允许控诉方与辩护方进行辩诉交易。(4)采起诉认否程序。在刑事诉讼中，如果被告人自愿认罪而不是被强迫作出有罪的供述，则对于案件事实无需进行举证和辩论，法官可以径行作出有罪判决。(5)实行陪审团制度，由一定数量的非专业人士（通常为12人）组成陪审团，在没有法官出席的情况下负责对事实的有无进行裁决。[2] 在对抗制审判模式下，控辩双方的职责在于帮助法官[3]分别从不同甚至完全相反的两个角度看待和处理案件。这样，审判程序没有被设计成一种由法官积极调查事实真相的司法调查程序，而是尊重双方在追求有利的实体利益目标方面的积极性和主动性，使事实真相在双方的对抗中得以显露。不仅如此，控辩双方的对抗事实上还可以抑制裁判官员的不当预断和偏见，迫使其从两个不同的角度审查证据和认定事实。

当前，我国理论界和实务部门对构建相对独立量刑程序持保留态度的一个主要理由是，我国在传统上没有将定罪程序与量刑程序进行区分，而且大陆法国家或地区也多采用定罪程序与量刑程序合一模式，

---

〔1〕 美国《联邦证据规则》第614条规定：法庭可以自己询问证人，不管该证人是法庭传唤的，还是当事人传唤的。

〔2〕 陈光中主编：《刑事诉讼法》，北京大学出版社2002年版，第29页。

〔3〕 包括陪审团成员。

因此认为没有必要建立相对独立的量刑程序。对上述观点，本文认为存在以下误区。首先，我国现行的刑事诉讼模式已经同传统上的职权主义模式存在重大区别。我国1996年修改的《刑事诉讼法》要求庭审法官在庭前不能通过检察机关移送的卷宗材料了解有关案件事实，法官对案件事实的查明也由主导地位转为辅助地位，即无论是定罪事实还是量刑事实，主要依靠控辩双方的举证、质证予以查明，法官不再起主要作用。这些改变意味着我们已经着手改造传统的职权主义诉讼模式并取得了初步成果，因此，我国传统上没有将定罪和量刑程序进行区分不能成为否定构建相对独立量刑程序的理由。其次，大陆法系国家或地区在量刑问题上采用与定罪程序合一模式的前提是这些国家或地区奉行职权主义诉讼模式，即法官在定罪和量刑问题上都处于积极主动地位，无须依赖诉辩双方查明有关事实。此外，为了保障量刑的公正性，大陆法系国家或地区无论是在制度层面还是在技术层面都提供了很多保障，如法官的资格任命、职业培训、职业保障以及要求法官主动调查量刑事实，说明判决理由等。而这些保障机制在我国目前尚不具备或不够健全，因此，不能以大陆法系国家或地区没有独立的量刑程序作为我国不需要构建这一程序的理由。

三、量刑程序与诉讼效率的关系

在刑事诉讼中，效率问题是程序立法与司法实践中不可规避的一个重要问题，也是我国在设计和运用相对独立的量刑程序时必须妥善处理的关键问题之一。

（一）诉讼效率与量刑程序关系辨析

在量刑程序与诉讼效率的关系问题上，应当谨防以下两种观点所产生的不当影响：一种观点是由于量刑程序的设置和运用必然导致司法资源的投入，在一定程度上还可能导致诉讼效率的低下，因此，以司法资源有限或者效率问题为由对建立相对独立的量刑程序持保留乃至否定态度;[1]另一种观点是量刑程序的价值不仅在于其自身具有正当性,还在于其有助于实现量刑实体公正,因此,过分强调程序的正当性而忽略效率问题。这两种观念出发点不同,所得结论也截然不同,但是都存在着重大误区:前者虽然注意到了司法资源和诉讼效率对程序设置和运用的影响,但是却忽视了诉讼中另一价值目标——公正的作用和意义,因此不值得提倡;后者虽然注意到了诉讼的内在规律和外在价值,却无视司法实践中的复杂性和司法资源的有限性对程序设置和运用的影响,因而同样不具有可行性。

本文认为,在设计和运用量刑程序时,一方面,要确保满足程序的最低公正要求,使程序的设计尽可能有助于实体公正的实现;另一方面,在设计和运用程序时,也应注意尽可能合理配置有限的司法资源,提高诉讼效率。具体而言,一方面,应当建立相对独立的量刑程序,保障可能影响量刑结果的各方主体如检察机关、被害人、被告人、社会团体或机构等能够有效地参与量刑程序、充分提供量刑信息,保障法官的量刑过程及量刑结果的公开性和透明性;另一方面,在设计和运用量刑程序时,应当根据案件性质和各类案件具体情况的不同,设计和运用不同的量刑程序,从而保障审判效率。

(二)诉讼效率与量刑程序模式选择

诉讼成本的昂贵性和纠纷解决的及时性要求诉讼程序的设计和运用必须考虑效率问题,量刑程序也不例外。从当前世界各国的量刑模式来看,英美法系国家多采用定罪程序与量刑程序分离模式,这种分离模式有利于保障被追诉人有效行使辩护权,使被追诉人不会发生在两

---

[1] 在德国,反对将定罪程序与量刑程序分离的主要理由之一也是担心诉讼迟延问题。参见[德]克劳斯·罗科信:《刑事诉讼法》,吴丽琪译,法律出版社2003年版,第412页。

种程序合一情形下可能发生的既作无罪辩护,又要提出从轻、减轻量刑理由的尴尬局面。但其不利之处也非常明显,就是不利于提高诉讼效率。大陆法国家或地区多采用定罪与量刑程序合一模式,这种模式有助于提高诉讼效率,但其弊端也同样明显,即不加区分地将量刑事实与定罪事实、量刑理由与定罪理由一齐提出,既容易影响法官对定罪问题的正确判断,也容易使被告方陷于作无罪辩护的同时又作罪轻辩护的尴尬之中。鉴于上述两种模式各有利弊,本文认为,在设计我国的量刑程序模式时,应借鉴两大法系的经验和教训,尽可能做到兼顾公正与效率问题,构建相对独立的量刑模式。

“健全和完善相对独立的量刑程序”这一提法实际上蕴含一个逻辑前提,即在认同量刑程序的前提之下,并不要求所有的案件,不分性质、无论情节以及被告人是否认罪等具体情况,一律将量刑程序与定罪程序完全区别开来。刑事诉讼中的比例原则要求,性质严重、案情复杂的案件以及被告人拒绝认罪的案件所适用的程序不应等同于性质轻微、案情简单或者被告人认罪的案件。具体而言,在刑事诉讼中,对于性质严重、案情复杂或者被告人否认有罪的案件,应考虑设置独立的量刑程序,从而有效地维护人权,实现司法公正;对于性质轻微、案情简单以及被告人认罪的案件,可以考虑将定罪问题与量刑问题合在同一程序中进行,从而实现司法资源的有效分配和合理利用。

此外,为了提高量刑的效率,审前准备程序也应当发挥着积极作用。例如,法院在审前向控辩双方送达“量刑情节提示书”,提示控辩双方及时有效地收集量刑材料。这样,既可以保障审判质量,又可以有效防止在庭审过程中因量刑情节需要查明而延期审理所导致的诉讼期间延长、诉讼效率低下问题。又如,法庭可以根据控辩双方的申请或者在认为必要时主动组织控辩双方进行庭前材料交换和争议焦点的整理,对双方没有争议或者达成共识的量刑材料记录在卷,在开庭时不再质证,庭审活动围绕双方的争议问题进行,以缩短诉讼期限,节约司法资源,提高诉讼效率。

(《法律适用》2008 年第 4 期)

重提“庭审中心主义”

对于“庭审中心主义”，这在秉承大陆法系传统的中国并不陌生。二十世纪八九十年代，一场具有启蒙意义的审判方式改革，试图将司法拉出泛行政化的习惯思维。当时的改革者们提出了“证在法庭、辩在法庭、判在法庭”，努力让法庭成为诉讼程序的中心，让法官成为法院的中心。经过不懈努力，终于确立了一些现在依然有效的保障制度，如未经法庭质证的证据不能作为定案依据等。当年的审判方式改革到今天仍然持续推进，并作出了很多理论上的贡献：一是法官（审判组织）在司法过程中具有独立作出裁判的权力，而不应按照行政层级运行方式层层审核，不能搞行政化；二是法官独立作出裁判时必须经过公正、公开、规范的庭审，否则独立裁判中裁判是非曲直的实体正义将失去最重要的程序保障（当然法官素质、工作条件、外部独立等也是很重要的保障）。

“庭审中心主义”便是在那个阶段的一个理论创

新。在随后的几十年中,庭审中心主义之路越走越宽,而且从正反两个方面得到了验证。从正面来看,《民事诉讼法》《刑事诉讼法》的几次修改都更加强调了开庭审理的正规性、证据制度的严肃性、二审开庭的强制性等,对提高司法工作质量起到了积极的作用。从反面来说,无论是近年来纠正的重大冤假错案,还是当事人因不服裁判所提出的上诉或再审申请,几乎都与庭审不能正常发挥作用直接相关。在当年的审判方式改革过程中,由于各种配套机制未能健全,导致很多法院在突出庭审功能的同时却又忽视了庭前准备,突出裁判功能却又忽视了纠纷化解功能,突出当事人作用却又造成了法官机械办案……但无论如何,正面经验和反面教训都在说明一个道理:“庭审中心主义”完全可以适用于中国的诉讼制度,同时中国又必须对这一理论进行丰富和发展,甚至在改造之后使之成为完全的“正能量”。于是,在波浪式发展、螺旋式上升、迂回式进步的过程中,实现“庭审中心主义”成为所有法官心中挥之不去的“改革情结”。

作为对诉讼制度的一种理论阐述,“庭审中心主义”是指审判案件以庭审为中心,事实证据调查在法庭,定罪量刑辩论在法庭,裁判结果形成于法庭,全面落实直接言词原则、严格执行非法证据排除制度。为避免庭审流于形式,法庭应当注重听取当事人双方的意见,把握案件争议焦点,引导双方当事人针对争点充分发表意见。同时,法庭还要对双方的意见及时作出回应,必要时作出程序性裁决,把握庭审进程,确保双方当事人是在公平的条件下和氛围中据理力争。

在重提“庭审中心主义”这一话题时,我们当然不会忘记“审判中心主义”“裁判中心主义”“起诉书一本主义”“案卷中心主义”等对司法审判工作方式的不同表述,这些都与“庭审中心主义”有着重要区别。根据一些学者的评价,我国传统的审判模式是多数大陆法系国家或地区所采用的“裁判中心主义”,认为起诉的事实是否真实、如何加以查明、如何作出公平的裁判，属于法院的职责。因此，在裁判中心主义主导下，双方当事人在诉讼过程中做了些什么、应当如何去做，则显得没有那么重要了。而“庭审中心主义”可以极大地调动当事人的诉讼资源和积极性，为双方当事人确立相应的诉讼规则（特别是证据规则），更能彰显法院中立无偏的地位。同时，理论和实践都提醒我们，“庭审中心主义”模式也可能带来诉讼效率、司法成本、公众舆论、实体正义等方面的问题。

一个国家所采取的诉讼模式与其文化传统、历史背景、法治观念、民族特性等直接相关。当然，还有可能存在某些不确定的因素，一起造就了一个国家的诉讼模式。中国能否从“裁判中心主义”转向“庭审中心主义”（当然不排除加以改良），一直是法律界关注的一个焦点问题。在经历了曲折的发展历程之后，至今仍不能说我国已经实现了彻底的“庭审中心主义”。那么，困难到底在哪里呢？

一是我国传统文化中一直存在忽视程序保障的倾向。其实这已经不再是平时所说的“重实体、轻程序”的问题，而是未能发挥两者的相互作用。庭审中心主义要求把实体正义建立在公平的程序之上，从而形成一种对实体正义的不可动摇的支撑。因为，没有程序支撑的实体正义面临着“墙头草、随风倒”的堕落，面临着随时有可能对权力、舆论、民意的屈服。“轻程序”者，非但不能美化为“重实体”，而实际上是对实体正义的更大轻蔑。

二是作为国家治理体系重要组成部分的“法治”能力（治理能力）尚不够强大。法治作为治国方略，对中国社会来说无疑是巨大进步。但如果法治处于一种“疲软”状态，法治中的一切技术措施都将形同虚设。同时，当法律成为全社会共同遵守的信仰时，法治能力建设的重点将转向司法官、律师、司法机构的具体的司法能力问题。可以说，这两个层面的法治能力都是“庭审中心主义”得以实施的重要前提。

三是司法的特别属性尚未得到普遍认可。对于司法工作方式,不论是庭审中心主义,还是案卷中心主义,其共同之处就是法官以法律为唯一标准,独立、公正地对事实争议和法律争议作出判断和裁判。离开了这些属性,即使理论上再完备的庭审中心主义也只能在比较小的空间内发挥作用。

四是外界因素制约严重且没有形成明确的问责机制。庭审中心主义的实现,一方面依靠法院的主导,另一方面更重要的是依靠双方当事人以及相关方面的配合。在刑事诉讼中,公安、检察机关的改革是否成功是一个关键因素,而当事人的诉讼能力大小也对改革成功有很大影响。同时,如果不按庭审中心主义的指导思想运行,又没有明显违反诉讼法的情况,法官和司法机构通常便不用承担任何责任,当事人也无法以法官没有遵循庭审中心主义为由投诉法官。对于履行监督职责的人民代表大会来说,一般也不会提出这方面的监督建议。因此,目前实行庭审中心主义,主要还是依靠法官的自觉和自律。

“庭审中心主义”是一种指导思想,一种司法原则,一种没有外在固定形态的价值追求。要实现这一原则和追求,则必须依赖为其塑型、为其固化、为其搭台的各种具体制度。正是这些具体机制在造就着我们的司法原则,正如工业生产中使用的“模型、模具”一样。换句话说,有什么样的模型便会塑造什么样的“主义”。如果没有完美的模具、制度,“庭审中心主义”便无处容身。“主义”本身并没有什么力量,而是周围的机制、制度,以及“主义”的建设者和捍卫者的保障使之坚强起来。

不可否认,我国相关诉讼法所建立的一些具体制度的确发挥了这样的固化和塑型作用,为最高人民法院重提“庭审中心主义”奠定了一定的制度基础。但鉴于前面提到的存在的种种困难,如果没有一些“硬邦邦”的措施是很难真正实现庭审中心主义的。或许以下措施能够提供帮助：

一是扩大“程序违法”的适用范围。凡是未曾在法庭上“亮相”接受双方当事人质询辩论，但又可能对法官裁判产生影响的证据材料，都不能作为定案依据。否则，便是程序违法。这样，不仅能确保证据活动在法庭上公开，而且能保证法官的心证公开。同时，一些外来干扰说情都可以被排斥在程序之外。

二是保证“所听即所判”。实践中常听当事人反映，自己在法庭上感觉形势对自己十分有利，但几天后宣判时却完全背离法庭上的形势。虽然法官的庭审判断与当事人或其代理律师的判断有差异，但如果两者相去甚远，则在一定程度上反映了庭审环节的软弱性。我国采取的陪审制、社会评价制、庭审观摩制等，都是对庭审的监督，但仍需加大监督力度，以保证“所听”与“所判”基本相符。

三是真正做到证人“出庭是原则，不出庭（只提供证言）是例外”。证人应当出庭是我国诉讼法的规定，但目前各级法院仍然沿袭“证言中心主义”的做法，结果成了证人“不出庭（只提供证言）是原则，出庭是例外”。所以，应当建立严格的标准，在对证人证言有疑义的情况下，对证人不出庭的证据予以认定应当以程序违法对待，方可改变目前的状况。另外，还应当严格证人虚假作证的法律责任，才能杜绝当前证人乱作证、做假证的现象。

四是对特定案件实行律师强制代理制度。“庭审中心主义”在有律师代理的案件中更容易实现。因此，对于一些疑难复杂案件，应当要求当事人委托律师代理或者通过法律援助机构提供律师代理。

五是同时加强法官的自我约束与当事人的自我负责。“庭审中心主义”的基本要素是双方当事人在法庭上的攻防进退，而不是法官的积极介入。因此在设计庭审模式或制定庭审策略时，人民法院必须主动发挥作用，引导庭审按照上述模式运行。法官对查清事实和实现正义的“高度责任感”固然重要，但官司毕竟还是当事人的官司，法官作为中立的裁判者还是要在双方当事人提供的事实和理由上作出裁判。否则，法官本身就成了“庭审中心主义”的最大障碍了。

（《人民法院报》2014年4月18日）

论司法效率中的八个关系

效率正义观念的提出，丰富了包括实体正义、程序正义、社会正义等在内的正义理论体系，使司法正义更为系统全面，也把司法效率问题研究提高到了一个新的高度。效率正义的基本要求是实现正义的过程中要使投入与产出比率合理化。毫无疑问，公平正义作为人类理想的至高价值，被加上效率视角后，人类在此基础上将更能提升幸福指数，社会也因此而获得新的进步。

司法效率问题研究更在于它的实践意义。司法机关特别是人民法院在日常工作中，应当特别注意处理好与司法效率有关的八大关系。

一、司法规律与经济规律之间的关系

司法属司法，经济属经济。司法效率虽然也是效率，但毕竟不是经济效率。司法效率与经济效率的本质区别，就在于前者所遵循的首先是司法规律，同时对于所有事物共有的特性(包括效率)也有所体现。对于经济规律来说,效率本身就是它的本质属性,而经济中的公平正义是所有事物共有的特性。司法为正义而存在,而正义中的效率因素成为效率正义的研究对象。经济为效率而存在,而效率中的正义因素成为对经济的公平要求。

正义是司法的生命,但正义实现过程中仍然存在有效率的正义和无效率的正义。为了突出效率的重要性,便有"迟到的正义不是正义"之法谚,但实际上效率的缺乏在绝大多数情况下并不能抹杀正义的价值。我们追求有效率的正义,因为现代社会需要有质量的正义,需要与社会其他各种事物协调一致发展的正义。

因此,司法效率中的主导者不可能是经济规律,而仍然是司法规律。与其他事物一样,司法效率是司法活动中不可缺少的增值因素。在司法实践中,我们力求达到司法规律与经济规律之间的均衡关系,使两者共同发挥各自的作用。

二、效率与公正、权威的关系

公正、高效、权威是中国特色社会主义司法制度的三个本质特征。公正是司法的生命,效率是司法的形象,权威是司法的力量。这已经成为普遍认可的论述。换句话说,公正是司法追求的基本价值,而效率是对这种价值的量化表现形式,权威则是这种价值的外部影响力。可以说,一个案件不论在多长时间内得到公正处理都是有价值的,但这种价值可能因处理不及时或不适时而降低其质量、减少其分量,从而也影响到司法在社会上的公信力和影响力。

关于司法效率的积极作用已有很多论述,这里不再重复。司法效率是司法制度中的一个中性视角。在司法过程中,公平正义是绝对不能牺牲的,因为司法失去公平正义就相当于司法失去了生命,一切便无从谈起。对于司法权威来说，它是一种力量，是一种影响力，具有一定的依附性、外在性。它的来源不是自身，而是司法制度的各种因素。而效率作为司法正义的外部量化表现，是一个伸缩性很大的变量，这也就意味着它是一个可能被牺牲、打折扣的事物。尽管谁都不希望牺牲效率，但如果公正与效率之间的关系不可调和时，很可能就是效率成为牺牲者。这种情况在司法实践中随处可见。

当然，司法活动中个案的处理不是孤立的，司法发展的某一个特定时期不是孤立的，甚至整个司法也不是孤立的。在这样一种普遍联系的方法论之下，为追求公平正义而不得不牺牲一定程度的效率，或许正是为了追求更大的效率而付出的投入，能够成就公平正义的完整含义。

三、当事人视角与国家视角的关系

研究司法效率问题离不开两个视角（或许有更多视角，这里不予涉及），那就是当事人视角和国家视角。当事人是司法资源的使用者和司法服务的消费者，国家是司法资源的提供者、分配者和掌控者。因此，从不同视角进行的研究对司法效率的理解会有所不同，但这里所说的当事人视角与国家视角并不是矛盾关系，而是互补关系。

提高司法效率离不开当事人视角。从当事人的角度来看，他们首先关心的是国家是否提供了充足的司法资源来满足当事人的需要；其次要考虑的是当事人为使用司法资源而必须付出的配套资金问题。对于前者，当事人需要高素质的司法人才，需要有完整配套的司法制度，需要有充足的司法物质条件，需要有法庭、诉讼便利、相应的服务和诉讼辅助等。对于后者，当事人为自己的权利必须投入相应的精力、财力去完成这一诉讼过程，有的需要聘请律师处理法律上的业务。所以，当事人的付出、期待与收效成为判断司法效率的一个重要指标。在科学发展观的指导下，当事人视角是提高司法效率不可缺少的，甚至在某种程度上说是决定性的。国家投入资源再多,但如果没有惠及当事人,则属于没有效率;国家在各部门之间、各程序之间分配司法资源不管无论多么缜密,但如果当事人使用不便,也属于没有效率。

从国家的视角来看,司法资源的投入与分配是决定司法效率的一个基础性条件。司法资源如果不能按照人民对司法正义需求的增长而增长,则会造成资源短缺。在司法资源短缺的情况下,当事人的权利保障水平将会降低,社会上违反公平正义的现象就会增加。在司法资源充足的情况下,如果国家对司法资源的分配布局不尽合理,当事人则可能在这种不合理的布局下受到制约,当事人所投入的诉讼成本也将增加,司法效率将受到影响。这方面的问题主要会出现在国家的制度设计上。例如,如果把简易程序限制过严,则会给当事人增加无谓的讼累;如果把简易程序设计过泛,公正水平又难以保障。如果过分强调独立而忽视制约和问责,则容易造成权力滥用;如果过分强调制约而减弱对依法独立审判的保障,法律的专门判断则会失去标准,最终也将影响到当事人的利益。

四、可量化因素与不可量化因素之间的关系

司法活动为社会提供的是公共服务产品,其中大部分是在为各种制度、服务、事业提供基础条件,而这些产品和服务无论是成本还是收益都是无法量化的。这也是司法活动与商业服务的重要区别。

如果一项产品不可量化,那么我们就无法将其纳入效率范畴进行分析。所以,讨论司法效率应当尽可能地采用量化的要素和标准,把所有能够量化的内容引进来作为分析对象,如办案的期限、司法预算、司法编制等。作为一种分析方法,这样做是十分必要的,但这并不意味着在研究如何提高司法效率时不去考虑那些无法量化的因素,也不意味着那些无法量化的要素与司法效率全无关系。司法活动是国家政权活

动的组成部分。虽然直接参与司法活动的主体主要是当事人,但司法职能的行使关系到国家安全和社会稳定,关系到法治国家的建立,关系到法律的解释,关系到社会行为准则的确定。这些成效无法以量化的效益衡量,但也不能将这些作用排除在司法效率之外。

非量化因素的存在为我们提出了思考司法效率的另一种思路。我们在计算司法消耗、诉讼成本时,除了对那些"看得见、摸得着"的量化因素进行分析外,切不可忘记它的无形的、不可量化的、程序之外的成本与收益。否则,问题就被过分简单化了。如果一些无法量化的成本和效益不能纳入整体之中进行分析,所得出的结论也就失去了可靠性。

五、人的因素与物的因素的关系

论述效率离不开人的因素和物的因素。在经济生活中,人的因素可以物化为劳动力成本,包括工资、福利、待遇等。但在司法这种公共服务中,要降低成本、增加收益、提高效率,一方面因素是对人的直接投入,如提高工资,另一方面就是司法人员的司法能力。

在增加对人的投入方面,提高法官待遇一直是热点话题。近年来,法官的待遇有一定程度的提高,但其积极作用的大部分已经被其他诸多因素所抵消,如全民收入水平的提高、经济社会发达程度的提高等。人们讨论提高法官待遇主要是从确保公正方面入手,但由于提高法官待遇是对司法成本的增加,所以又被纳入司法效率中讨论。看起来提高法官待遇并不直接增加司法收益,是一种纯粹的消耗,但各国的成功经验证明,优厚的司法待遇在防止司法不公、防止腐败、提高司法的社会效果方面有特别重要的作用。

司法能力是人的因素的另一方面。没有能力的司法,就是没有效率的司法。司法能力既体现在法官的结案率上,同时更重要的是体现在办案质量方面。如果司法能力适应司法职能的需要,法官能够正确适用法律、及时化解矛盾，在司法能力方面投入再大的成本也是值得的。

关于物的因素，主要是司法机关、司法人员借以履行司法职能的物质支撑。这是实实在在的投入，也有实实在在的收益，而且可以减少其他方面的成本（如司法不公、司法不便）。物的因素在司法效率中是必不可少的一部分。

六、诉讼效率与管理效率之间的关系

《宪法》规定，人民法院是国家的审判机关，依法独立行使审判权是人民法院的基本职责。这标志着人民法院的办案效率（或诉讼效率）是司法效率的基本构成部分。所以，为提高效率而进行的各种诉讼程序改革在司法改革中占有重要的地位，如程序的简易化，审限的有效利用，多元化纠纷解决机制，裁判文书的样式改革等。

但是，《宪法》中对人民法院的另一项重要职责却没有明确规定，那就是人民法院的管理职责。实际上，管理在人民法院工作中的比重并不算小，全国法院有 1/3 以上的工作人员专职或非专职地从事政务管理、事务管理、人事管理、业务管理等各项管理工作，而各项管理工作是人民法院实现其审判职责的基础和保证。法官的法律判断必须以某种形式表达出来，没有充足的经费保障，诉讼活动便不得不停止，而这一切都需要管理。因此，管理效率便成为决定司法效率的核心因素，甚至可以说诉讼效率的高低在很大程度上取决于管理效率的状况。

七、节能增效与增加投入的关系

司法资源是国家公共资源的重要组成部分。司法资源投入的多少，直接关系到人民权利的实现程度和司法正义的质量。强调提高司法效率，从来也不排除增加对司法资源的投入。虽然我们强调要少花钱多办事，但必须花的钱还是要花的，如修建能够体现国家法治权威的法庭，引进和运用能提高效率的信息技术，投资加强法官的教育和培训等。

改革开放 30 年来，我国对于司法资源的投入超过了历史上的任何时期。司法基本建设的加强、司法人员的增加、司法经费的保障、司法制度的健全等，为社会主义法治国家提供了必要条件。有一种错误观点认为是司法资源的投入增大了成本效益之比的分母，结果降低了司法效率。但实际上，司法资源的适当投入是在为整个国家的发展、建设、形象打基础，是整个国家发展的分母，而不应当只把这笔账算在司法身上。

八、收入与支出的关系：司法有收入吗？

这个问题使人想到了诉讼费。实际上，在任何国家，司法的这部分收入在国民生产总值中都微不足道，所以诉讼费不会成为影响国家经济发展和司法制度运行的因素。但是，在过去的几十年中，中国司法制度的运行却与诉讼费有着密不可分的联系。由于国家司法资源投入的匮乏，司法机关只能把诉讼费作为办案经费的补充，这部分经费有时甚至占到法院所有经费的 1/3 之多。这种机制在一定程度上刺激了司法效率的提高，但也为司法不公埋下隐患，因为司法机关的自身利益和对效率的机械追求导致司法不公、地方保护等问题时有发生。有些地方政府曾给地方法院下达创收或招商引资的指标，更是把司法收入与支出的关系变得畸形。

当前，我国通过司法改革努力加强对司法经费的财政保障，从而彻底解决以诉讼费补充办案经费的问题。在这一改革成功后，司法公正的保障将得到进一步强化，司法效率将得到进一步提高，同时也能使诉讼费制约滥用诉讼权利行为的作用得以回归。

（《人民司法》2008 年第 17 期）

多元纠纷解决机制改革的十年路

多元纠纷解决机制是我国司法制度的重要组成部分,也是近年来司法改革部署中的重点内容。在改革开放后的三十多年间,我国的纠纷解决机制经历了继承、徘徊、创新、飞跃等几个阶段。从工商部门的经济合同仲裁发展到商事仲裁,进而在多个领域建立了专门的仲裁制度;从人民调解发展到行业调解、行政调解、商事调解等,进而形成了社会各力量共同参与的多元纠纷解决体系;从单一的诉讼调解到法院与诉外各类调解组织的诉调对接,进而形成了诉讼与非诉讼相衔接的纠纷解决机制……多元纠纷解决机制从初创走向成熟,从单一走向复合,从后台走向前台。

本文无意对内涵十分丰富的当代中国多元纠纷解决机制改革过程作全面阐述,而是仅就近十年来人民法院多元纠纷解决机制改革的重大成果进行梳理和归纳。《人民法院第二个五年改革纲要(2004—2008)》提出了建立"多元化的纠纷解决机制"的改革任务,《人民法院第三个五年改革纲要(2009—2013)》进而要求建立诉讼与非诉讼相衔接的多元纠纷解决机制。十年间,最高人民法院发布了一系列改革措施,发动了中国纠纷解决机制的变革,创立了多项新型纠纷解决机制,造就了多元纠纷解决机制辉煌的十年。本文所展示的,就是这十年间多元纠纷解决机制全面创新的十项重大成果。

一、更新纠纷解决基本理念

在多元纠纷解决机制改革过程中,中国传统文化与西方经验相互交融,制度理论与本土实践相互推动,为纠纷解决机制带来了认识论与方法论上的转变,树立了全新的理念。

第一,建立纠纷解决机制是一项公共事务。虽然矛盾与纠纷产生于个体之间,但若将解决纠纷单纯当作个体的职责,社会就会变得无序和混乱。国家、社会应当为纠纷解决提供社会服务,无论授权何种主体从事这项服务,均应当符合一定的规范与标准。

第二,建立纠纷解决机制需要资源调配与整合。虽然解决纠纷是人民法院的主要职能,但基于法律判断的审判活动并非纠纷解决的唯一方式。公共管理与社会自治均具有纠纷解决的责任与能力,因此,除了司法资源以外,行政资源与社会资源也应一定程度地调配整合入纠纷解决机制。

第三,纠纷解决机制需要依靠行政力量建立,但不能以行政的方式运行。纠纷解决机制旨在为当事人提供理性对话、平和协商的机会,它需要行政机关、司法机关、自治组织以行政管理的方式进行机制建设,但其运行方式并非单向的行政行为,实际权利的处分始终取决于当事人的意愿,公权力在其中的角色是提供平台、居中协调,而非直接对争议进行决定。

第四,纠纷解决机制不必然依照法律逻辑运行,但法律标准必然是其根本底线。很多纠纷的解决不必适用法律,因为解纷所追求的目的是平息争端、恢复关系,并不要求判断是非过错、分出青红皂白。但是,法律是人类社会行为的底线,无论是纠纷解决行为还是纠纷解决结果,都应受到法律的约束。

二、界定调解协议效力

在第三方主持之下,经过充分协商、中间调停达成的调解协议,当然属于一种民事合同。但由于对我国原《民事诉讼法》关于"……当事人……不愿调解、调解不成或者反悔的,可以向人民法院起诉"的规定长期存有"误读",实践中对调解协议效力的认识存在差异,当事人达成调解协议后又向人民法院起诉时,有的法院会对原纠纷进行审理,调解协议因此彻底成为一纸空文。

之所以发生这样的法律错误,与调解制度在司法制度中的地位有关,也反映了解纷理念的落后和契约意识的不足。2002 年《最高人民法院关于审理涉及人民调解协议的民事案件的若干规定》认可了人民调解协议的民事合同效力,从而彻底改变了这种状况。2009 年《最高人民法院关于建立健全诉讼与非诉讼相衔接的矛盾纠纷解决机制的若干意见》进而明确行政调解、行业调解、商事调解以及其他具有调解职能的组织达成的调解协议,也具有合同效力。2011 年实施的《人民调解法》规定人民调解协议具有"法律效力",经人民法院确认后可申请强制执行。

至此,调解协议的效力问题得以厘清:首先,调解协议属于民事合同,一旦成立对各方均有约束力,就协议履行问题起诉,审理对象为协议而非原纠纷;其次,经调解组织主持达成调解协议,在一般民事合同基础上加入"调解组织主持认证"的公共性质,效力高于一般民事合同;最后,经调解组织主持达成的调解协议不具备强制执行力,仍需法院依法审查确认后,才能申请强制执行。

三、创设司法确认制度

在“司法确认”这一概念出现之前,非诉调解协议的“法律转化”渠道几乎是堵死的。调解协议达成之后,主要靠当事人自愿履行,如有反悔,只能再协商或提起诉讼。因此,对调解协议以及蕴含于其中的和谐、诚信、和平价值仍然缺乏足够的法律支持,创设一种新类型程序的需求产生了。

首先,一些地方法院自 2007 年以来开展了司法确认机制的探索,即达成人民调解协议的双方当事人可以共同向人民法院申请确认调解协议的效力,从而赋予调解协议以强制执行力。最高人民法院在总结地方经验的基础上,在经过中央批准的多元纠纷解决机制改革方案中,首次确立了对于非诉调解协议的司法确认制度。《最高人民法院关于建立健全诉讼与非诉讼相衔接的矛盾纠纷解决机制的若干意见》规定,人民法院可以参照简易程序规定,对调解组织主持达成的调解协议进行效力确认。当事人不履行的,可以申请强制执行。2011 年实施的《人民调解法》《最高人民法院关于人民调解协议司法确认程序的若干规定》则从法律层面上在人民调解领域建立了司法确认制度,并对受理条件、审理流程、文书种类等作了具体规定。

2013 年《民事诉讼法》吸收了司法改革的成果,将确认调解协议效力制度纳入特别程序加以规范,从基本法层面上肯定了司法确认的独立程序价值,也是对司法实践与改革活动的立法回应。调解组织调解与司法程序将通过这一快速、简化的特别程序实现有效衔接,使“非官方”的纠纷调处力量与国家强制力联合起来,提高了纠纷当事人选择非诉调解的信心,促使“定分止争”的“民间力量”更加充分地发挥作用。

四、引入刑事和解机制

刑事和解制度是20世纪中叶以后倡导两极化刑事政策和恢复性司法的产物，新修订的《刑事诉讼法》实施前，我国并没有司法制度意义上的刑事和解，“和解”有限地运用于刑事自诉案件与刑事附带民事案件，这种更加类似于民事调解的方式，并不能完全体现刑事和解弥补被害人损失、引导犯罪人员回归社会、修复社会关系的价值。

在宽严相济刑事政策的引导下，地方法院在部分刑事案件审理中，如未成年人犯罪案件、自诉案件、部分过失犯罪案件等，引入刑事和解制度，在被告人真诚悔过、积极赔付，被害人自愿同意谅解的前提下，对被告人量刑予以从轻或减轻。为了避免刑事和解实践尝试受到“以钱买刑”之类的非议，各个法院对刑事和解的适用范围、程序及对量刑的影响幅度均进行了严格规定。近年来，受多元纠纷解决机制的启发，刑事和解的模式也呈现多元化发展：有的法院充分发挥社区力量，对未成年人犯罪与婚姻家庭关系中发生的轻微刑事犯罪，推出社区预防、社区调解、社区矫正的和解模式；有的法院与公安机关、检察院、司法局联合行文，建立贯穿侦查阶段、起诉阶段、审理阶段的和解机制；还有的法院将刑事和解交由人民调解组织主持进行，创设了中国特色的刑事和解转处模式（Diversion Model）。

新修订的《刑事诉讼法》确立了刑事和解作为司法制度的法律地位，2012年12月20日，《最高人民法院关于适用〈中华人民共和国刑事诉讼法〉的解释》对刑事和解进行了更加细化的规定，这是对之前刑事审判方式改革成果的吸纳，也是对多元纠纷解决机制改革的肯定。基于“多元”观念建立的和解模式，能够有效促成刑事和解的达成，充分发挥刑事和解恢复性司法的作用。

五、建设法院附设调解队伍

作为民事诉讼程序的一个环节,调解往往由法官主持进行。但是,由于法官审判任务繁重,司法资源有限,特别是以裁判权为后盾的调解往往会使法官角色混乱,失去当事人信任,甚至导致法官强迫调解、以判压调等问题。于是,多元纠纷解决机制改革的另一个重要成果,就是为法院建立了一支强大的附设调解队伍。

在法院特邀调解组织和特邀调解员制度正式出台前,各地法院已经开始邀请人民调解员、社会贤达、专业人士参与相关类型案件的诉讼调解。《最高人民法院关于建立健全诉讼与非诉讼相衔接的矛盾纠纷解决机制的若干意见》实施后,各地法院开始对特邀调解员进行制度化、规范化的改革探索,规定特邀调解员的选择条件、聘请任期、工作职责等。建立特邀调解组织和调解员名册制度,则是人民法院完善特邀调解员管理的创新之举,大大加强了法院化解矛盾的能力。除此之外,2012 年《最高人民法院关于扩大诉讼与非诉讼相衔接的矛盾纠纷解决机制改革试点总体方案》(以下简称《试点方案》)尝试建立法院专职调解员制度,由那些具有调解能力的法官或者法官助理转任专职调解员,专门从事调解工作。这既能保证审判法官可以集中精力审理案件,合理配置司法资源,又能防止出现调判不分、以判压调、强制调解等问题。

六、创新委派委托邀请调解形式

《民事诉讼法》历经多次修改,仍然保留了人民法院可以根据案件需要,邀请有关单位和群众协助调解的规定,可见法院调解与社会力量的对接,不仅是多元纠纷解决机制建设的重点问题,也是我国民事诉讼制度的传统,是司法民主性的体现。

2004 年《最高人民法院关于人民法院民事调解工作若干问题的规

定》创设了委托调解与邀请调解制度，建立了借助社会力量协助诉讼调解的双向联动模式。各地法院纷纷出台实施意见，根据辖区案件情况，进一步明确委托调解与邀请调解的适用范围、调解主体、工作流程与时限、流转衔接、后续程序等操作层面的问题，一些法院还与当地司法局、工会、妇联、消费者协会等联合制定了委托调解的规范性文件，对接受委托调解的职能部门、调解程序、调解期限进行了规定。也有法院为婚姻家庭案件的邀请调解专门制作了《邀请亲属协助调解通知书》。在委托调解的实践过程中，部分法院进一步将其细化为诉前委托调解与诉中委托调解，还有法院将其三分为诉前委托调解、庭前委托调解与庭后委托调解，并制定了不同的工作流程。受此启发，最高人民法院多元纠纷解决机制改革方案最终确立了立案前委派调解、立案后委托调解与诉讼中邀请调解三种社会力量协助的司法调解模式。

委派调解、委托调解与邀请调解制度贯穿民事诉讼活动始终，具有平等性和灵活性、注重实质正义等特征，使法院司法职能的行使方式和技术变得灵活、丰富并具开放性，不仅能促进民事审判工作量的分流、审判质量的提升，还能从根本上满足当事人实现权利的需求。

七、搭建诉调对接平台

考虑到法院在多元纠纷解决机制中发挥的核心作用，特别是法院要承担一些组织、协调、安排、指导相关纠纷解决机制的功能，所以，法院应当有一个平台负责承载与各种纠纷解决机制的衔接，或者说应当有专门人员主管此事，负责联络、沟通、协调。这就促成了各级人民法院特别是基层和中级法院诉调对接中心的建立。

2009 年《最高人民法院关于建立健全诉讼与非诉讼相衔接的矛盾纠纷解决机制的若干意见》要求各级法院建立“诉调对接中心”，负责协调相关事宜。之后，各地法院按照要求并根据本地实际，建立了不同模式的诉调对接中心。有的法院的诉调对接中心是一个独立建制、承担独立职责的机构，如上海浦东新区法院；有的法院的诉调对接中心放在立案庭之内，与立案工作密切结合，同时承担小额速裁的职能；有的法院则把本院的诉调对接中心与当地党委政府的多元联调工作结合起来，在法院设立党委政府诉调对接工作的办事机构……目前，全国法院已有一半以上建立了单独的诉调对接中心（平台）。法院诉调对接中心的设立，从组织结构上肯定了法院功能的扩大这一事实，并整合了各种纠纷解决资源，丰富了我国司法制度的内涵，堪称一项重大突破。

八、建立早期中立评估机制

民商事纠纷中立评估制度最早起源于美国，适用于多种复杂及专业性强的案件，《试点方案》吸纳了这一制度，规定部分民商事案件在开庭审理之前，在特定规则的约束下，由中立评估员为双方当事人及律师出具相关领域知识的专业评估意见或中立评估报告，对判决结果进行预估，并引导当事人达成和解协议。

民商事纠纷中立评估机制建立之后，当事人将民商事纠纷诉至人民法院的，人民法院可以建议当事人从具有专业领域知识的人员中选择评估员协助解决纠纷；由当事人或其律师向评估员陈述案情，提出各自观点和相关证据；评估员依照公平公正之原则，从专业领域角度分析案情，帮助当事人了解案涉专业领域相关问题，分析利弊，提供专业评估意见，对判决结果进行分析预测；评估结束后，评估员可以提供和解帮助，引导当事人进行调解，达成调解协议的由法官进行审查和确认；无法达成调解方案的，继续进行诉讼程序，法官不能援引评估意见。

在民事案件，特别是涉及专门领域案件的诉讼过程中，推行完整、连贯、严谨的中立评估机制，具有解决纠纷、保障当事人意思自治、协调社会关系和提供积极对话渠道等功能，有利于当事人判明事实、分清是非、理性诉讼。

九、探索无异议调解方案认可

无异议调解方案认可机制在国外是一种比较成熟的纠纷调解机制。《试点方案》规定，在给付之诉中，当事人未能达成调解协议但分歧不大的，经当事人各方书面同意后，可由调解人员提出书面调解方案并送达当事人，当事人在一定期限内未提出异议的，该调解方案对当事人产生效力。

在调解工作实践中，时常出现当事人对主要权利义务已达成一致，仅对调解金额存有细微差别，却因积怨或碍于面子，均不愿继续磋商的情况。无异议调解方案认可机制就是针对这一情形设立的，若当事人书面同意由调解员提出调解方案，调解人员可平衡双方争议，提出调解方案并书面送达给当事人；当事人在7日内未提出书面异议的，该调解方案即视为双方自愿达成的调解协议，具有合同的效力，当事人可以申请人民法院司法确认。

无异议调解方案认可机制为当事人在调解过程中出现情绪对立时，提供了一个缓和机会；由调解人员中立地提出折中方案，既基本解决了双方的争执，又避免了直接协商有可能带来的新的冲突；异议期间的设置，既充分尊重了当事人的意愿，又给予其充分时间考虑调解方案。这一“缓冲式”的调解机制，有利于实际分歧小、对立情绪大的纠纷得以有效调处。

十、尝试无争议事实记载

该机制是《试点方案》规定的新内容，主要是指当事人未达成调解协议的，调解员在征得各方当事人同意后，可以用书面形式记载调解过程中双方没有争议的事实,并告知当事人所记载的内容。经双方签字后,当事人无需在诉讼过程中就已记载的事实举证。

建立无争议事实记载机制主要是考虑当事人虽然调解不成,但在调解员主持下双方当事人已经对纠纷的一些事实没有争议,如果不把这些无争议事实记载下来,当事人在随后的诉讼过程中还要重复举证、质证,既耗费了司法资源,又浪费了当事人的时间。如果双方当事人签字同意,可以在调解过程中将没有争议的事实记载下来,并明确这些事实无需在诉讼程序中举证。这样一来,既能够保证不影响诉讼中公平公正审理案件,也能够为审判减少时间,对当事人和法院是双赢的。原则上讲,当事人在诉讼中为达成调解协议或者和解的目的作出妥协所涉及的对案件事实的认可,不得在其后的诉讼中作为对其不利的证据。但是,如果当事人为了尽快解决纠纷或其他目的而放弃这一权利(并有书面承诺),那么这些经过承诺的无争议的事实便可以作为证据使用。

十年改革为“东方经验”盛誉之下的中国多元纠纷解决机制又增添了新的光彩。目前,中国的多元纠纷解决机制正在摆脱“营养不良”“墙内开花墙外香”的问题,在理论上和实践上快步前行,焕发出新的生命力。

(《中国审判》2013 年第 1 期)

图书在版编目（CIP）数据

司法改革的知与行 / 蒋惠岭著. -- 北京 : 法律出版社, 2017
ISBN 978-7-5197-1208-2

Ⅰ. ①司… Ⅱ. ①蒋… Ⅲ. ①司法制度－体制改革－研究－中国 Ⅳ. ①D926

中国版本图书馆CIP数据核字(2017)第198703号

司法改革的知与行
SIFA GAIGE DE ZHI YU XING

蒋惠岭 著

策划编辑 高　山
责任编辑 韩向臣
装帧设计 鲁　娟

出版 法律出版社
总发行 中国法律图书有限公司
经销 新华书店
印刷 永清县金鑫印刷有限公司
责任校对 王晓萍
责任印制 陶　松

编辑统筹 学术·对外出版分社
开本 A5
印张 13.125
字数 318千
版本 2018年7月第1版
印次 2018年7月第1次印刷

法律出版社 / 北京市丰台区莲花池西里7号（100073）
网址 / www.lawpress.com.cn
投稿邮箱 / info@lawpress.com.cn
举报维权邮箱 / jbwq@lawpress.com.cn
销售热线 / 010-63939792
咨询电话 / 010-63939796

中国法律图书有限公司 / 北京市丰台区莲花池西里7号（100073）
全国各地中法图分、子公司销售电话：
统一销售客服 / 400-660-6393
第一法律书店 / 010-63939781/9782　西安分公司 / 029-85330678　重庆分公司 / 023-67453036
上海分公司 / 021-62071639/1636　深圳分公司 / 0755-83072995

书号：ISBN 978-7-5197-1208-2　**定价**：68.00元
（如有缺页或倒装，中国法律图书有限公司负责退换）